社会病理学講座

欲望社会
―マクロ社会の病理―

井上眞理子・佐々木嬉代三
田島博実・時井 聰・山本 努
［編著］

学 文 社

執　筆　者

＊井上　眞理子　京都女子大学（序章）
　横山　　実　　國學院大学（第1章）
＊時井　　聰　　淑徳大学（第2章）
　鈴木　みどり　立命館大学（第3章）
＊田島　博実　　雇用開発センター（第4章）
＊佐々木嬉代三　立命館大学（第5章）
　野田　陽子　　淑徳大学（第6章）
　望月　　嵩　　大正大学（第7章）
＊山本　　努　　広島県立大学（第8章）
　加来　和典　　下関市立大学（第9章）
　田嶋　淳子　　淑徳大学（第10章）
　平兮　元章　　福岡大学（第11章）
　辻　　正二　　山口大学（第12章）

（執筆順＊は編者）

◆ はしがき ◆

　アメリカの社会学者，C.W. ミルズは，1943年の論文で社会病理学のあり方を批判して，社会問題を取り扱う際にそれをあくまでも「個人の病理」として取り扱い，それゆえ瑣末な状況に拘泥し，マクロな社会構造を問題としない，と述べている。言い換えれば，社会病理を「社会の病理」としてみるパースペクティヴの欠落を批判している。

　たとえば犯罪といえば，われわれは，個人が行なう殺人や窃盗等を想起し，個人の人格障害や家庭的環境等にその原因を求めがちである。しかし，政治的あるいは経済的権力をもつ人びとや，大企業がおかす贈収賄や脱税，薬害や食品公害を引き起こす欠陥商品の販売，企業の生産活動による環境破壊等も「犯罪」ではないだろうか。いや，むしろこれらの「犯罪」が社会に支払わせるコストの方が，個人の犯罪のコストよりずっと大きいはずである。しかし政治的・経済的権力をもつ人びと，あるいは巨大組織による犯罪は，その権力を用いて隠蔽される。また彼らの「犯罪」はその政治的・経済的活動を支配し，一般の人びとも共有する価値意識，たとえば「資本主義社会の発展」，「経済活動の自由」等により「正当化」され，個人の犯罪のようには危険視されない。

　社会病理学が取組んでいくべきものは，このような「犯罪」を発生させ，そしてそれを隠蔽する政治的・経済的構造であり，また社会の支配的価値なのである。犯罪者や逸脱者を批判し，裁く「社会」こそが「病んで」はいないか，と問いかけることが必要である。このような問題意識から出発し，本書の内容を深めよりよい構成を考えるために編者の5人は，それぞれの勤務地が遠隔であることからメーリング・リストを活用しディスカッションを重ねてきた。当初の問題意識がどの程度かたちあるものとなったかは，読者の皆様の判定を待たねばならないが，執筆を引き受けて下さった先生方のご尽力で重量感のある本に仕上がったと自負している。

最後に執筆陣を叱咤激励し，その一方で編集作業の隅々にまで細かい配慮を行き渡らせ，なおかつ驚異的なスピードで本書の出版にまでこぎつけて下さった学文社社長田中千津子氏に心よりの御礼を申し上げる。

　2003年9月

編者を代表して　　井上　眞理子

◆　目　次　◆

序章 …………………………………………………………………………… 1
　Ⅰ　マクロ・アプローチとミクロ・アプローチとの対立の歴史的概観　1
　　(1) 実践的改良主義か全体理論か　1
　Ⅱ　さまざまなマクロ・アプローチ　3
　Ⅱ-1　権力論アプローチ　3
　　(1) 強制力としての権力　4／(2) 影響力としての権力　5／(3) 知の権力　5／(4) 生―権力（bio-pouvoir）　6／(5) この巻での取り組み　7
　Ⅱ-2　社会解体論，アノミー論的アプローチ　7
　　(1) 文化的「社会解体」論　8／(2)「アノミー」論　8／(3) 現代消費社会のアノミー　9／(4) この巻での取り組み　10
　Ⅱ-3　定義論的アプローチ　10
　　(1) 初期の定義論的アプローチ　11／(2) 現代の定義論的アプローチ　11／(3) この巻での取り組み　12

第1部　権力と支配の病理

第1章　権力社会Ⅰ：政治・経済的権力 ………………………………… 17
　Ⅰ　政治的権力の担い手としての政治家　18
　Ⅱ　政治的権力獲得過程の病理　21
　Ⅲ　政治的権力行使の病理　23
　Ⅳ　政治家の金にまつわる病理　24
　Ⅴ　経済的権力の担い手　26
　Ⅵ　経済的権力行使の病理　28
　Ⅶ　政治的・経済的権力に対する国民の監視の強化　30

第2章　権力社会Ⅱ：知の権力と専門家支配……………………………………35
　Ⅰ　専門職とは　35
　　(1) 専門職・専門職化の発生過程および機能　35／(2) E. デュルケムの視点　36／(3) 現代社会における専門職化　39
　Ⅱ　専門職の自律性――その「理念」と「現実」――　40
　　(1) 専門職従事者個人レベルの自律性が引き起こす問題　41／(2) 専門職集団レベルの自律性が引き起こす問題　42
　Ⅲ　専門職・専門職化が引き起こす問題――知識・技術革新の問題に関連させて　44
　　(1) 知識・技術の変容　44／(2) 新たな専門職の登場　46
　Ⅳ　専門職支配からの離脱についての模索　47

第3章　情報化社会：デジタル・デバイドを中心に………………………………55
　Ⅰ　分析の視点　55
　　(1) 繰り返されてきた技術立国の未来社会論　55／(2) コミュニケートする権利の視座から　58
　Ⅱ　日本のIT政策がめざす高度情報ネットワーク社会　61
　　(1) 『情報通信白書』(2002年版)を読む　61／(2) ユビキタスネットワーク社会という未来像　63
　Ⅲ　デジタル・デバイドを見据えて：ローカルとグローバルの視座　66
　　(1) 国連WSISへ向けて活発化するNGO活動　66／(2) メディア社会／情報化社会を生きる力　68

第4章　産業社会……………………………………………………………………73
　Ⅰ　本章の課題と前提　73
　Ⅱ　産業社会の成立と経営組織　74
　　(1) 大量生産・大量消費時代の到来　74／(2) 官僚制組織と個人　75／(3) 日本型

目　次

　　経営における組織と個人　76
　Ⅲ　日本型雇用システムの変容と組織的統合の動揺　78
　　(1) 日本型雇用システムの変容　78／(2) 組織的凝集性の意味するもの　79
　Ⅳ　日本型企業社会の病理　80
　　(1) 組織的凝集性の病理現象　80
　Ⅴ　雇用システムの不安定化による病理　84
　　(1) 経済環境の変化と雇用・職業をめぐる満足度の低下　84

第2部　歯止めなき欲望の病理

第5章　消費社会 ……………………………………………… 93
　Ⅰ　問題意識　93
　Ⅱ　欲望の解放　95
　Ⅲ　関係性の病　97
　Ⅳ　ナルシシズムの台頭　99
　Ⅴ　自我の分裂　101
　Ⅵ　自我の拡散　103
　Ⅶ　結びに代えて　105

第6章　学歴・資格社会 ……………………………………… 109
　Ⅰ　「学歴社会から資格社会へ」という社会観の台頭　109
　Ⅱ　学歴化と資格化―教育の学校化の2つの過程―　111
　　(1) 学歴化の歴史的過程　111／(2) 資格化の歴史的過程　113
　Ⅲ　欲望化する資格志向の病理―資格志向の自己疎外―　115
　Ⅳ　再生産される学歴主義とその病理―自己抑圧的再生産メカニズム―
　　　118

第7章　少子社会　123

Ⅰ　戦後日本の出生の動向　123
Ⅱ　少子化の要因　126
Ⅲ　少子化の影響　131
Ⅳ　少子化への対応　136

第8章　都市化社会　139

Ⅰ　都市化進行のS字型カーブ　139
Ⅱ　「1960年から1980年」と「1980年から2000年」　140
Ⅲ　人口移動と生活構造の変化　142
Ⅳ　地域勢力圏の編成と地域移動　144
Ⅴ　地域人口の拡大・縮小と地域問題群　148
Ⅵ　地域問題群への地域連関論的接近　151

第9章　環境保護と地域集団　155

Ⅰ　生活のなかの環境問題　155
　(1) ごみ問題の不在　155／(2) 高度消費社会の外部　156／(3) 構造化された消費　157
Ⅱ　地域環境主義と集団活動　158
　(1) 問題解決に関する議論　158／(2) 地域環境主義の視点　158／(3) 地域社会を視野に入れた研究　160／(4) 地域集団という視点　161
Ⅲ　環境問題と地域における集団活動　162
　(1) 調査の概要　162／(2) 分析しようとする事柄　163／(3) リサイクル行動の構造　163／(4) 環境保護行動の2層性　166／(5) 問題解決の3つの方向　167
Ⅳ　生協と子ども会　169
　(1) 集団生活の関係　169／(2) 環境保護行動と集団行動　170／(3) 解決方向と集団活動　172
Ⅴ　おわりに　173

目　次

第3部　社会的差別と格差の病理

第10章　マイノリティに対する差別—日常生活における差別をめぐって— 179
- Ⅰ　差別をめぐる言説　179
- Ⅱ　ニューカマーズに対する日常生活レベルの差別　181
- Ⅲ　移住プロセスのなかでの差別関係の変容　185
- Ⅳ　「永住外国人」に対する差別の諸問題　187
- Ⅴ　エスニック状況の複層化　193
- Ⅵ　差別論を超えて　194

第11章　貧困と不平等化……………………………………………197
- Ⅰ　貧困と不平等　197
- Ⅱ　貧困概念と貧困への対応の変遷　200
- Ⅲ　不平等への種々のアプローチ　204
- Ⅳ　世界システム論と潜在能力　209

第12章　エイジズムと差別…………………………………………215
- Ⅰ　問題提起　215
- Ⅱ　エイジズムの意味と概念的な問題点　216
  - (1) エイジズム概念はどのように考えるべきか？　217／(2) わが国におけるエイジズム研究　219
- Ⅲ　差別の視点とラベリング差別研究　221
  - (1) エイジズム研究の視点　221／(2) ラベリング差別論の視点　223
- Ⅳ　エイジズムと老人虐待　227
  - (1) 老人虐待　227
- Ⅴ　エイジズムの課題　229

索引………………………………………………………………………235

序章

I マクロ・アプローチとミクロ・アプローチとの対立の歴史的概観

(1) 実践的改良主義か全体理論か

　社会問題が学問の直接的な課題として初めて取り上げられたのは，資本主義の発達と産業化，都市化の進展がいちじるしかった18世紀から19世紀の西欧，とりわけイギリスであった。たとえばエンゲルス(Engels, F.)『イギリスにおける労働者階級の状態』(1845)においては，工業労働者等の流入により人口が急増したロンドンのスラム街の悲惨な有り様が克明に描かれている[1]。また1884年には，ウェッブ夫妻(Webb, S.J., Webb, B.P.)がイギリス的社会主義の原型ともいえるフェビアン協会を設立し，社会問題の「測定と公表」に基づく漸進主義的変革を主張した。またブース(Booth, C.)は，1886年から1903年にかけてロンドンの貧困の実状を調査した結果に基づき，全17巻にわたる『ロンドンの人びとの生活と労働』[2]を刊行した。そのなかで彼は貧困を収入，職業，居住の3つの要因に関連づけ，因果関係を明らかにしようとした。しかしこれらは，とりわけブース以外は，社会主義思想，運動と関連が強く，社会学における社会問題への取り組みに直接先行したのは，プロテスタントの牧師，慈善家，中産階級の人道主義者達の活動であった。

　事態はアメリカでも同様であり，彼らは刑務所における待遇改善やセツルメント活動，児童保護，女性や子どもの労働条件の改善に取り組んでいたが，19世紀の半ばまでにその多くが活動団体や協会として組織化されていった。これらの広汎な改良運動に基盤を置いて，1865年にアメリカ社会科学協会(American Social Science Association)が設立された。同じく1865年にアメリカの大学に初

めて社会科学コースが設けられたが、これにはアメリカ社会科学協会が大きく関わっていた。社会科学コースの設立はこの後も続き1885年から95年にかけてピークを迎えた。19世紀末には、社会学の学部もできたが、教員の多くは牧師や福祉関係の出身であり、全国慈善会議や全米刑務所改善会議のメンバーであった。

　このような人道主義的改良主義の色合いが濃い社会学に対して、当初から対立していた別の流れがあった。それは西欧の社会学、とりわけA. コントとH. スペンサーの立場を継承して、具体的な社会問題現象をマクロな社会の問題として「科学的」に取り扱うことを主張した。その代表的人物であるサムナー(Sumner, W.G.)は、スペンサーの社会進化論にのっとったレッセ・フェール哲学を展開し、改良運動や福祉活動に軽蔑を示した。すなわち現にある社会問題は全体社会の「進化」によってしか解消することはできず、人為的にこれを解決しようという営みは何の役にも立たないと考えた。しかし全般的には、スペンサー／サムナーのレッセ・フェール哲学よりも、改良主義の方が人気が高かった。1906年に刊行されたL.F. ウォード(Ward, L.F.)の『応用社会学』[3]は改良主義の立場で書かれており、その影響はサムナーを凌ぐものであったが、学問的完成度は高くはなかった。

　時が経過するにつれて具体的な社会問題を対象とする改良主義的アプローチは次第にその基盤を失い、マクロ的社会科学としての社会学を確立しようとするニーズが高まってきた。20世紀の初頭から前半にかけて、M. ウェーバーやE. デュルケム等の西欧の社会学に対する関心が高まり、理論や方法論をめぐっての議論が展開され、社会学者の「価値中立性」が強調された。このようにして、具体的な社会問題研究と社会学との間の分裂は、次第に拡がっていった。1952年には、社会問題研究学会(The Society for the Study of Social Problems)が設立された。この学会はアメリカ社会学会に加盟しながらも、独自のアイデンティティを主張することとなった。

　しかし社会学は抽象的な全体理論として、自らを純化することもできなかっ

た。外部からのプレシャーがそれを許さなかったのである。第2次世界大戦中においては社会学研究が軍事利用されたし，戦後から現在に至るまで政府や企業が出す研究補助金は社会学者の研究関心を多様な社会問題に向かわせ，「応用社会学」志向を強化した。また1950年代後半から60年代，70年代前半にかけての公民権運動や反戦運動等の社会運動の沸騰は，社会学者の「価値中立性」に疑問を投げかけ，学問と実践との結合の問題が再浮上することとなった。

　ここまでの部分では具体的，個別的な社会問題解決志向と対比される全体社会理論志向としてのマクロ・アプローチを歴史的に概観してきた。しかし，マクロ・アプローチは，社会問題解決志向と対立するものではないはずである。次からは具体的な問題解決をめざすさまざまなマクロ・アプローチを概観し，そのパースペクティヴの特徴を紹介し，第2巻で取り上げられている諸テーマとの関連を探ることにしよう。

II　さまざまなマクロ・アプローチ

　さまざまなマクロ・アプローチに共通するのは，従来は個人あるいは個別の集団の病理，逸脱とみなされてきた社会問題を，全体社会そのものの病理，問題ととらえ直したことであり，学問的視覚のゲシュタルト・チェンジといえる。その上で全体社会の病理，問題をどのようにみるかで，さまざまなアプローチに分かれる。

II-1　権力論アプローチ

　ミルズ(Mills, C.W.)は，論文「社会病理学者の専門的イデオロギー」[4] (1943)において，1930年代までのアメリカの社会病理学のテキストを批判して次のような問題点を列挙している。すなわち，
　① 抽象の水準の低さ，② 社会構造概念の欠落，③ 状況埋没性・瑣末日常性，④ 非政治性，⑤ 折衷主義，⑥ 生物学的適応主義・現状維持性，

等である。

　このような指摘の背後にあるのは，全体社会における権力構造を明らかにし，それに対する政治的取り組みなくしては社会問題の真の解決は有り得ないという主張である。ミルズ自身は，アメリカ社会における権力構造を，後の著作『パワー・エリート』で明らかにしていくことになる[5]。このミルズの論文は，日本の学界においても大きな反響をよんだ。仲村祥一は，「社会病理学は社会の病理学でなければならず，現代社会にみられる様ざまな病理現象は現代社会とりわけ資本主義的社会経済体制との関連において問題とされなければならぬ」と指摘し[6]，佐々木斐夫は「社会病理学一般に共通の特徴は……その全構造を見渡して，それを権力の配分と関連づけながら論じることなく，ただその場の状況に即して記述するだけにとどまる」と批判した[7]。

　権力構造の観点から社会問題を分析するという視点は，19世紀イギリスのエンゲルスやフェビアン協会にまで遡ることができ，社会問題・社会病理研究における基本的アプローチといえる。しかし，社会学においては，権力を必ずしも社会経済体制とのみ関連づけて問題とするのではなく，さらに広い観点から把握している。とりわけ現代社会においては，専門的知識や情報の所有がもたらす権力についての考察が必要である。

(1)　**強制力としての権力**

　ウェーバー(Weber, M.)による権力の定義，「ある社会関係の内部で抵抗を排してまで自己の意志を貫徹するすべての可能性を意味する」[8]は有名である。そこにおいては，「抵抗を排してまで自己の意志を貫徹する」という表現から読み取れるように「強制力」としての性格が強調されている。また交換理論の立場のブラウ(Blau, P.M.)も権力を「定期的に与えられる報酬を差し止める形態をとろうと，罰の形態をとろうと，脅かすことで抵抗を排除してでも人びとあるいは集団がその意志を他者に押し付ける能力である」[9]と定義し，「脅かすことで抵抗を排除」する「強制力」と把握している。しかしこれらの定義では「強制」，「抑圧」，「脅し」等といった権力の側面のみが強調され，現代社会に

おける権力の実態を十分にとらえることができない。というのは、現代社会では権力があからさまな強制力としてはたちあらわれてこないことが多いからである。それゆえ権力概念を、拡大することが必要である。

(2) **影響力としての権力**

権力概念の内包を拡大するにあたって、いくつかの定義を紹介してみよう。セオドアソンとセオドアソン(Theodorson, G.A. & Theodorson, A.G.)は「権力とは、個人または集団がその意志または政策を実行し、他者が協力する意志の有無にかかわらず、かれらの行動を統制(control)、操作(manipulate)、あるいは影響(influence)を与える能力である」[10]とし、ティボーとケリー(Thibou, J.W. & Kelley, H.H.)は「AのBに対する権力とは、Bの獲得する〔行動の〕結果の質に対して、Aが影響をおよぼし得る能力である」[11]としている。また政治学者のダール(Dahl, R.)は「さもなければBがなさなかったような事柄を、Bになさしめる度合いに応じて、AはBに対して権力をもつ」[12]と述べている。これらの定義においては、他者の行為に対する「影響」、「統制」、「操作」等に重点がおかれ、そのための手段は必ずしも強制力に限定されていない。しかしこのような定義では影響力と権力との区別がつかないとも考えられ、他者の一般的な行為変容ではなく、他者にとって不利益な行為を選択させるように影響を与える能力に限定する定義もある。たとえばルークス(Lukus, S.)は、「AがBの利害に反するようなやり方でBに影響をおよぼすとき、AはBに権力を行使する」[13]とし、またガルブレイス(Galbraith, J.K.)は「ある人に、その選好をあきらめさせて他人のものを受け入れさせる」[14]力を、権力であるとしている。

このように権力概念の内包を拡大することによって、現代社会における多様な形態の権力を分析することが可能になった[15]。そのなかでもとくに注目されるのは、情報や専門的知識の所有がもたらす権力、いわば「知の権力」とでも表現すべきものである。

(3) **知の権力**

フーコー(Foucault, M.)は、その著書『性の歴史Ⅰ　知への意志』のなかで、

権力とは「無数の力関係であり，それらが行使される領域に内在的で，かつそれらの組織の構成要素であるようなものだ。絶えざる闘争と衝突によって，それらを変形し，強化し，逆転させる勝負＝ゲームである」[16]としている。彼によれば，特定の集団が権力を掌握しているようにみえる時も，実はその個人あるいは集団は無数の力関係の網の目のなかに，包絡されているのであり，権力のメカニズムを，力関係に内在する戦略から解読しなければならないのである。そのような構図においては，権力と知，言説との関係も錯綜したものとなる。「言説は，同時に権力の道具にして作用＝結果であるが，しかしまた，障害，支える台，抵抗の点，正反対の戦略のための出発点でもあるのだ」[17]。専門的知・言説や情報の所有と非所有は，力関係を形成するがゆえに，言説の配分や情報へのアクセスにおける平等性が主張される。しかし多くの人びとが均質な情報と言説によってその行為に影響をうけるならば，それもひとつの力関係への巻き込まれといえる。しかしさらに人びとが，情報と言説を相対化しつつ駆使することが可能であるなら，それは新しい力関係への出発点にもなり得る。

(4) 生—権力 (bio-pouvoir)

フーコーはまた，近代以降を「生—権力」(bio-pouvoir)の時代としてとらえている。「生—権力」とは「生命に対して積極的に働きかける権力」であり，「生命を経営・管理し，増大させ，増殖させる」る[18]。「生—権力」のひとつの極は，「身体の調教，身体の適性の増大，身体の力の強奪，身体の有用性と従順さとの並行的増強，効果的で経済的な管理システムへの身体の組み込み」[19]を内容とし，フーコーによって「人間の身体の解剖—政治学」あるいは「規律・訓練的権力」とよばれた。もうひとつの極は，「人口の生—政治学」とよばれ，「繁殖や誕生，死亡率，健康の水準，寿命，長寿」等への「一連の介入と調整する管理」を，その内容とする[20]。「人間の身体の解剖—政治学」あるいは「規律・訓練的権力」は，主として学校，軍隊等において発現する。また「人口の生—政治学」は主として国家の人口政策，保健政策として発現する。「規律・訓練的権力」はその客体を「個人化」する。前近代社会ではむしろ権

力の主体である君主が，系図や家名，儀式や記念碑等で「個人化」されたが，近代以降の社会ではそれとは反対に「下降方向」の個人化が起こる。下降方向の個人化は，「儀式によってよりも監視によってであり，記念のための物語によってよりも監察によってであり，さらには《規格》を関連枠としてもつ比較の尺度によって」[21] 行なわれる。この「生―権力」という概念は，教育や訓練，あるいは性と生殖をめぐる権力のあり方について，新しい分析枠組みを提供している。

(5) この巻での取り組み

この巻では，第1部で「権力と支配の病理」，正確にいえば権力と支配という病理が取り上げられている。なかでも第3章「情報化社会」では，今日の世界で深刻化しつつある「デジタル・デバイド」の問題が，「コミュニケートする権利」という観点から分析されている。「コミュニケートする権利」とは，メディアや情報に対する人間の基本的な権利として，1970年代末に提起されたものである。「コミュニケートする権利」を掲げての市民の活動に注目し，多様で多元的なメディア社会／情報化社会の可能性を探っている。

第1章「権力社会Ｉ：政治・経済的権力」では，政治・経済的権力の獲得をめぐって「帰属的地位」と「業績的地位」という区別を適用し，2世・3世とたたき上げの者とを対比している。その上で権力の乱用と無責任な行使の様相を分析し，さらに防止のための方策，とりわけ制裁のあり方が考察されている。

その他，第2章では「知の権力と専門家支配」について，第4章では「産業社会」における勤労者生活の病理について議論が展開されている。

II－2　社会解体論，アノミー論的アプローチ

Ｉにおいてマクロ・アプローチとして取り上げられた全体社会理論は，静態的なものであり，均衡と標準状態を維持し続けるものとして社会をとらえていた。しかし一方で，大恐慌やロシア革命を契機とするアメリカ的価値への懐疑や，文化の相対性認識の強まりを背景として，変動と危機の過程にある全体社

会を社会科学的に把握する必要性の認識が高まり、そのなかから「社会解体論」アプローチが生まれた。

(1) **文化的「社会解体」論**

　1920年代のシカゴ学派がその生みの親であるが、そのなかでもパーク(Park, R.)は、「社会解体」をその都市社会学において空間的、地域的にとらえたが[22]、トマスとズナニエッキ(Thomas, W.I. & Znaniecki, F.)やクーリー(Cooley, C.H.)は、むしろ文化的なものとしてそれをとらえた。たとえばクーリーは「社会解体」を「人間性の完成という規準からみて、制度が不適合」であり、「一般的秩序と規律とコミュニケーション」が欠如した状態と述べている[23]。全体社会レベルでの不均等な文化的発展、文化・価値をめぐる対立とコンフリクト、文化・価値の人間に対する影響力の減退等が「社会解体」という概念のなかに含まれるようになった。ここで問題となるのは「社会解体(social disorganization)」と「人格解体(personal disorganization)」との関係である。「社会解体論」においては、必ずしもすべての研究者が、「社会解体」によって「人格解体」がもたらされると考えているわけではない。先にあげたトマスとズナニエッキは両者の間に必然的な関係はないと考えていたし、ホワイト(Whyte, W.F.)の、スラムについてのエスノグラフィックな研究である『ストリート・コーナー・ソサエティ』においても同様であった。社会病理学の主要なテーマである犯罪や逸脱も、「人格解体」や個人病理の結果としてではなく、「社会解体」、社会構造の病理への個人の「正常な適応」としてみなす視点がこれにより可能となった。

(2) **「アノミー」論**

　マートン(Merton, R.K.)が、その著書『社会理論と社会構造』で展開している「アノミー」論はその一例である[24]。彼によれば、アメリカ社会では文化的目標としての「成功」は過剰なまでに強調されるが、その目標を達成するための合法的・制度的手段へのアクセスは平等に配分されていない。これはアメリカ社会がその自由・平等の理念にもかかわらず、厳然とした階級・階層構造をもつことを意味しており、言葉をかえていえばその文化構造と社会構造が、不統

合なのである。このような状況のなかで，出身階級が低く合法的・制度的手段へのアクセスが困難でしかも能力に恵まれている人は，しばしば「合法的敗北」よりも「非合法的勝利」を選択する。すなわち「成功」目標は維持しながら，合法的・制度的手段の方を拒否する。文化構造の構成要素としての文化目標と合法的・制度的手段の両方を拒否するかそのいずれかを拒否するかにより，社会構造に由来するストレインに対する4つの適応類型を，マートンは明らかにしている。これらの類型はいずれも，人びとの行為に対する，文化の規制力の弱まり，あるいは消失を意味しており，「アノミー」とよばれる。この文化構造の方からみれば「アノミー」＝病理であっても，個人の側からみれば正常な適応であるというマートンの議論においても，「社会解体」と「人格解体」とは相互に独立変数として位置づけられている。

　「欲求に対する無規制状態」として「アノミー」を把握した19世紀フランスの社会学者デュルケム(Durkheim, E.)も，一見すると個人病理と考えられがちなアノミーを，社会の病理としてとらえた[25]。「無限という病」に陥るのは，他者との比較や文化的価値判断と結びついた「社会的欲求」であり，この欲求に対する社会的規制が欠落した状態を，彼は「アノミー」とよんだ。19世紀の産業，経済の発展のなかで，ギルド等の伝統的中間集団の解体，欲求規制に正当性を与えてきた宗教の影響力の後退とそれにかわる倫理の不在，等の全体社会の側の要因が社会的規制を無力化したのである。

(3) **現代消費社会のアノミー**

　現代の消費社会における「アノミー」を分析したのは，同じくフランスの社会学者であるボードリヤール(Baudrillard, J.)である[26]。彼は，現代社会の「欲求」は特定のモノへの欲求ではなく，「差異への欲求」であると述べている。「差異への欲求」においては，完全な満足は存在せず，欲求は際限もなく更新され，進展する。消費者に向けて氾濫する広告のキャッチ・コピーの多くは，自己における他者との差異＝「個性化」を主張する。「〇〇社の本当に自然なヘア・カラーを使うようになってから，私は変わったのかしら？いいえ，今ま

でよりずっと本当の私になったのです」という具合である。「個性化」とはあるモデルのとおりになることであり，あらゆる現実の差異や，特異性の放棄にほかならない。モデルは，大企業のCMによって供給される。消費者は「個性化」するために，最小限界(marginal)差異を，日常的にルシクラージュ(再学習 recycle)せねばならない。大企業は人びとの間の現実的差異をなくし，個性と生産物を均質化する。皮肉なことに，差異の崇拝は，もろもろの差異の喪失の上に成り立つのである。現代人はいつでも自分のあらゆる消費能力を動員し，モノを「享受」し「幸福」であることを強制される。このようにしてボードリヤールは，消費の個人主義的構造が，生産と流通の独占的構造と対応関係，あるいは論理的共犯関係にあることを鋭く指摘した。

　「社会的欲求」の陥る「無限という病」は，デュルケムにあっては「社会的規制の消失あるいは無力化」で説明されたが，ボードリヤールは，むしろ「無限という病」が意図的に作り出される社会・経済構造を明らかにしたのである。

(4) この巻での取り組み

　この巻では，第2部で，「歯止めなき欲望の病理」すなわち現代における「社会解体」と「アノミー」の問題が，取り上げられている。なかでも第8章では日本における都市化が，激動期(1960-80年)からポスト激動期(1980年以降)を経て，「東京⇒都市県⇒非都市県」というヒエラルキー的地域勢力圏構造を形成したこと，また過密・都市問題と過疎・農山村問題という2つの地域問題を発生させたことが指摘されている。その上で，都市と農村の共生・交流・連携の可能性が追求される。その他第5章では，大衆消費社会の問題が，第6章では学歴主義と資格志向が，第7章では，少子化社会をもたらしたものと少子化社会がもたらすものとが，第9章では地球環境と資源の問題が取り上げられている。

Ⅱ-3　定義論的アプローチ

　「文化的社会解体論」では，全体社会における文化・価値をめぐる対立と葛

藤とその結果としての，人間の行為に対する文化の規制力の低下が問題となった。このパートでは，文化・価値をめぐる対立と葛藤の結果，優位をしめた方が「社会問題」，「社会病理」についての定義を行ない，その定義を特定の個人や集団に付与する，という観点からのアプローチを取り扱う。

(1) **初期の定義論的アプローチ**

このようにいえばラベリング論や社会構築主義がすぐに想起されるが，アメリカにおける初期の社会病理学者達が，いち早くこの主張を行なっている。彼らのなかにはフランク(Frank, L.K.)，ウォーラー(Waller, W.W.)，フラー(Fuller, R.C.)等が含まれているが，とりわけフラーは「道徳と刑法」という1942年の論文[27]で，社会問題は，諸価値とその対立・葛藤という一般的な構図のなかでみ，かつ分析せねばならないと主張し，社会問題のなかでも技術的な改善で解決できるものと，全体社会の主要価値にかかわるため技術的解決ではいかんともしがたいものとを区別した。彼はまた，「社会問題」といわれるものは，その社会の主要価値と制度化された規範のひとつの表現形態であり，いわば裏側から主要価値と制度された規範にアプローチするものであると述べている。

しかし，フラーの定義論的アプローチにおける結論は，いささか憂鬱なものである。「社会問題」がその社会の主要価値と制度化された規範に関わるものであるかぎり，社会問題の解決は不可能であると，彼は主張している。そして社会問題をその「自然史(natural history)」に委ねようとするフラーの立場は，サムナーのレッセ・フェール哲学にきわめて近いものである。

(2) **現代の定義論的アプローチ**

現代の定義論的アプローチとしては，ベッカー(Becker, H.)等のラベリング理論，キツセ(Kitsuse, J.I.)，グード(Goode, E.)，ベスト(Best, J.)等の社会構築主義をあげることができるが，これらはすでによく知られており，またこの『社会病理学講座』の他の巻で取り上げられているので，ここでは触れない。

定義論的アプローチで問題となるのは，「社会問題」の価値関連性を指摘するだけにとどまらず，またフラーのようにレッセ・フェール哲学に引きこもる

こともなく，「問題解決」の方途を探ることが可能か，という点である。これに関して，ジャムロジックとノセラ(Jamrozik, A. & Nocella, L.)は，重要な指摘を行なっている[28]彼らもまた，社会問題は，何らかの類の逸脱行動から発生するのではなく，社会の主要な価値と利益の追求から論理的必然的に発生する「否定的残余物(negative residue)」であるとしている。このような「社会問題」に介入し，解決をはかるためにさまざまな援助専門職(helpingprofessions)，たとえばケース・ワーカーやカウンセラー等が存在する。ジャムロジックとノセラは，このような援助専門職がもつ潜在的な政治的機能に注目している。彼らがはたす潜在的な政治的機能とは，社会構造的なイシューであるはずのものを，個人的なトラブル・問題として取り扱い，解決をはかろうとするところにもとめられる。貧困の原因が個人の怠惰に帰着したり，また少年非行や犯罪が個人の精神病理や人格障害の問題にすりかわってはならない。「社会問題」の解決においてこそ，マクロ・アプローチが必要とされるのである。

(3) この巻での取り組み

定義論的アプローチは，主に第3部「社会的差別と格差の病理」において，取り扱われている。あらゆる差別においては，差別のスティグマを与えられた者，あるいは「問題あり」と「定義」された者と，そうでない者とを「分別」し，線引きしようとする意識がつねにはたらいている。差別する者は，その被害者との間に存在する現実の，あるいは多くの場合架空の差異を強調し，また自らに有利なように価値づけを行なう。そしてこの差異は決定的なものとして，絶対化される。

第11章では，貧困と不平等化の問題が取り上げられているが，単に所得の不平等という観点のみでなく，セン(Sen, A.K.)のいう「潜在能力」の欠乏という観点から，問題をとらえていくことの重要性が指摘されている。「潜在能力」とは，人が選択しうる財のなかで達成できる機能の集合で，ある人にとって達成可能な諸機能の代替的組み合わせを意味している。貧困や不平等の問題に関して，従来からの功利主義的な見方は，効用偏重や人間の多様性を無視した財

配分中心の考え方などの欠点があったが,「潜在能力」概念を導入することでこれらの問題を解決し得ると述べられている。

　第12章では,エイジズムと差別の問題が取り上げられている。アメリカでは1960年代後半にエイジズムという名称が作られて広く研究が行なわれ,1970年代の定年制廃止法の成立に至っている。一方日本では,1980年代後半から研究が行なわれているが,まだ蓄積は少ない。現代社会における健康意識の喚起や清潔感の強調は,老人に対する「鈍い」「汚い」といったラベリングを助長する怖れがあり,両刃の刃となる。また老人自身が,否定的な「老人」ラベルを内在化し,老人ホームへの入居を嫌うという現象もある。定年制が「老人」を形成し,これを廃止することがエイジレス社会につながるという認識がなかなか生まれてこないのが日本の実状だ,とされる。

　その他第10章では,マイノリティと差別の問題が取り上げられている。

　以上,12章にわたって,現代日本のさまざまな社会問題がマクロ・アプローチによって分析されている。社会構造的イッシューが個人的トラブル・問題にすりかえられ,個人責任のみの追求や個人の「治療」がもっぱら問題となる「個人化」現象が進行している現在,マクロ・アプローチの重要性がさらに増していることを強調せねばならない。

注)
1) 『マルクス＝エンゲルス選集』補巻2,大月書店,1951.
2) Booth, Charles, 1840-1916, *Life and Labour of the People in London*, vol.1〜17, MacMillan.
3) Ward, Lester, F., 1906, *Applied Sociology: A Treaties on the Conscious Improvement of Society by Society*, Ginn.
4) Mills, C. Wright, 1943, "The Professional Ideology of Social Pathologists" *American Journal of Sociology*, 49, pp.165-180.
5) Mills, C. Wright, 1956, *The Power Elite*, Oxford University Press.(鵜飼信成・綿貫譲治訳『パワー・エリート　上下』東京大学出版会,1958)

6）仲村祥一『社会体制の病理学』汐文社，1967，pp.7-38.
7）佐々木斐夫「社会病理学」『異常心理学講座・5』みすず書房，1965，p.40.
8）Weber, Max, 1922, *Wirtschaft und Gesellschaft*, J.C.B. Mohr.（清水幾太郎訳『社会学の根本概念』岩波文庫，1972）
9）Blau, Peter, M., 1964, *Exchange and Power in Social Life*, Wiley.（間場寿一，居安正，塩原勉訳『交換と権力——社会過程の弁証法社会学』新曜社，1974，p.105）
10）Theodorson, G.A. & Theodorson, A.G., 1979, *A Modern Dictionary of Sociology*, Barn.
11）Thibaut, J.W. & H.H. Kelley, 1959, *The Social Psychology of Groups*, Wiley.
12）Dahl, Robert, A., 1957, "The Concept of Power" *Behavioral Science*, 2, pp.201-215.
13）Luckes, Steven, 1974, *Power: A Radical View*, London: Macmillan, p.35.
14）Galbraith, John Kenneth, 1983, *The Anatomy of Power*, Hougton Mifflin.
15）井上眞理子「交渉的権力の〈犯罪〉と法意識の変化」宝月誠編『講座社会学第10巻・逸脱』東京大学出版会，1999.
16）Foucault, Michel, 1976, *L'Histoiré de la Sexualité, I, La Volonté de Savoir*, Gallimard.（渡辺守章訳『性の歴史Ⅰ　知への意志』新潮社，1986，p.119）
17）前掲訳書，p.130.
18）前掲訳書，p.173.
19）前掲訳書，p.176.
20）前掲訳書，p.176.
21）Foucault, Michel, 1975, *Surveiller et Punir*, Gallimard.（田村俶訳『監獄の誕生』新潮社，1977，p.195）
22）Park, Robert E., 1916, "The City : Suggestions for the Investigation of Human Behavior in the Urban Environment" *American Journal of Sociology* 20, pp.577-612.
23）Cooley, Charles H., 1918, *Social Process*, Scribner.
24）Merton, Robert, K., 1949, *Social Theory and Social Structure*, The Free Press.（森東吾他訳『社会理論と社会構造』みすず書房，1961）
25）Durkheim, Emile, 1897, *Le suicide*.（宮島喬訳『自殺論』中央公論社，1985）
26）Baudrillard, Jean, 1970, *La Société de Consommation, Ses Mythes, Ses Structures*, Gallimard.（今村仁司他訳『消費社会の神話と構造』紀伊国屋書店，1995）
27）Fuller, Richard C., 1942, "Morals and Criminal Law", *Journal of Criminal Law and Criminology*, 32, pp.624-630.
28）Jamrozik, Adam & Nocella, Luisa, 1998, *The Sociology of Social Problems*, Cambridge University Press.

第1部

権力と支配の病理

第1章　権力社会Ⅰ：政治・経済的権力

　グローバリゼーション(地球化)が進んだ現代では，政治・経済的権力は国家の枠を越えつつある[1]。経済の分野では，それが顕著である。世界的規模の大企業が市場を独占するようになっており，たとえば，マクドナリゼーション(マクドナルドのハンバーガーが世界を席巻する現象)という言葉さえ生じている。とくに，ヨーロッパでは，EUの展開により，政治・経済的権力は統合へと向かっている。しかし，国際社会では，今でも国家主権が認められているので，ここでは，日本という国家を単位として政治的・経済的権力を考察しておきたい。

　現代の日本は，個人の自由に基盤をおく資本主義社会である。そこでは，飽くなき欲望の追求が，とくに経済の分野においては，利潤の飽くなき追求がみられることになる。すでにデュルケム(Durkheim, E.)が指摘したように，アノミー(無規制状態)への傾斜がみられるのである[2]。

　現代社会では，分業が高度化し，相互依存性が高まっている。そこで，マートン(Merton, R.K.)が指摘した個人的適応様式のひとつである「革新」が，つまり，制度的手段を無視して欲望の追求をするという適応様式が生じ[3]，アノミーに陥ると，精巧な相互依存性で成り立っている現代社会では，これまで以上に大きな弊害が生じることになる。そこで，政治・経済的権力の保持者は，弊害が起きたときの適切な対処にとどまらず，それへの予防を積極的に行なうよう期待される。つまり，権力者への役割期待は，増加しているのである。

　競争による淘汰で生き残った組織は，どんどん巨大化しているので，その頂点に立つ者は，一人の人間が担い切れないような重荷を負い，その組織の舵取りをするよう期待される。その地位にある者が，権力を乱用したり，無責任にそれを行使したりすると，その組織だけでなく，社会全体にも，大きな害悪を

もたらすことになる。ここでは、このように厳しい状況に置かれた、現代の政治・経済的権力の担い手について考察した後、彼らによる権力の乱用と無責任な行使を分析する。そして、それに対する制裁について検討する。

I　政治的権力の担い手としての政治家

　日本は、議会制民主主義を採用している。そこで、政治的権力を追求する者は、選挙で当選して、国会議員としての経歴を踏み、内閣総理大臣（首相）の地位を目指すことになる。

　身分制社会においては、政治的権力者の地位は、帰属的地位(ascribed status)であった。しかし、議会制民主主義の下では、基本的には、業績的地位(achieved status)となっている。つまり、政治的権力の獲得を目指す者は、選挙に立候補して、選挙公約を選挙民に訴えることにより、当選を獲得しなければならない。しかし、日本的な風土のなかでは、それは必ずしも実現していない。

　選挙で当選を重ねた者は、知名度が高まり、選挙民から、毎回、投票してもらえるという現実がある。つまり、選挙地盤というものが、形成されるのである。これは、人間関係のしがらみがみられる地方において顕著である（以前は、地方において、地域ボスの意向にしたがって票を投じるということが、広くみられた）。地盤を形成した政治家が引退するとき、その地盤は、しばしば子に継承される。日本では、そのメカニズムが定着しているので、２世や３世の国会議員が輩出している。この場合には、政治家の地位は、帰属的地位としての性格を帯びることになる。

　２世や３世の政治家には、長所と短所がある。長所としては、政治家になる可能性が高いので、早くから、そのための訓練を、たとえば、帝王学というようなものをうけることができる。とくに、しっかりした地盤を受け継いだ場合には、地元にへばりついて選挙運動に没頭する必要がないので、国のレベルで政治を考える余裕ができることになる。しかし、地盤を守るという点から、選

挙区の有力者によって政治家に祭り上げられただけで，民意を汲みとれない者は，経歴を踏んで政治的権力を握ると，その乱用や無責任な行使を行ないかねない。

　地盤をもたない者の場合は，どうであろうか。選挙で当選するためには，選挙民の間での知名度を，高めなければならない。国政選挙の場合には選挙区が大きいので，立候補者は，関係する諸団体から，つまり，業界団体，労働組合，宗教団体などから，支援を取り付け，その組織を活用して名前を売り込むことになる。また，選挙の際には，多くの金と人手が必要なので，その援助も関係諸団体からうけることになる。つまり，できるだけ多くの団体から，支援を取り付けることが必要となる。その結果，とくに地盤をもたない候補者は，利害が交錯する関係諸団体の意向を受け止めて，最大公約数的なものを選挙公約に掲げて，幅広く票を集めることになる。それゆえに，一部の野党を除いて，候補者の選挙公約は，大同小異になっているのである。

　ところで，以前は，地盤が弱い候補者は，集票のために多くの金を使っていた。その責任の一端は，選挙民にあった。彼らのなかには，票の取りまとめという名目で，候補者から金をゆすったり，飲み食いをせびったりすることが，少なくなかったのである。現在では，票の露骨な買収は激減したが，巧妙な形での買収は絶えていない。選挙キャンペーンの費用が高額化しているので，今でも選挙で当選するには多額の金が掛かるのである。

　選挙で多くの金を使った候補者は，当選して政治家になると，次回の選挙に備えて，政治家としての特権を活用して集金に励むことになる。それが行き過ぎると，収賄という違法な活動にまで手を出すことになる。悪質な場合には，集金したもので，私腹を肥やすことになる。政治的権力の担い手である政治家には，金にまつわるスキャンダルが絶えないのである。

　公職選挙法では，金の掛からない公正な選挙の実現を目指して，さまざまな規制を設けている。また，政治資金規正法によって，政治家への資金の流れを透明化しようとつめている。それにもかかわらず，国会議員の金にまつわるス

キャンダルは絶えず，たとえば，2002年には，公設秘書の給与のピンハネが，社会問題となったのである。

　国会議員は，集金しつつ，地盤の維持とその拡大に励むことになる。なかには，東京に滞在して国政のために活動するよりも，選挙区にへばりついて，各種の会合にこまめに顔を出すことにより，選挙民の間での知名度を高めている者もいる。会合に顔を出すことは，選挙民を通して，庶民の生の声を聞けるという利点はある。しかし，地元指向型の国会議員は，国民全体の利益を考慮せずに，もっぱら地元への利益誘導行為を行なう危険がある。地元への利益誘導を行なってきた政治家には，スキャンダルで全国的な批判を浴びても，感謝した選挙民から票を集めて当選し続けていた者がみられる。国際的視野を欠いた地元指向の政治家が，政治的権力をふるう地位についた場合には，外国との交渉で支障をきたしかねない。

　ところで，前述した従来の政治的風土は，大都市を中心として，最近，変化の兆しがみられる。大都市には，他の地域から流入した人がたくさん住んでいる。彼らは地域ボスとの接触をもたない。大都市に住む高学歴者は，政治家の腐敗に対して，厳しい目をもつようになっている。

　現代の人びとは，とくに大都市の住民は，個人主義的な生活様式をとるようになり，地域ボスや雇用主などによる人間関係のしがらみから解放されるようになっている。そこで，投票行動も，自分の判断で行なうようになっている。彼らの多くは，とくに若者の多くは，私的な生活を楽しんでいて，政治的問題にあまり関心をもたない。彼らは，特定の支持政党をもたず，選挙ごとに投票行動を決めるので，無党派層とよばれている。

　このような無党派層の人びとは，マスメディアからの情報に影響されて，投票行動を決める傾向にある。たとえば，2001年には，マスコミの寵児となった小泉純一郎のお陰で，自由民主党は，彼らから多くの票を獲得できた。しかし，マスコミを通しての人物像は，必ずしも実像ではない。また，マスコミ受けする人物が，必ずしも，政治家としての資質が豊かなわけではない。マスコミで

つくられたイメージに基づく投票行動が，広く行なわれるようになると，資質のともなわない者が，政治家として多数選ばれかねない。もしそうなると，衆愚政治に陥る危険性がある。その反面，無党派層の動きには，従来の腐敗した政治風土を打破する効果が，期待できる。従来の政治に飽き足らなくなった大都市の住民が，ボランティアとして勝手連を形成して，新鮮な候補者の選挙運動に携わるという現象は，既存の政治の改革を導く可能性をもっている。

Ⅱ 政治的権力獲得過程の病理

　日本では，議院内閣制を採用している。それゆえに，最高の政治的権力は，内閣総理大臣（首相）にある。憲法67条1項の規定に基づいて，首相は，国会議員のなかから，国会の決議によって指名される。また，それを補佐する大臣の多くも，国会議員のなかから選ばれている。それゆえに，政治的権力を獲得しようとする者は，国政選挙において当選しなければならないのである。しかし，1～2回の当選で，首相や大臣というような重要な地位を獲得できるのは，きわめて稀である。

　日本では政党政治が行なわれているので，政権を担うためには，当選者が集結して，多数党を形成しなければならない。政治家は，国政のみならず，党務も担わなければならないことになる。また，長期に政権を牛耳っていた自由民主党では，派閥が幅を利かせているので[4]，その業務も担わなければならない。人間関係のしがらみが強い日本では，根回しの政治が行なわれている[5]。そこで，党務や閥務での業績，あるいは，他党との折衝である国会対策業務での業績が，政治家として頭角をあらわすうえで重要なのである。しかし，これらの能力と，国政を担当する能力は，必ずしも比例しない。根回しの達人であった竹下登が，そのよい例である。なお，竹下は，1987年に首相になる直前に，右翼の"ほめ殺し"に手を焼き，金丸信のあっせんにより，稲川会会長に頼んで"ほめ殺し"をやめさせていた。最高の政治的権力を握った政治家が，右翼や

暴力団といった闇の世界にまで根回ししていたことは、社会に大きな衝撃を与えた。その結果、1993年には、自由民主党の長期政権維持は終りを迎えたのである。

日本では、首相に就くには、政権政党である自由民主党の派閥の長、あるいは、派閥の役員でなければならなかった。連立政権になった今でも、基本的には、同じ構造がみられる。派閥のボスになるためには、国政の立案やその実施のための能力には関係なく、派閥の維持・拡大のために集金能力があり、人間関係の調整の能力に長けていることが必要であった。

このようなボスのひとりが、自由民主党内の手続きによって党首に選ばれると、1人を除いて、すべてが首相になっている。ところで、現在では、国政において多種多様な複雑な問題が山積しており、首相は、それらについて政治的決断をしなければならない。その責務は、ひとりの個人が担いきれないほど重いものである。しかも、課題は、国内問題に限らない。グローバリゼーションが進んだ現在では、国際社会における問題についても、日本の国益の視点から、また、国際社会の協調という視点から、適切な判断を下さなければならない。このような重責を担う者の選出は、政権党の派閥抗争のなかでの旧来の手続きで、よいのであろうか。2001年4月に、派閥の長でない小泉純一郎が首相に選ばれたのは、それに風穴を開けることになった。

首相がひとりで、すべての重要事項について政治的決断をできないとなると、その補佐役である大臣の任務が重要となる。自由民主党では、何よりも派閥の均衡が重視されており、大臣は、派閥順送りで決められてきた。派閥順送りによると、重要度が低いとされる省庁の大臣のポストは、いつも、国政担当や政治的判断の能力の乏しい政治家によって、占められることになる。そのような場合、官僚たちは、自分たちが抱えている課題とその対策について、その政治家にご進講して、自分たちの考えを注入することになる。凡庸な大臣は、それを鵜呑みにして、操り人形として、官僚が立案した対策の実現のために働くことになる。また、社会的常識に欠けていて、常日頃から傍若無人の振る舞いを

する人が，大臣になると，その地位にふさわしくない暴言を吐いたり，行動をとったりする。その結果，社会的指弾をうけて，大臣の地位を追われることも稀ではない。また，私生活での問題点で，たとえば，異性をめぐるスキャンダルで，政治家としての重要な地位を失うこともみられるのである。

グローバリゼーションが進んだ現代では，政治的な課題は複雑化しており，それに対処する政治的権力の保持者には，洞察力，決断力，広い視野，専門的知識，語学力といったものが，今まで以上に要求されるようになっている。政権政党における旧来の手続きでは，このような資質をもつ者を首相や大臣に選出することが期待できないであろう。

III 政治的権力行使の病理

ルーマン（Luhmann, N.）が指摘するように，権力の基盤には，物理的な暴力装置が存在する[6]。国家において政治的権力を把握した者は，その維持のために，軍隊や警察といった暴力的装置を発動できる。以前は，その発動は露骨であった。たとえば，戦前の日本政府は，警察を使って，反対党に対して露骨に選挙干渉をした。第２次世界大戦中には，憲兵や特別高等警察を使って，戦争遂行という国策に反対する人びとを，犯罪者として検挙し，拷問にかけていた。

戦後は，新しい憲法により，国民主権に基づく民主的な機構が樹立された。そこでの政治的権力は，民意によって制御されることになった。そのために，政治的権力による暴力的装置の露骨な発動は，控えられている。しかし，フーコーが指摘しているように，現代の国民は，たくみに規律・訓練を課せられ，規格化され，そして，監視されている[7]。つまり，政治的権力は，知的情報を巧みに操作し，国民が知らない間に，彼らをトータルに管理する体制を築こうとしているのである。

政治的権力が民意を反映して行使されるためには，その行使は透明性をもち，常に国民の批判にさらされる状態になければならない。しかし，トータルな管

理社会に向かっている日本では,情報公開の法制が整備されつつあるとはいっても,その政治的な風土も影響して,この透明性は十分に確保されていない。

議会制民主主義の政治は,国会で公に討論することを本旨としている。つまり,予算や議案を慎重に審議して,反対党の意見も斟酌しながら,多数決で決するのを理想としている。しかし,現実には,かならずしもこれが実現していない。

日本では,政治家の立案能力が貧困であるために,議員立法は少ない。最近はその増加傾向がみられるけれども,官僚の立案した政府提出法案が,圧倒的な多数を占めている。国会においては,大臣などによる法案の趣旨説明,あるいは,野党議員の反対の質問でさえ,官僚の智恵を借りて行なっている。それでも,国会での討論は,国民の傍聴やマスメディアによる報道が保障されている点で,透明性を維持している。

現実には,重要な事項についての政治的権力の行使は,事前の根回しで決められている。国会での討論は,その承認を取り付けるための儀式と化しているのである。それを典型的にあらわしている言葉が,宴会政治である。表の政治活動の段取りを事前に準備しておくために,派閥のボスを中心とした有力な政治家たちは,料亭(今ではホテル)に集まり,酒を酌み交わしながら,法案の処理や政策の実行について話し合っているのである。このように,日本における政治的権力の行使は,透明性を欠いており,それが国民の政治不信を招く一因となっている。

Ⅳ 政治家の金にまつわる病理

日本では,国政を担当する政治家にも,地元との癒着関係がみられる。これは,国の財源が巨大なことも関係している。三割自治といわれるように,地方自治体は,国の財政的な補助なしには,住民に行政的サービスを十分に提供できない状況にある。とくに,税収の乏しい過疎地域の自治体には,それがあて

はまる。そこで，国会議員は，一部の野党の議員を除いて，地元のために国から金を引き出すことを，主たる仕事にする。それは，地元からの国家機関への陳情に対する口添えにとどまらない。族議員として，自分が専門に手がけている分野での地元への利益誘導を，所轄の官庁に働きかけるのである。

ところで，政治家は，普段から選挙のために，多額の金を使っている。その金をどこかで工面しなければならない。国会議員には，高額な給与が支給されている。しかし，それでも，費用を十分にまかなうことができない。そのために，政治家は，業者や選挙民の依頼に応じて口利きした見返りとして，対価を受け取っていた。これは，刑法で処罰している収賄の抜け穴となっていたので，2000年には，あっせん利得処罰法で規制されることになった。その2年後には，有力国会議員の私設秘書の公共事業口利きビジネスというスキャンダルが露見して，その法による規制が強化されている。国会議員の政策立案の能力を高めるために，公設秘書の制度が設けられているが，2002年には，公設秘書への給与を国会議員がピンはねしたりするというスキャンダルも，明るみに出た。

議会制民主主義の理想は，国民一人ひとりが，支持する政策を実現してくれる政治家に，小額の献金を続けていくことにある。しかし，現実には，国会議員は，国民の政治献金だけでは，費用を十分にまかないきれない。そこで，彼らは，企業などから，裏の献金をうけることになる。以前の派閥のボスは，選挙のたびに，餅代と称して若い候補者に選挙資金をばら撒いていた。派閥のボスになるためには，また，その地位を維持するためには，裏献金の口を多くして，多額の金を集めなければならなかったのである。

そのような集金組織を確立して，政治的権力の頂点をきわめたのが，田中角栄であった。彼は，公共事業の入札のドンとして，その調整役を引き受け，順次落札した企業からは，3％の上納金を裏の政治献金として提供させた[8]。田中は，このような方法で巨額の裏献金を集めて，新しく立候補する者に選挙のために資金を提供し，また，自由民主党の総裁選出の際には票を買収した。このような過程で首相となった田中は，日本列島改造論の表看板の裏で，日本中

を金まみれにしてしまった。田中のスキャンダルは，1976年のロッキード事件で露見して，彼は失脚することになったのである[9]。

他の大きなスキャンダルは，1988年のリクルート事件であり，そこにおいては，リクルートの未公開株が，政・官・財界の主要な人物に，賄賂として提供されたのである[10]。その後も，政界の浄化や政治資金の流れの透明化が叫ばれ続けているけれども，政治家の金をめぐるスキャンダルは絶えない。

V 経済的権力の担い手

マルクス(Marx, K.)は，資本制的蓄積を歴史的に分析し，資本主義経済においては，労働者の労働力を搾取している資本家が，支配者であると分析した[11]。この構図は，第2次産業の分野で工場労働者がたくさんおり，彼らの労働権が無視されていた時代には，説得力のあるものであった。

しかし，今では，コンピュータ技術の発展で，機械による自動化が進み，第2次産業での労働者の数は激減している[12]。他方では，事務，販売，サービス提供，情報処理の分野で働く人が増えている。彼らの多くは，資本家から搾取されている労働者としての階級意識をもたなくなっている。近年の労働組合加入率の低下が，それを物語っている。労働組合によるチェック機能が衰えるなかで，1990年代以降の企業は，合理化の名のもとで，労働強化を実現しているのである。

他方，支配者である資本家という概念も，揺らぎつつある。以前は，オーナー企業が大部分であったので，そこでは，個人としての資本家を，明瞭に意識することができた。今では，株式会社組織のオーナー企業も，増資を重ねて巨大化するうちに，そのオーナーの持ち株比率が低下している。オーナーといえども，企業を支配できるような株の保持は，不可能になっているのである。

そのような状況であるが，経済的権力をふるえる立場にあるのは，大企業の経営者であるので，その有り様を分析しておきたい。オーナーが引退するとき

第1章　権力社会Ⅰ

には，持ち株を子に譲り，その子が経営者の地位を引き継ぐということがみられる。その場合には，経営者の地位は，帰属的地位であるといえる。しかし，1990年以降の深刻な経済的不況のなかで，経営者の舵取りは難しくなっている。大企業における2世・3世の経営者で，創業者が敷いた路線を踏襲するだけの者は，その重責を担えなくなっている。それゆえに，大企業の経営者の2世・3世は，国会議員のそれに比べて少なくなっているのである。

　それでは，経済的権力をふるえる大企業の経営者は，業績主義で，その地位を獲得しているのであろうか。日本では，企業同士の株の持合が定着し，しかも，法人大株主は，株主総会に際して，委任状を提出するのが常であった。しかも，企業の総務部は，総会屋を雇って，株主総会で株主の反対意見を押さえさせていた(ただし，今では，総会屋に利益供与するのは，商法によって刑罰が科せられる)[13]。そのような状況なので，株主総会では，企業が提案する案件は，ほとんど実質的な討議なしに承認されていた。

　取締役や監査役を決めるのは，株主総会である。しかし，株主総会での審議が形骸化しているので，実質的には，会長と社長の意向で，これらの人事のほとんどが決められていた。その結果，社内には，"ごますり"が横行することになった[14]。つまり，経営者への道は，必ずしも業績主義に基づいていなかったのである。彼らはサラリーマン重役といわれるが，その多くは，人事操縦術を駆使して，保身と昇進に専心する。重要な課題を抱えていても，先例踏襲で無難に過ごし，根本的な解決を先送りする。1990年代に日本経済の不況を深刻化させた一因は，大企業病といえる，この先送りであった。

　現代では，政界以上に，経済界では，グローバリゼーションが進んでいる。1980年頃には，稟議を中心とした日本的経営がもてはやされたが，今では，その意思決定の方法では，経済活動の速い流れについてゆけなくなっている。欧米の大企業では，能力のある人を経営者としてスカウトし，彼らの決断力によって迅速に事態に対応している。日本でも，経営能力のある人が，大企業のトップに立ち，迅速にリーダシップを発揮することが求められるようになって

いる。日本人に適材が見あたらない時には，外国人を経営者に迎える時代になりつつある。日産自動車が，仏ルノー社のカルロス・ゴーンを社長に迎えたのが，その前兆である。

　大企業の経営者は，業界や政界にも大きな影響を及ぼしている。彼らは，日本経団連の役員となったり，政府審議会の委員になったりする。場合によっては，大臣に指名されたり，政府委員に指名されたりする。これらの地位に就いて，財界人は，経済界のみでなく，政・官界においても大きな権力をふるうことができるのである。

VI　経済的権力行使の病理

　経済的権力行使の乱用の最たるものは，企業が利潤追求のあまり，社会的倫理に反する行為に出ることである。それらの行為は，広く害悪を撒き散らして可視性が高まったとき，また，内部告発によって露見したとき，社会的に指弾を浴びることになる。最近は，国民が経済的不況のなかで犠牲を強いられていることもあって，彼らによる監視の目は厳しくなっている。また，終身雇用制度の崩壊や能率給制度の導入などによって，企業一家という意識が薄れていることもあって，内部告発が積極的になっている。ここでは，1990年代以降における経済的権力行使の乱用の一端を，分析することにする。

　1980年代の後半には，空前のバブル経済を迎えた。好景気で金が有り余っていたので，金融機関は金を貸しまくった。これらの金は，株や土地などへの冒険的な投機に回され，それらの値段は高騰した。しかし，1990年2月の株の暴落をきっかけとして，経済のバブルが崩壊した。

　株の暴落後の1991年6月に明らかになったのが，証券会社による大企業に対する損失補填であった。当時，庶民は，証券会社の勧誘を信用して投資した結果，株の暴落によって大きな損失を被っていた。それなのに，証券会社は，大口の投資家である企業には，損失補填をしていたのである。この事件により，

大企業のなれ合い体質が暴露されて，国民による企業不信が増大したのである。

　1990年代の不況対策は，宮澤喜一のようなケインズ主義の信奉者によって主導された。彼らは，国債の乱発で財源をつくり，景気刺激策として，公共事業を中心として財政投融資を拡大する政策をとった。その結果，業績が悪化した非能率的な企業を丸抱えすることになり，10年以上の長期にわたる不況を招いてしまったのである。

　この政策は，与党によって強力にバックアップされた。与党の中心である自由民主党は，地方を地盤としている。現在では，東京一極中心主義の経済になりつつあるので，地方での産業は衰えている。そこで，地方では，官公庁からの建設・土木の仕事が，雇用創出の一番の柱になっている。地元の中小の建設・土木業者が談合によって，仕事を分け合い，彼らの従業員が仕事にありつくという構図がみられるのである。しかし，景気刺激策にもかかわらず，不況下での民間の設備投資は盛り上がらず，バブル時代に過剰投資して経営不振に陥った建設・土木関係の企業が，負債を増大させつつ，生き延びたに過ぎなかった。

　国民は，物あまりの状況のなかで，将来への見通しに悲観し，老後に備えて財布の紐をしめるようになった。また，企業，とくに製造業のそれは，安い労働力を活用するために，活動拠点を外国に移すようになっていった。そのために，政府の景気刺激策にもかかわらず，国内市場は縮小して，経済不況は深刻の度合いを深めていった。その元凶が，不良債権問題をかかえた金融機関である。

　1990年代に経済の舵取りをした人びとは，日本の経済構造の硬直化に気づかずに，従来どおりの景気刺激策で，近い将来，好景気に転じるであろうと，楽観的な予測をしていた。そこで，不良債権問題についても，解決を先送りしてきた。この間，政府は低金利政策を採用したので，金融機関は，一般預金者の犠牲によって，大きな利潤を上げた。しかし，それでも，不良債権の解消には十分でなかった。また，金融機関が財源として保持していた株は，株価の低落

によって，資産価値を減らしていた。そのような状況のなかで，とうとう，1990年代の後半には，大手銀行の倒産まで生じたのである。

Ⅶ 政治・経済的権力に対する国民の監視の強化

　企業経営者，政治家および官僚による，国民を犠牲にする形での権力の行使は，最近，大きな社会的批判を浴びるようになっている。国民は，税金の支払い者である。今までは，お上のいう通りに，税を支払い，その使い道については，口出ししないでいた。しかし，今は，税の使い道について，監視を始めている。たとえば，市民オンブズマンの組織が，飲食費や接待費の使い方を中心に，浪費が行なわれていないかどうか，チェックするようになった。その運動は，1999年の春に官公庁の情報公開が義務づけられることによって，促進させられている。

　政治家に対しては，口利き行為に対して，厳しさが増している。戦後，政治家による収賄事件は絶えなかった。収賄の手口も巧妙化して，政治資金という名目を隠れ蓑にして，検察や警察の摘発をうけないようにしている。それに対処するために，贈収賄の規定はきめ細かくなり，また，その違反に対する刑罰も重くなっている。2002年には，国会議員の私設秘書の口利き行為についても，犯罪化するに至っているのである。

　資本主義社会では，企業は私的な存在とされてきた。しかし，今日の企業は，巨大化し，人びとの生活に大きな影響を与えるようになっている。そのために，社会的責任が厳しく問われるようになっている。

　企業の違法行為に対する制裁として一番重いのは，刑罰である。現在は，犯罪の行為類型が増え(犯罪化)，また，その刑罰が重くなっている(重罰化)。しかも，その適用も厳しくなっている。たとえば，従来では，破産前に決算を偽って帳簿の上で利益を出し，それを配当しても，犯罪として刑罰が科せられることはまれであった。最近では，大企業の社長や取締役が，それを行なうと，

刑罰が科せられるようになっている(たとえば,営業不振で1998年に一時国有化された日本長期信用銀行の場合,その元頭取は,粉飾決算のかどで,第1審の東京地裁で,懲役3年執行猶予4年の有罪判決をうけている)。

企業に損害を与えた者に対しては,株主訴訟の制度も活用されている。日本では,従来,ものをいわぬ株主が多数を占めていたので,また,訴訟の手数料が高額であったために,この制度は活用されてこなかった。しかし,1990年代後半には,これが機能するようになって,会社に損害を与えたという理由で,経営責任者は訴えられるようになっている(たとえば,大和銀行ニューヨーク支店を舞台にした不正取引事件は,1995年に発覚したが,大阪地裁は,その不正取引の責任を問う株主代表訴訟で,被告の元経営責任者に約900億円の損害賠償を命じている)。

監督官庁による行政処分も,経済的権力の乱用に対する有効な方策である。免許取り消し,免許や営業の停止などの行政処分は,本来は,不祥事の続行を止めるため,あるいは,その原因追求のためにとられる処置である。しかし,今では,刑罰と並ぶ制裁的な処分という色彩を強めている。

最近,大きな制裁効果を上げ始めたのは,国民による厳しい批判である。とくに,流通の末端で商品を取り扱っている企業の場合,消費者による不買運動が,大きな制裁となっている。現代の社会では,企業がつくる製品や,それが提供するサービスは,ほとんど大きな差異がない。ブランドの強弱が,売れ行きを左右するのである。ところが,製品やサービスに欠陥がみつかり,また,それを隠蔽するようなことがあり,しかもマスメディアがそれを大々的に報道すると,企業に対して厳しい批判が生じる[15]。そうなると,今では,企業の存続さえ危ぶまれるようになっている。その典型的な例が,2002年の雪印食品の不祥事である。雪印食品は,牛海綿状脳症対策としての国産牛肉買い上げ制度を悪用し,さらに,その隠蔽を図ったが,それが露呈したとき,責任者が刑事責任を問われただけでなく,企業自体が解散に追い込まれた。また,2000年に集団食中毒事件を引き起こしていた雪印乳業も,子会社のこの不祥事で,社会

的信用をなくし，企業連合体が解体され，本体は減資に追い込まれたのである。

　大きな会社は，会社ぐるみ違法行為をしても，社会的な影響が大き過ぎて，倒産させるわけに行かないと，従来は考えられていた。これが，大企業による経済的権力の乱用や社会的倫理の低下の一因となっていた。しかし，国民の厳しい批判のなかで，その考えは変わりつつある。企業側も，社会的倫理の確立を意識し始めている。証券不祥事が生じた1991年には，経団連は会員企業が遵守すべき行動原則を示した「企業行動憲章」を作成している。それを受け継いだ日本経団連は，2002年に日本ハムの牛肉偽装問題，三井物産の発電施設入札妨害，東京電力の原発トラブル隠しなど，大企業の不祥事が露見したので，その憲章の見直しを検討せざるをえなかったのである。

　日本以上に資本主義が徹底しているアメリカでは，激しい競争のなかで，利潤の獲得にしのぎを削っている。その結果，違法的手段を使っても，利潤の獲得を目指しがちである。それを防止するために，企業の違法行動を監視する体制が整っているといわれてきた。

　2001年9月11日の世界貿易センター襲撃事件の後に，アメリカでは，株が暴落した。その後，不況が忍び寄るなかで，エネルギー供給大手のエンロンという大企業が，業績不振に陥った。しかも，大手の会計監査会社アンダーセンが共謀して，経理の不正操作をしたことも露見した。その結果，エンロンおよびアンダーセンは，倒産に追い込まれたのである。さらには，70億ドルもの粉飾決算が発覚した通信大手のワールドコムも，厳しい社会的非難をうけて，破綻に追い込まれている。アメリカは，2002年7月に米企業改革法を制定して，企業の不正行為には厳罰を科すことにより，自由主義的な経済システムを守る姿勢を示しているのである(日本経済新聞2002年9月12日)。

　日本でも，企業ぐるみと疑われるような不正行為は，また，企業経営に責任ある者の不正行為は，今後，大きな社会的批判を浴びるであろう。その結果，不正行為をした当事者やその責任者が厳しい制裁をうけるだけでなく，その企業の存立さえ危うくなるであろう。社会的非難の高まりは，企業による経済的

権力の乱用や社会的倫理の低下を防ぐのに有効であろう。

注）
1) 横山実「国際化の社会病理」米川茂信・矢島正見編著『成熟社会の病理学（改訂版）』学文社，2003，p.65.
2) デュルケム，E.（井伊玄太郎・壽里茂訳）『社会分業論』理想社，1957，p.12.
3) マートン，R.K.（森東吾・森好夫・金沢実・中島竜太郎訳）『社会理論と社会構造』みすず書房，1961，pp.131-138.
4) 永森誠一『派閥』筑摩書房，2002，p.8.
5) 京極純一『日本の政治』東京大学出版会，1983，p.181.
6) ルーマン，N.（長岡克行訳）『権力』勁草書房，1986，p.93.
7) フーコー，M.（田村俶訳）『監獄の誕生』新潮社，1977，p.187.
8) 共同通信社社会部『東京地検特捜部』講談社，1998，p.104.
9) 魚住昭『特捜検察』岩波書店，1997，pp.38-72.
10) 山本祐司『東京地検特捜部の決断』講談社，1999.
11) マルクス，K.（長谷部文雄訳）『資本論　第1部下冊』青木書店，1954，pp.1157-1160.
12) 横山実「産業構造の変動と社会病理」那須宗一編『現代病理の社会学』学文社，1983，p.12.
13) Yokoyama, Minoru, "Analysis of Corruption by Sokaiya（Hoodlum at General Meeting of Stockholders）in Japan", 國學院法學第40巻4号，國學院大学法学会，2003，p.63.
14) 奥村宏『会社本位主義は崩れるか』岩波書店，1992，p.91.
15) 横山実「企業犯罪」，澤登俊雄・所一彦・星野周弘・前野育三編『新・刑事政策』日本評論社，1993，p.441.

第2章　権力社会Ⅱ：知の権力と専門家支配

Ⅰ　専門職とは

(1) 専門職・専門職化の発生過程および機能

　専門職・専門職化の発生にとり重要な役割をなしたと考えられる要因は，近代以降の社会を特徴づける社会的分業であろう。この社会的分業が，近代社会を特徴づける基本的属性とし認識されるという点に関しては，スミス(Smith, A.)がピン製造工程における「特殊な職業」の成立としての技術的観点からの分業に着目することに端を発し，その後の分業が唯単にひとつの工場内の工作過程分割にとどまらず，工場相互間あるいは数多くの工場をも包摂する諸作業間にわたる社会的分業の成立がもたらされたという，歴史的事実に関しての言説(Smith, A. 1776 (＝1976 pp.10-11))，またマルクス(Marx, K.)による，自然的分業，あるいはまた技術的経済的視点における技術的分業が，社会的関係または全体社会内において個々人が占める社会的なあり方，つまり社会的分業により多大な影響をうけるという指摘(Marx, K. 1933(＝1956))により容易に理解できる。

　また社会的分業が専門職・専門職化に関して重要な役割をなしたと考えられる根拠としては，A. スミスがとりあげた分業の事例における二面性が指摘できる。それは，作業の単純な分割と，新たなる特定作業の創生である。これは，巨視的な社会的分業の観点よりすれば，前者が人びとの従事する活動の，生産性そして効率性向上のための分化であり，後者は人びとの従事する活動の，知識・技術の高度化の影響に基づく細分化，精緻化そして専門化といえる。この事象は，近代社会以降の，職業の多様化傾向または活動の専門化に起因する労働人口に占める専門職従事者の比率の増大(Montagana, P.D. 1977：22)をみれば自

明の事実といえる。この社会的分業によりもたらされる事象については，さまざまな解釈がなされてきたが，そこにはいずれも，分化した専門職が近代社会以降において，いかにその機能・役割を果たすのかに注目する分析視角を内在させている点において共通している。もちろん，その「機能・役割」の内容は，各論者の問題設定により相違する。たとえば，「主知主義的合理化」の担い手としての「専門人」(Weber, M.)，アノミー終結のかなめとしての「専門職集団」(Durkheim, E.)，社会進化の担い手としての「専門職」(Spencer, H.)等があげられよう。しかしながら，かようにその表現はまちまちであっても，そこには専門職の果たす機能を，近代化以降必然的に分化する社会自体のもつ特性と不可分の現象とし，専門職を位置付けアプローチするという分析視角に関しては，皆共通していると思われる。以下，デュルケムの論旨((Durkheim, E.1893 (＝1971, 342-393), Giddens, A. 1971 (＝1974, 112-122))を追って検討を加えることにする。

(2) E. デュルケムの視点

E. デュルケムは，社会的分業を単に労働の効率や生産性の増大としてだけでなく，なによりも社会的連帯(solidalité sociale)の問題として重視していた。彼によれば，社会がより原始的であるとすると，その構成員の類似性が高いものであり，その類似性から社会が成立すると語る。この段階においては，集団意識が個人意識を優越する社会とすると同時に，こうした類似性に基づく社会的連帯を機械的連帯(solidarité mécanique)と称した。社会の発展にともない，必然的に社会的分業が進行する結果として，この類似性あるいは同質性が消失すると，個々人の社会的役割分化がもたらされると共に人間相互間の依存性の増大が喚起される。この時点において社会における社会的連帯は，機械的連帯から有機的連帯(solidalité organique)へと質的変化を遂げるとする。この有機的連帯をもたらす社会的分業は，個々人の役割と社会的機能の分化あるいは結合により，労働の効率性の高度化，生産力の発展の基盤を提供する土台となると同時に，個々人がある特定の集団の制約により，拘束されることがなくなることにより，個人意識が集団意識を優越するという意識発展をもたらすと語る。この

時点において，集団内における個人ではなく，個人が直接的に社会の主体となり自己存在・自己労働が，他の存在と労働内における相互依存の内に存在成立すると自覚することにより，主体化された連帯感が形成されると，彼は社会的分業を分析するのである。この社会的分業に関する理解において，彼は専門職の機能に関して検討を加える。彼は，有機的連帯を社会にもたらすものとして，国家と個人の中間に存在する，社会的分業より派生する職業集団に着目する。そしてその職業集団こそが，社会的統合機能を果たす遂行主体であると強調する。そして，前節で述べた，専門職の特徴的要素より顕現化する専門職独自の属性としての，社会性・公共性への関心および共同体的志向に基づく役割遂行が，社会的分業により分化する社会体系において，全社会的な道徳的目標を設定することを可能ならしめると考える。加えて，公共的利害関心に基づくその道徳的目標は，個別的利害関心を優越するであろうと考える。そして専門職に関しては，各自の職業生活における，秩序・安定の確保・維持・強化などについて，自己規制することが期待できるという認識から，人間疎外状況を産みだす経済活動分野における，専門職に期待される役割，そして各職業のより一層の専門職化についての必要性を強調するのである。

　彼にとり，専門職という理念型は，国家より分離せられる生産過程内労働者（個人）と，道徳的秩序の体系としての社会の媒介と考えられたのではなかろうか。ここにおいて専門職は，無秩序に分化し，まとまりを欠く社会に関し，個人的利害関心を超え社会的利害関心に基づく統合（社会的連帯）を，形成しうる道徳的要素をもつ機能主体そのものであったといえる(Rex, J. 1969 (＝1972：215-216)。さて，彼，E. デュルケムに以上のようにとらえられる専門職・専門職化機能に関し，職業社会学的に検討を加えてみよう。歴史的に観て，中世封建社会において，事実上職業は身分と一致していた。職業が明確に身分と区別され独自の社会的意味と機能をもつようになるのは，19世紀以降の近代社会においてであろう[1]。従来，職業は，「個性の発揮」という個人の主体的側面と「役割の実現」という対社会的側面を合わせもつ概念として定義(Weber, M. 1904

(=1955))され,また社会と個人の結節点と認識され,その媒介的意義付けにより,他の活動と結び付くと語られる(尾高邦雄1953:18-19)概念である。これは換言すれば,職業としての個人活動が社会活動へ,あるいは社会活動が個人活動へ変容することを意味することであり,この意味において職業は社会と個人とを結ぶ,媒介機能とし認知されるのである。加えて「生計の維持」(尾高邦雄,1953:19)とされる,個人のある財・サービス提供への対価としての報酬付与という相互作用は,職業の交換機能として認識されるのである。しかしながら,以上の分析概念だけでは職業に関しての現実的意味を看取することにはならないと思われる。歴史的に職業に関してのその就業形態の変化をみてみると,その源初的段階においては,職業は個人と社会あるいは社会と個人を媒介する時,たしかに個人的かつ直接的連関に基づく就業形態を形成している。しかしながら,時の経過とともに職業はその就業形態に関し,知識・技術の高度化あるいは分業の進展などの理由により,職業集団を形成せざるを得なくなり,媒介機能役割について関接的連関による就業形態にならざるを得なくなるのである。つまり,個人と社会は,歴史的推移にともない,個人的関係から職業集団[2]を通しての,間接的就業関係へと変容するのである。この就業形態変化(同業組合,専門職集団,労働組合,企業等)は,職業のもつ媒介機構および交換機構に関し,多大な影響を及ぼすと同時に,規定までも加えることになるのである。専門職に関しても同様の現象,つまり専門職もまた専門職独自の集団を,形成することが指摘[3]されている。そして専門職が,集団を形成するなどの職業形態の変容をなすことにより,19世紀以降の「仕事の出来高支払」方式(payment by result/fee for service)から,仕事の質の標準化および査定による料金決定方式へと移行することにより,交換機構に関し変容を遂げることとなる。同時に,個人と社会は,専門職との個人的直接関係から専門職集団との間接的関係へ,状況が移行することにより,媒介機構に関しても変容が生ずることになる。

　こうした職業および就業形態の変容は,その後の職業分化(occupational differentiation),科学的合理主義意識の拡大,技術・産業構造の高度化による各職

業・職業集団自体の知識・技術基盤に関する体系化・高度化の要請，その他社会構造・機能的分化進展など一連の社会変動の下，一層拍車が掛かり現代にいたっているといえよう。

(3) 現代社会における専門職化

現代社会においては，各種職業・職業集団における職業的自律性獲得志向に起因する，専門職化および専門職多様化傾向が普遍的な過程とし認知されることとなる。こうした各種職業・職業集団の専門職化の進行は，幾多の職業が専門的な知識・技術をもつことにより専門職化することを意味するが，これは同時に，E. フリードソン(Freidson, E.1970)の指摘からも明らかなように，すべての職業が必ずしも専門職化するとは限らないのである。つまり，職務における自己実現程度の高い専門職化傾向の有る職業・職業集団と，単純・ジョブ化傾向の職業・職業集団の集合が，共時的に増大しなおかつ二極分解するのである。専門職化が社会的上昇移動を達成する集団努力であるゆえに，当該職業集団の成員，顧客・一般大衆，他の職業集団(とくに関連隣接職業集団)，行政等に対する関係の変容をきたすことにより，見過ごすことのできない新たな社会的緊張を生じせしめるのである[4]。

この時点において専門職集団は，「集団的な価値や規範からの逸脱を阻止」する利害集団と化し，保守的側面をあらわに機能することになる。専門職化が，単に，社会的上昇手段として技術主義的な理解のもとに解釈される時，専門職・専門職集団は，封建制時代に存在したギルドと同義の保守的利害集団となり，現代社会に出現するのである。そうした専門職集団は，他の職業集団との間に排他的な葛藤をもたらすだけにとどまらず，顧客(client)に関しても，本来期待される役割に関し機能不全を生じ，提供するサービス等の質的低下を招くことになる。こうした専門職の活動・機能をみるかぎり，E. デュルケムのいった，有機的な統合機能を，専門職の主要な社会的機能とする理解は楽観的過ぎるのではないだろうか。つまり専門職の活動・機能は，一面において社会的に進歩的機能遂行主体ではあるものの，他面においては保守的機能遂行主体

にもなりうるのであり，社会の中に歪を生起させる二面性をもつという認識をもつことが肝要であろう。

II 専門職の自律性──その「理念」と「現実」──

専門職化が現代社会において自然的過程とし考えられ，またその結果として専門職が多様化してくる理由とし，以下の4点があげられる。
① 各種職業・職業集団のよって立つ知識・技術の体系化・高度化の要請
② 社会の構造・機能分化にともなう各種職業・職業集団の自律性の要請
③ 社会の構造・機能分化を再統合する為の調整・計画化の要請
④ 上記3点により描き出される社会のなかにおいて，専門職が各種職業集団にとり，そのもつ高度の社会的威信・自律性また職務遂行時の満足度等の基準より到達すべき究極のモデルと考えられる点

ここでは，専門職の特質のなかでももっとも重要であると考えられる自律性に着目し，前記専門職・専門職化の変容によりもたらされる諸問題について考察を加えることにする。ここでいう変容とは，
 a．専門職従事者の数量的増加と職務内容の多様化
 b．独立自営専門職から雇用専門職への，専門職従事者の組織への参入
 c．知的・学問的専門職(learned profession)に対しての応用的専門職(applied profession)の増加
であり，また諸問題とは(佐藤慶幸1981a：第3章，第4章，佐藤慶幸1981b：第6章)，
① 専門職の原理と組織原理の間の対立，換言すればこれは，専門職のもつ普遍主義的自律性的志向と組織のうちに存在する特殊主義的志向の対立と理解される
② 専門職が組織化されることにより，顧客(client)および一般大衆に提供されるサービスの質的低下がもたらされること
③ 専門分化にともなう既得権益保持のための，隣接職業との関係における

相対的剥奪あるいは排他性志向の発生

④ 専門職の現状拘泥・現状維持志向に起因する保守化

の4点があげられる。これらは，専門職の自律性が，何により担われるかの相違から2つに大別される。ひとつは，専門職従事者個人に関しての問題であり，上記①・②の問題といえよう。もうひとつは，専門職集団に関しての問題であり，これは③・④の問題といえる。

しかし，ここで②の問題に関しては，その相手にする顧客(client)の範囲が個人の場合と一般大衆の場合により，自律性を担う主体の規模にもかかわることにも留意せねばならない。

(1) 専門職従事者個人レベルの自律性が引き起こす問題

さて，専門職従事者個人レベルの自律性が引き起こす問題は，組織との関連または顧客との関連についてのものであるといえる。組織との関連については，専門職が専門職の原理と組織原理のどちらの原理に従うかは，専門職の自律性の度合による。自律性が高ければ，専門職の原理が優位になり(病院における医師を想定すればよい)，また自律性が低ければ組織原理が優位となる(大企業における研究者を想定すればよい)。そしてまた，このような，組織の原理のコントロール下に，専門職がおかれてしまう状況(専門職の変容 b. で指摘した形)は，今後ますます増加・拡大傾向にあると思われる。その理由は，独立自営専門職にみられる市場の不安定さ(個人開業医の経済収入に関する不安定性，および勤務時間の非限定性等をみれば容易に理解できるであろう)に比較し，雇用専門職にみられる市場の安定性があげられるであろう。加えて，所属組織の大規模化・複雑化による，専門職にとり最適の就業環境の整備，職務遂行のための経済的・物的・人員的バックアップ，職制に関する組織内専門職制度導入等の組織内環境整備がもたらされることをみれば明らかなことである。また上記の施策により専門職自身に関しては，その職務内容の総体性は失われるものの，職務遂行の円滑化，効率化，そして専門化が図られることになる。一方において，専門職の所属組織への帰属・従属意識の強化が図られ，専門職職務内

容・遂行に関しての同僚による規制(colleague control)の力は弱くなる。こうした状況の下，専門職の職務遂行は，高度化，高機能化することにより，顧客(client)のみならず一般大衆への影響力を増すことになる。これは結果として，専門職の権威そして権力を増強することになる。

こうした現実的状況は，わが国保健医療分野における，1960年代後半より現在までの勤務医数の急激な増加と，自営的専門職(開業医)の職業集団の色彩が強かった日本医師会の加入率の低下(帰属集団意識の低下とし認知できる)として顕著なものとなっている(宇都木伸1986：160-165)。

上記，専門職の，自律性獲得のための営為により引き起こされる変容は，顧客(client)および一般大衆に提供されるサービスの質的の低下という，もうひとつの問題をもたらす。

大病院訪問時の診察までの待ち時間の長さに比較し短い診療時間，検診時におけるコミュニケーションの喪失，またあたかも修理工場に引き込まれたかのような検査器具・機械との接触の増加といった状況，そして個別的で特殊化する病に対する画一化した診断と処方などに，この状況はみてとれるであろう。これは，専門職が，組織に参入することにより，官僚主義化をきたし，組織の経済合理性に盲従することにより引き起こされるのである。

(2) **専門職集団レベルの自律性が引き起こす問題**

専門職集団レベルにおける自律性変容の引き起こす問題は，隣接職業集団との関係，対社会問題(行政)との間におけるものとがあげられる。対隣接職業集団との関係における，専門職集団の自律性の問題は，専門職・専門職化が，当該職業集団の自律性獲得の手立てとし高度の体系化・理論化された知識・技能の摂取といった裏付けに基づく自律性の獲得の過程・帰結とみなされ，専門職集団としての規範的・理念的に関しての充分な問い掛けを欠く単なる手段，あるいは技術主義的な理解のもとにおける社会的上昇移動としての集団的営為と，みなされる際に生じるといえる。このような認識において形成される専門職集団は，専門職本来の規範的・理念的役割に関しての配慮の無さから，既得権益

保持のために獲得した自律性を強調する保守化した利害集団の様相を呈することになる。この利害集団的特質を専門職集団がもつことにより，隣接職業との関係のなかで，自律性を獲得への努力を，阻害することとなる。また，各隣接職業の保持する自律性をコントロールする傾向(平林勝政1986：131-137)(保健医療分野における，医師と他の保健医療専門職従事者の関係をみても明らか)も，見受けられる。こうした傾向は，自律性形成阻害そして自律性の低下をこうむる専門職集団の成員のみならず，サービス提供全体に弊害が及ぶことが必至であるということなのである。

　自律性の形成・獲得・保持のため，保守利害集団化をきたす専門職・専門職集団については，その保守性から社会問題に関する対処の方法も，問題の先取りというより事後的処理の場合が多く，時間的な遅滞が問題をより一層複雑また深刻なものにしてしまうという新たなる社会問題を生み出すことになる。

　この傾向は全世界の各専門職集団にとり共通の現象とはいえず，日本の医療分野が歴史的に行政主導の下に整備・体系化を短時期の内にもたらされたような場合と，欧米におけるように専門職集団自体の自助努力，および試行錯誤の結果によりもたらされた場合との間には，差が認められる。

　さて以上が，専門職の自律性に関しての「理念」と「現実」のズレにより喚起される問題である。この問題を見る限りにおいて，われわれはもはや専門職に期待できないかのような有り様ではあるが，現実社会においてわれわれはさまざまな要請の下になお一層各職業の専門職化を必要とすることは避けられぬ事実である。そこで私は次，専門職・専門職集団が活躍するの場としての，保健医療分野における専門職・専門職集団に関連する問題について言及することにしたい。

Ⅲ　専門職・専門職化が引き起こす問題
——知識・技術革新の問題に関連させて

　現代における社会の保健医療に関しては，わが国のみならず，保健医療制度

の違う諸外国においても，保健医療についての知識・技術の高度化，高齢社会の到来，患者の人権の尊重，高騰する保健医療費の抑制など大きな変革の波にさらされることにより，転換をしなければならない岐路に立っていると思われる。国民にとり安心できる医療システム構築のために，倫理的観点からの問い，知識・技術革新の問い，保健医療サービスに関する質の改善の問い，機能分化の問い（人的配置・病院配置等），保健医療分野マンパワー充足の問い等，現代の保健医療に関しては問題が山積しているといえよう。ここでは知識・技術革新の問題についてまとめることにする。

(1) 知識技術の変容

科学が19世紀に確立され，かつその拠点として大学が選ばれたのち，医学は急速に科学と重なる方向に向かい始める（村上陽一郎2000）。19世紀半ば頃までの医学は，中世の制約を脱しておらずいまだ科学的とはいえなかったのである。医学は，学会設立など制度の面でも，新たなる知識・技術発見・発明・蓄積など内容の面でも，19世紀に確立した「科学」を倣う形で，急激に発展してゆく。科学の変容が起こるのは，前述したが，第2次世界大戦下のアメリカにおいて科学研究が国家政策遂行の道具となることに遡る。戦後，1960年代までに医学そして医療においては，ワクチン抗生剤，全身麻酔など外科的技術の進歩という，比較的安価で根治的技術が開発されることにより，感染症を対象とする第1次医療技術革新が起こった。この革新は，従来の医療施設の枠組みのなかで十分にその技術の効果を発揮することになり，急速に普及することになった。1950年半ばまでに第1次医療技術革新は，疾病構造を感染症中心のものから成人病を中心とするものへとかえてしまう。その一方において，この時期においては一連の薬害，あるいは手術療法の過剰適応等という問題も起こすことになる。また疾病構造の変貌は，臨床検査の種類の拡大と検査量の増大をもたらし，技術進歩が費用の節減につながらないという保健医療の特殊性を露呈することになる。

その後1970年代から現代においては，診断面に傾斜し治療面では根本的に治

療手段を欠く(half way technology：途上的技術)としての自動分析装置，CT，MRI等(診断技術中心)および治療技術(ICU，生命維持装置，臓器移植等)を中心とする第2次医療技術革新が起こった。保健医療の技術進歩は，医療需要増大を招くことになり国民医療費の増大をもたらすことになり，わが国経済の低成長のもと重圧となりつつある。生と死の管理さえも可能とするハイテク医療は，生命倫理問題とまともに向き合うようになった。

　その他の医療技術革新は臨床家にとり，その技術の有効性，安全性，診療への取り込み等について判断に戸惑う事態を引き起こし，行政については新技術による医療費高騰への対処に悩む事態を引き起こすことになる。そして患者(顧客)については，従来の医者と患者間で行なわれていた保健医療行為のなかに，新たなる医療機器，保健医療スタッフが入り込むことによる戸惑いそして不安が生じるとともに，医者との間の信頼関係にも陰りが生ずる。こうした状況回避の手立てとしてメディカル・テクノロジー・アセスメント(Medical Technology Assessment：MTA)の手法が有効と考えられる。テクノロジー・アセスメントは，1960年代半ばにアメリカで言い出された言葉であり，「新技術の急激な発展にともなって起こる，環境や一般社会に対するマイナス要因を事前に予測して，前もって対処しておこう(中山茂1995：117)」とするものである。MTAはテクノロジー・アセスメントの保健医療分野に関わるものであり，上記した問題を多面的に分析する方法である。アメリカにおいては，次々にアセスメント機関ができておりアセスメントの成果を，アメリカ医師会雑誌(Journal of American Medical Association：JAMA)に定期的に発表している。しかし，アメリカにおいては，議会の付属機関であるOTA(Office of Technology Assessment：アメリカ技術評価局)[5]と行政機関であるAHCPR(Agency for Health Care Policy and Research：健康政策研究所，1989年設立)[6]が主として調査報告を行なっている。こうした状況は，保健医療の社会統制につながるとの指摘もある(田村誠2001：144)。わが国においても1985(昭和60)年にMTA研究会が設立され，1990(平成2)年には厚生省(現厚生労働省)が「保健医療分野における技術の評価に関する

研究」としてMTAを取り上げ，医療診断法の総合的評価，検体検査法の総合的評価，保健医療技術の評価手法に関する研究等を行なっており，今後の展開が期待される。

(2) **新なた専門職の登場**

こうした保健医療に関する技術革新は，先にも述べたが，保健医療に関わる新たなる職を生み出すことになる。これは本来医師が担っていた職務の分割といえ，医師自身に関しては非専門職化の過程(de-professionalization)を招き，一方で隣接職業の専門職化(professionalization)を起こすことになる。ここにおいて医師はその職務の総体性を剥奪され，医師による医療の支配(professional dominance：専門家支配)の解体による権限の平準化を引き起こす。つまり専門職・専門職化が，医師に隣接する職業集団においては，その技術主義的理解よりその集団の社会的上昇移動の過程そして帰結と認識されるのである。その際，医師は既得権益を保持するため，医師の自律性を強調する保守化した利害集団の様相を呈する可能性をもつ。とくに，保健医療分野においては，専門職集団(医師)の保守化あるいは利害集団化が，隣接職業の自律性を疎外するのみならず支配する動きを誘発し，保健医療活動全体について機能不全を起こす事態にいたっているように思われる。

つまり医師はもはや，すべての裁量権を握っている絶対権力者ではなく，患者(顧客)との対話のなかから，意思決定の途を探っていくような立場への転換が強く求められることになる。これは，村上のいう科学の変容と相通じる医学・医療の変容といえよう。科学は当初極めて厳密な意味で，自己完結的で自己閉鎖的な知的活動であった，しかしながら現代においては，科学研究者は，科学研究における「アカウンタビリティ(accountability：説明責任)」にみられるように，その社会的責任に関する変容をきたしている。また，保健医療における「インフォームド・コンセント」の概念は，患者当事者の自己決定権を重んじるという本来の理念を越え，社会的な範囲での概念にまで拡張される可能性をもつ。そしてこれらの事実は，医学・医療が，単に「もの」をあつかう現場

ではなく,「こころ」をもった人間個人と,その集団である社会とを対象にして初めて成り立つ領域であることを,改めてわれわれに思い起こさせてくれること(村上陽一郎 2000:14-16)[7]を,われわれは見落としてはならないのである。

Ⅳ 専門職支配からの離脱についての模索

従来そして今日においても,保健医療システムの主役そして変革の主体は,確立された専門職(old established profession)としての医師とされるのが一般的見解であろう。この見解の根拠は,さきにも述べてきた,専門職の職業的規範より形成される社会的奉仕の理念(service ideal),高度で合理的な知識の体系(rational body of knowledge),そして高度な職業的自律性(professional autonomy)に則る専門職職従事者の倫理的主体としての役割期待といえる。しかしその役割期待は,医療観の変容,倫理の揺らぎの影響からかわろうとしている。

現代社会における保健医療の改革(Health Care Reform)は,科学を基盤とする近代西洋医学の成熟とともに,その限界についても議論されるようになった点,また肉体と精神をはっきり分ける二元論的な世界観から,心と体を一体のものと見なす東洋思想の一元的世界観へものの見方がかわってきたことより,巷間語られる所の「ホリスティク(Holistic)」[8]な形を,ひとつのプロトタイプとして形成されると思われる。その際に医療は,その視野の中に予防・治療・予後の問題をもって語られると思う。そうした状況の変換において,もはや従来想定されてきた医師を中心に据える保健医療システムでは,対処しきれないのは当然である。保健医療システムについての課題の解決は,従来の保健医療観,および変革主体と考えられる医師の力だけでは,解決できないということも明らかであろう。経済的分野からは,高騰する保健医療費抑制の要請が語られるし,また政治分野からは保健医療の質的改善を目標とするさまざまな制度改正が矢継ぎ早になされる,文化的分野においては倫理・規範の揺らぎが生じている,そしてコミュニティ分野に目を向ければ消費者主権の動向が見出せるので

ある。社会的文脈の中に布置される保健医療システムは，顧客(患者)を内包し，さまざまな専門職種(医師・看護婦・コメディカルなど)が混在する動態的組織である。診療所・医院・病院・大規模病院と機能が低次元から高次元へと機能分化するのが望ましいのであるが，わが国においてはその歴史性から機能分化が乏しい状況である。

ホリスティック・メディスン，全人医療，包括医療，生活医療，代替医療等の呼称により語られる最近の保健医療の視点は，もはや従来想起される医療システムの範疇を超え，その守備範囲を人間のライフサイクルで捉えるとすれば，一個人の全人生を包み込もうとするシステムを指向している。

この広範囲にわたるシステムを構築するには，従来のような医師を中心に据える保健医療システムでは，余りにもその役割が大きすぎて機能不全に陥らざるを得ないであろう。

このメタ・システムとでもいうべきシステムは，人間の保健・医療・福祉分野を包摂しているわけであるから，それぞれの分野の専門職を当然必要としてくることは容易に想像がつく。この際注意せねばならないのは，これら専門職がそれぞれの職業的自律性及びそれから派生するそれぞれ独自の価値観をもち，その役割を果たす機能主体としてシステムに参加することなのである。この点が看過されてしまうと，結局医師をその頂点に据える巨大な専門職的官僚制組織が出来上がるだけで，先に述べたような保健医療観を内実ともに充実させていくことは不可能なこととなる。

またこのシステムは，多様性をもつ人間のライフサイクル全般に関わるということより，倫理性の問いに関しては，社会に開かれるべきものと思われる。この点に関しては，システムがその構成員のみならず顧客，そして広く市民レベルの連携に基づき運用されることが必要となる。

社会集団論的知見よりすれば，保健医療システムは一種非営利的性格をもつ文化的集団といえる。この集団は，保健医療の知識技術の発展とともに，当然集団内部における地位役割をますます細分化することになると思われる。結果

として各職業集団独自の行為準則と,集団全体の行為準則の葛藤が生じるであろうと考えられる。また,集団維持に関しては「われわれ意識」の存在が指摘される。また同時に,各職業の「われわれ意識」といういわゆるアイデンティティ形成においてもやはり葛藤が生じるであろう。この葛藤回避の手立てとし考えられるのは,患者(顧客)そして地域のNeedsに適応し,なおかつ集団全体の規模および機能特性を的確に把握した上でのミッション(mission)設定が欠かせないのではなかろうか。実際,われわれが行なった米国保健医療非営利団体の訪問調査時にも感じたことであるが,各団体は明確に当該団体のミッションを掲示あるいは喧伝するなどし,自分達の職場のみならず社会のなかでの役割を把握していたと感じられた。まだ集団成員一人ひとりがこのミッションに関連させ自分の職務を遂行していたことが印象に残っている。わが国においては,このようにミッションを明確にしているものが数少ないように思われるし,またあったとしても一般的な見解にとどまっており,集団成員にそのミッションが徹底していないように感じられる。これでは,各専門職集団により形成される緩い結合(loose coupling)集団の,結束を固めることはできない。わが国においては,各保健医療集団の職業的自律性にとどまることのない,社会的自律性を形作るミッションの,一日でも早い構築が待たれるといえよう。

　繰り返しになるが,真のホリスティクな保健医療システムの形成に必要なのは,まず利己主義(egoism)に基づくのではなく個人主義(individualism)に基づく各個人の職業的自律性にとどまらない,社会的自律性の尊重そして確保であり,次いで社会的な価値の多様性の受容,それを踏まえた各主体の連携(保健医療サービス供給側・保健医療サービス受給側)があげられる。その連携で目指される保健医療行為の目的はヒポクラテスの誓いに述べられる,「相手の利益になるようにせよ(beneficence)」,「相手に害を与えるな(non-malfeasance)」であろう。また保健医療行為の進め方は,顧客(患者)の保健医療行為への積極的参加[9]に基づいての「相手の自立を尊重せよ(respect for autonomy)」が必要となるであろう。そして社会的視点からみた場合,「正義ないし公平を保て(justice and/or equality)」が要請される[10]であろう。こうした倫理原則に立つ保健医療行為により形作られる保健医療システムの目指すグローバルスタンダードは，市場原理の導入ではなく，ミッションに基づくトランスペアレンシー(transparency：透明性)，アカウンタビィリティ(accountability：説明責任)の追求であり[11]，加えて公正(fairness)そして責任(responsibility)の実現が課題とされることも忘れてはならない。

この実現のためには，保健医療サービス提供側の専門職たちの自己研鑽のみならず，受給側においても，社会的自律性獲得のための顧客(患者)の学習そして非営利組織の活発な活動が必要であろう。そしてなによりも，保健医療に関してシビル・ミニマムを保障するのはやはり政府である点は，忘れてはならないのである。政府，市民，そして保健医療専門職従事者の三位一体により望ましい保健医療システムは形作られるのものである。したがって，患者(顧客)と医師(専門職)，医師(専門職)と行政，行政と市民の関係性において，悪戯に対立の構図をあてはめるとは，あってはならないのである。

そうした対立の構図を招かないためにも，専門職においては専門職・専門職集団が持つ知識・技術に関し，それ自体は普遍的で価値中立であるといえるが，一旦，専門職従事者が組織に属し，あるいはまた各専門職の自律性確保・保持・向上のために利用されると専門職の職務内容・遂行に関し，技術主義的理解を喚起することとなり，実質的合理性を伴わぬ職務遂行行為が横行する点についての，自省が求められる。

そして，専門職・専門職集団にとっての自律性が権力闘争の装置とし認識されるのではなく，職業的稼動性・職業的自由とし認識し，専門職従事者の所属する集団・組織・社会の流動化・開放化し提供されるサービスの質的向上に努めることが必要であろう。これを可能とするのは，患者(顧客)を受動的客体として待ち受けるのではない，自発的・積極的な専門職からの社会問題への対峙の姿勢が必要である。

専門職が，上記意味合いにおいて，職業的稼動性・職業的自由としての自律

性を働かせれば，社会問題への積極的接近も可能であり，それにより問題発生の根源的・政治的・制度的分野へのアクセスも可能となり，従来事後的アプローチしか対処する方法がなかった施策もその性質を変えることが可能なのである。アメリカにおける保健医療非営利組織のなかには，保健医療施設を，単に，事後的な病状処理機関ではなく，健康問題に重要な関連をもつにもかかわらず従来専門職(医師)の関心外であった諸問題，教育，収入，労働条件，若年出産，薬物濫用，アルコール依存など貧困者の健康問題を規定する制度的諸問題の改善に着手し，究極的にはコミュニティー・コントロールの一環としての地域分散的で機能的に統合された健康管理システムの構築を目標とする活動を行なっている団体も存在する[12]。

保健医療サービスの提供は，本質的に人間関係的で，非物質的で，直接的なものであることから，他の物的財提供のサービスに比較し，サービス提供の過程へ直接的に参画する機会は開かれているといえる。これは保健医療サービスが，非画一的で，多様性に富んでいることを意味している。また，先にみたとおり今日では，保健医療サービス内容を規定するのは，各個人の「自己実現」や「生活の質(QOL)」という，手段的価値(instrumental value)と対置される表出的価値(expressive value)が，それを決定する基準としてますます重要視されている。患者(顧客)側の，保健医療サービス提供活動への積極的な参加が，今後ますます必要とされる。

保健医療サービス提供の資源配分に関する決定は，「生活の質」や社会発展に関する社会的認識の他に，営利を目的とする私的セクターの動向により大きく左右され，また私的セクターの利害と対抗関係におかれることも多い。これは，アメリカにおける，マネジドケア導入後の，保健医療サービス提供機関と民間保険会社の主導権争いをみても明らかである。保健医療サービス提供は，本来利潤追求を公的な目的としないものであり，社会的公平原則の下行なわれることが望ましい。サービスの資源に関する量，そして質については，社会的なコンセンサスを得られることが望ましいものであり，ここに政府(行政)の役

割が不可欠であることを強調しておく。

注）
1）Durkheim, E. は，近代社会を「職業社会(scieté professionnelle)」とよんでいる。
2）ここでいう職業集団とは，個人（成員）の活動を集団特定の指針により規定し社会へ伝達し，逆に社会的要求を選択的に個人（成員）へ伝達する機能を有する職業に就く個人の集合をさす。
3）Goode, W. J. により指摘される専門職集団の特性とは，以下にあげる8項目である。
　　1．集団成員は，アイデンティティの感覚により基礎付けられる。
　　2．一旦集団に参入すると離れがたく，集団への加入により得られる地位は究極的かつ継続的地位である。
　　3．集団成員は一定の価値を共有する。
　　4．集団成員に対する役割定義は，成員の承認に基づくものであり全成員にとり共通理解を得たものである。
　　5．共通活動領域内においては，共通言語が存在し，その言語は外部者によっては部分的にしか理解されない。
　　6．集団は成員について強制力あるいは規制力をもつ。
　　7．その強制力そして規制力の限界範囲は，明確なものである。しかしそれは，物理的，地理的なものではなく社会的なものとされる。
　　8．生物学的には次世代を産み出すことはないが，訓練を受けるものの選別，選別されたものに関してはその社会化過程を通し，訓練を施すことにより社会的次世代成員を生み出すことになる。
　詳しくは，
　Goode, W. J. 1957：194-200.
　Goode, W. J. 1960：902-914. 参照。
4）Goode, W. J. により，専門職・専門職化のもたらす社会的緊張が指摘されている。Goode, W. J. 1960：902-914. 参照。
5）アメリカの議会では，議会独自の調整能力と立法および審議機能を強化するため，議会スタッフを持っている。科学技術関連の常任委員会としては，上院には「商業・科学・運輸委員会」，下院には「科学・宇宙・技術委員会」があり，連邦政府の科学技術政策と予算案に対しての議会審議と立法化の要となっている。また議会の付属機関としては，技術評価局(OTA)がある。OTAは科学技術の長期的な効果や新技術の社会的なインパクト等についての評価を行ない，定期的に報告書を提出している。

6) アメリカ公法(Public Law 101-239, Omnibus Budget Reconciliation Act of 1989)によりアメリカ厚生省(Department of Health and Human Services)に設置される機関。主な研究としては、医療の質の向上や医療費調査、医療技術評価等。研究体制は、三つの政策部門(The Office of Management, The Office of Research Review, Education, and Policy, The Office of Health Care Information)と六つの研究センター(The Center for Practice and Technology Assessment, The Center for Outcomes and Effectiveness Research, The Center for Primary Care Research, The Center for Organization Delivery Studies, The Center for Cost and Financing Studies, The Center for Quality Measurement and Improvement)よりなる。

7) なお、加藤は「人間の存在にとっての科学技術そのもののよさが問われるべきときがきたことを告げている、開発しさえすれば人間の存在にとってのよさが成立するというオプティミズムからの卒業が、我々に求められているのである。」(加藤尚武『脳死・クローン・遺伝子治療』PHP新書、1999, p.154)と同様の指摘をしている。

8) 人間を肉体や精神に限定せず、心や感性を含めて全体的にアプローチしようというホリスティック(全的)な考え方。

9) Parsons, T., 1978, *"The Sick Role and the Role of the Physician Reconsidered"* Talcott Parsons, Action Theory and The Human Condition. The Free Press, p.21参照。

10) 清水哲郎「倫理問題への対応」『病院』59巻1号 2000年1月 p.39より。

11) ジョージ・アナス(George J. Annas)氏に聞く(ボストン大学公衆衛生大学院教授兼部長・医療法)「これからの患者—医師関係—カルテ開示とマネジドケア—」〈前編〉〈聞き手〉田中まゆみ氏(ボストン大学公衆衛生大学院)『週刊医学界新聞』第2383号 2000年4月10日より。

　　http://www.so-net.ne.jp/medipro/igak/04nws/news/n2000dir/n2383dir/n2383_03.htm

12) Mission Neighborhood Health Center (San Francisco Community Clinic Consortium)
　　1967年に設立された、サンフランシスコ市で最初のコミュニティクリニック。
　　このクリニック設立まで、Mission District (San Francisco)では、ヒスパニック、黒人への医療サービスが不十分であり、ボランテイアとMedical Societyの代表による医療ニーズに関するコミュニティ調査が実施され、それに基づき連邦に設立資金を要請し、それを得て設立となった(米国保健医療非営利団体訪問調査時の聴き取りから)。

参考文献

Smith, A., 1776, *An Inquiry into the Nature and Causes of the Wealth of Nations*.（大河内一男監訳『国富論Ⅰ』中央公論社，1976）

Marx, K. & Engels, F., 1933, *Gesamtausgabe, Erste Abteilung*, Band 5: Karl Marx, FriedrichEngels: Die Deutsche Ideologie, Kritik der neuesten deutschen Philosophie in ihren Reprasentanten, Feuerbach, B. Bauer und Stirner, und des deutschen Sozialismus in seinen vershiedenen Propheten 1845-1846. Verlagsgenossenschaft auslandischer Arbeiter in der UdSSR Moskau-Leningrad（古在由重訳『ドイツ・イディオロギー』岩波文庫，1956）

Montagana, P.D., 1977, *Occupations and Society: Toward Sociology of The Labor Market*, John Wiley & Sons : 22

Durkheim, E., 1893, *De la division du travail social*.（田原音和訳『社会分業論』青木書店，1971）

Giddens, A., 1971, *Capitalism and Modern Social Theory*. Cambridge University Press.（犬塚先訳『資本主義社会と近代社会理論』研究社，1974）

Rex, J., 1969, "Emile Durkheim," in *The Founding Father of Social Science*, ed. Timony Raison, Penguin Books.（鈴木二郎訳『社会科学の先駆者達』社会思想社，1972）

Weber, M., 1904, *Die protestantische Ehtik und der 》Geist《 des Kapitalismus*.（梶山力・大塚久雄訳『プロテスタンティズムの倫理と資本主義の精神』岩波文庫，1955）

尾高邦雄『新稿職業社会学　第一分冊』1953.

Freidson, E., 1970, *Professional Dominance: The Social Structure of Medical Care*, Aldine Publishing Co.

佐藤慶幸『行為の社会学』新泉社，1981.

宇都木伸「医師会のあり方」『ジュリスト増刊　総合特集　No.44』有斐閣，1986.

平林勝政「医療スタッフの業務分担と協力関係」『ジュリスト増刊　総合特集』No.44　有斐閣，1986.

村上陽一郎「21世紀の科学・技術と医療」『病院』第59巻1号　2000.

中山茂『科学技術の戦後史』岩波新書，1995

田村誠「医療技術と人間社会」（山崎喜比古編『健康と医療の社会学』東京大学出版会，2001　第8章）

Goode, W.J., 1957, "Community within a Community: The Professions," *A.S.R 22*.

Goode, W.J., 1960, "The Professions: Reports and Opinion," *A.S.R.25*.

時井聡『専門職論再考』学文社，2002.

第3章　情報化社会：デジタル・デバイドを中心に

I　分析の視点

　メディア・テクノロジーの発達と並行して，社会の情報化をめぐる議論が日本では1970年代，1980年代，1990年代，そして21世紀を迎えた今日まで，ほぼ10年の周期で新聞やテレビなどのマスメディアを賑わしてきた。それらの議論では，そのつど，新しく登場したメディアが話題となり，やがて忘れられていくという潮の満ち引きのような現象が繰り返されてきた。このテーマで書かれた著作物もおびただしい数になる。その多くは，新聞やテレビ等のメーンストリーム（主流）メディアで展開されてきた技術革新に焦点をあてた議論の流れに沿うものである。

　本稿では，日本の主流メディアにみるそうした情報化社会論の流れを概観しながら，今日の世界で深刻化しつつあるデジタル・デバイドの問題を考えていく。その際，社会を生きる一人ひとりの人間の尊厳という原点に立ち戻り，メディアや情報に対する人間の基本的な権利として1970年代末に提起され，1980年代以降，世界各地で議論されるようになっていく「コミュニケートする権利」を分析の視点にすえる。国際社会におけるそのような議論の流れをたどり，日本の状況を問い直す手立てとすることで，今日のデジタル・デバイドをめぐる問題をより深く理解することができると考えるからである。

(1)　**繰り返されてきた技術立国の未来社会論**

　1960年代初期にはアメリカのブーアスティン（Boorstin, D. J.）による『幻影の時代』（1964）が邦訳され，カナダのマクルーハン（McLuhan, M.）による『メディア論』や『グーテンベルクの銀河系』が日本でも紹介されている[1]。前者はテレ

ビの急速な浸透を背景に，疑似体験と実際の体験が交差し始めていたアメリカ社会の日常を，豊富な事例を示しつつ論じた初期の情報化社会論であった。しかし当時は，数年後には日本にもテレビ時代が到来したこともあって，著者の造語といわれる「擬似イベント」がもっぱら話題の中心となっていった。後者は，その副題にもあるように，メディアは人間の外化した環境であり，メディアにとって重大なのは内容ではなくメディア自体である（メディアはメッセージである），電気メディアが地球をひとつの村，すなわち「グローバルビレッジ」に変えてしまうと論じて，来るべき情報化社会の姿を予言していた。しかし，マクルーハンの議論が真に理解されるようになるのは，ブーアスティンの議論と同様に，1980年代後半から90年代になってからであり，当時は，その目新しさに飛びついた広告業界によって一時的な"マクルーハン旋風"が引き起こされて終わっている。

同じ頃，日本における情報化社会論の先駆けとなった梅棹忠夫『情報産業論』(1963)が発表されている。さらに1970年代初期になると，企業や官庁への大型コンピュータ導入が相次ぎ，林雄二郎『情報化社会』(1969)にみるように，中央集中制御のシステム社会に"バラ色の未来"を託す情報化社会論が登場した。

世界的なベストセラーとなったトフラー(Toffler, A.)の『第三の波』[2]が邦訳されたのは1980年である。未来学者トフラーがいう「第三の波」とは，農耕文明である「第一の波」，大量生産・集権化・画一化といった価値観で特徴づけられる工業社会文明の「第二の波」の後にやってくる文明で，コンピュータ中心の分散化・多様化を特徴とする。現代人はそうした第三の波と第二の波が激しくぶつかりあう時代を生きているのであり，未来社会では知識・情報に大きく依存するようになる，と論じていた。同じ頃，ベル(Bell, D.)の『脱工業化社会』も邦訳されている。

1980年代の日本では，文字多重放送，CATV，高品位テレビ，衛星通信，VAN，LAN，INS，光ファイバーと，メディアや情報通信の領域で技術革新

が相次いでいた。第1次ニューメディア・ブームの到来である。新聞やテレビはこれらの「ニューメディア」を頻繁にとりあげ，近い将来にやってくる「高度情報社会」では通信手段が飛躍的に改善される，大都市と地方の情報格差がなくなる，ホームショッピングなど生活は格段に便利になる，ともてはやした。この時期，今井賢一『情報ネットワーク社会』(1984)をはじめ数多くの著書も出版されているが，それらの著書の多くも情報産業の技術革新を中心にすえた議論であり，情報と人間社会とのかかわりを厳しくみつめる視点を欠いた，きわめて楽観的な情報化社会論であったといえる。

1990年代になると，放送と通信の融合が政府の規制緩和政策によって次第に本格化していく。「光ファイバー網で家庭と企業を結びつけ，双方向で映像と音声，データを交換しあうマルチメディア社会の話題が，いまもてはやされている」で始まる朝日新聞社説(94年3月18日)[3]は，郵政(現・総務)省による放送と通信の融合政策方針を歓迎し，それが日本経済にもたらす効果として

① 端末機器などの産業への需要創出と電気通信分野での技術革新の促進，

② 電気通信市場へのいっそうの競争導入で安く豊富な情報が利用可能になる，という2点をあげている。80年代のニューメディア・ブームが去り，この頃から「マルチメディア時代」の到来が喧伝されていたことがわかる。それは，コンピュータの小型化という技術革新にともなうインターネット時代の幕開けでもあったが，同時に，新聞や放送などの伝統的なマスメディア産業に通信，家電，大手商社，銀行，電算機器，などの非マスメディア産業が参入し，産業界の系列化と融合による巨大なマルチメディア産業が台頭する時代でもあった。

そして20世紀末には「IT革命」をめぐる新たな情報化社会論が盛んになり，2003年の現在，デジタル情報革命の進行が盛んにいわれている。

こうして振り返ってみると，日本において過去40年間に繰り返し主流メディアを賑わしてきた情報化社会論は，戦後から今日まで一貫して続いてきた産業振興政策に呼応する技術主導の未来社会論であったことがわかる。それは，視点を変えていえば，情報メディアにかかわる技術革新を，社会を生きる人間の

視座からとらえることをなおざりにしてきた歴史でもあった。

(2) コミュニケートする権利の視座から

　情報化社会を論じるにあたり，社会を生きる人間の尊厳，人間の基本的な権利という観点に立つなら，情報の送出装置であるメディアを握る者(media rich/information rich)とメディアをもたない者(media poor/information poor)のあいだに，厳然としてある格差が大きな問題として浮上してくる。技術革新が進み，マルチメディア化が進めば進むほど，メディアの所有と運営には巨大な資本が必要になる。かくして巨大化したメディアは，グローバル市場を相手にコングロマリットを形成していく。しかも，情報化社会にあっては，情報の論理がすべてを支配することになるから，メディアを握る者はメディアのみならず文化・社会・政治・経済というあらゆる領域でも力を手にすることになり，メディアをもたない者との力の格差が拡大する。かくして，不平等，不公正，差別にかかわる問題も悪化の一途をたどることになる。この問題は，デジタル革命の進行にともない，一般に，「デジタル・デバイド」として語られるようになっていく。日本でも，2000年の「沖縄サミット」以降，新聞やテレビなどの主流メディアでこの言葉をときたま目にするようになってきた。しかし，国際社会では，すでに1970年代の情報化社会をめぐる議論のなかでこの問題が提起されており，情報コミュニケーションの南北問題として盛んに論じられていた。

　なかでも国連機関のユネスコは危機感を強め，世界の平和，正義，尊厳，自由，より平等な富と権力の分配にむけた個人間の，また国家間のコミュニケーション秩序の確立を目標に，1978年にイギリスのマクブライド(MacBride, S.)を委員長とする「国際コミュニケーション問題委員会」(マクブライド委員会)を設置している。同委員会は，日本をふくむ世界16ヵ国から参加した専門家による研究と討論を重ね，2年後の1980年には数多くの勧告と「世界情報コミュニケーション新秩序」(New World Information & Communication Order = NWICO)の提案からなる報告書 *Many Voices, One World*[4]を提出した。

　しかし，1980年代といえば，アメリカのレーガン，イギリスのサッチャーと

いう2大政権の強い指導力で，情報通信分野における規制緩和が世界の潮流となり，メディアのグローバル化が急速に進行した時期である。日本は第1次ニューメディア・ブームとバブル景気に浮かれていた時代であった。マクブライド報告書の提出は，不幸なことに，そのような時期に遭遇し，社会的にはほとんど何の効果も発揮することができなかった。

だが，心ある人びとは，とくに南北間のデジタル・デバイドの問題を憂慮していた世界各地の人びと(その多くはメディアと開発コミュニケーション問題に取り組むNGOの市民や研究者)は，マクブライドが委員長就任に際して提起した「コミュニケートする権利」の概念に注目していた。この包括的な新しい権利を確立し，その視座からメディア社会／情報化社会の問題に取り組むなら，人間の尊厳，平等，公正を確保するメディア・コミュニケーションのあり方をグローバルに展望する，新しいビジョンを手にすることができると思われたのである。

マクブライド報告書では，メディアによる人権侵害の問題を扱う章を設け，そのなかで人類の人権獲得へむけた歴史を振り返り，市民的・政治的権利を「第1世代の人権」，経済的・社会的権利を「第2世代の人権」と呼んだうえで，80年代を目前にしてまだ明確にはなっていないが，連帯に根ざし，人間的概念を反映する「第3世代の人権」があるとして，そのひとつに「コミュニケートする権利」をあげている。さらに，この権利概念の生みの親といわれるフランスのダルシー(d'Arcy, J.)による論文(1969)に検討を加えたうえで，「コミュニケートする権利は自由と民主主義にむかう人類の間断なき進歩の延長」であり「自由の基本的概念に新しい局面をもちこむ」[5]ものである，と記述している。

一部の研究者やNGO関係者だけでなく，より多くの市民を巻き込んで，「コミュニケートする権利」をめぐる議論が日本をふくむ世界各地で活発化するのは1980年代末，とくに90年代以降である。その背景には，メディアのグローバル化が顕著になる一方で，市民メディアの可能性をもったインターネットの時代が到来するという情報環境の変化があった。メディアや情報の問題は

子ども・女性・先住民族，などをめぐる問題，あるいは貧困，環境など，社会のあらゆる領域とかかわることが認識されるようになり，それらの問題をめぐる市民活動のなかでマクブライド委員会報告書やNWICOが再評価され，コミュニケートする権利の重要性をめぐって活発な議論が展開されるようになっていく。この動きのなかで，たとえば日本の市民組織による「テレビに関する市民の権利憲章」[6] (1992)，オランダ等のNGOによる「ひとびとのコミュニケーション憲章」[7] (1996)と，市民による権利憲章の起草が相次ぐなど，活発な活動が2003年の現在まで続いている。それについては3節で取り上げる。

同時期の1980年代に起こってくるもうひとつの動きとして，メディア・リテラシーの取り組みがある。この取り組みは，より広範な人びと，なかでも学校や地域の教育活動に携わる人びとを中心に活発化し，同じように，現在まで続いている。「メディア・リテラシー」とは，メディアを社会的文脈でクリティカルに分析し，評価することのできる能力，また，そのような分析に基づいてメディアを主体的に使いこなし，社会的に発言していくことのできる能力をさす。情報化が進行し，メディアからの情報が遍在するメディア社会／情報化社会が到来するなかで，そのようなコミュニケーション能力の獲得が不可欠であるという認識をもつ人が増え，メディア・リテラシーの育成を目標とする教育的な取り組みが時代の要請となっていくのである[8]。

この領域の指導的な研究者として知られるマスターマン(Masterman, L.)は，1985年に著した著書[9]のなかで，つぎのような7つの理由をあげて，メディア・リテラシー教育の必要性を説いている。すなわち，① 多種多様なメディアの日常化・環境化，② 意識産業としてのメディアの影響力の増大，③ 宣伝情報の増大による情報格差，④ メディアの権力化によるデモクラシーの危機，⑤ 映像コミュニケーションの重要性，⑥ メディア時代を生きる世代の教育，⑦ メディアの私企業化とグローバル化による情報の商業化，である。こうした時代背景のもとで，メディア・リテラシーの研究と実践的な取り組みはまずイギリスやカナダ等の英語圏で活発化し，80年代末から90年代になると，日本

を含む世界各地へと広がっていく。さらに，21世紀の今日では，コミュニケートする権利の確立へむけた各種の活動とネットワークを組むなかで，よりダイナミックに展開しつつある。それについても，3節で取り上げる。

Ⅱ 日本のIT政策がめざす高度情報ネットワーク社会

(1)『情報通信白書』(2002年版)を読む

　2000年7月に沖縄で開催された世界首脳会議(G8，沖縄サミット)は，次の点を確認する公式コミュニケを発表し，国際的な情報および知識の格差を解消し，情報化社会のあるべき姿を追求するための行動目標を掲げた「グローバルな情報社会に関するオキナワ憲章」を採択した。

　「情報コミュニケーション技術(Information Communication Technologies = ICT)は，世界中の人びとに力を与え，利益をもたらし，人びとを結びつける。この技術は，世界の市民が自らを表現し，互いを知り，互いに尊重することを可能にし，経済を一層拡大し，各国の公共の福祉を増大し，社会的一体性を増進し，もってデモクラシー(民主主義)の育成を可能にする上で，大きな潜在力を有している。したがって，デジタル・テクノロジーが提供する機会(digital opportunities)へのアクセスは，すべての人に対して開かれていなければならない」[10]

　しかし日本では，このような崇高な理念とは裏腹に，当初からICTを「C」を抜いてIT(情報技術)と略称し，デジタル・テクノロジーによるビジネス機会の拡大と経済再生に焦点をあわせた国家戦略「e-Japan戦略」を強力に推進していくことになる。

　2001年に始まったe-Japan戦略は，5年以内に世界最先端のインターネット大国の実現を目標に掲げ，スーパーハイウェイ政策で先行するアメリカに追いつき，高度情報ネットワーク社会を実現することをめざしている。そのような戦略のもとで実現するとされる社会とは，どのような社会なのか。それを知る手がかりのひとつとして，ここでは，総務省による情報通信に関する現状報告

(情報通信白書)を取り上げる。

　2002(平成14)年版『情報通信白書』[11]は3章から成る。1章では，日本のインターネット利用者数が，2001年12月現在で5593万人(対前年比18.8%)と推定され，人口普及率も44%(世界16位)になったという数字をあげて，「IT活用社会の胎動」を特集している。2章は「情報通信の現況」，3章は「情報通信政策の動向」である。1章の特集は1節・世界最先端を目指す情報通信ネットワークの現状，2節・競争力あるビジネスの創出，3節・効率・簡素・透明・便利な行政の実現，4節・ゆとりと豊かさを実感できる生活の実現，5節・魅力あるコンテンツの流通，6節・情報セキュリティの確保，7節・早期の実現が期待される新規サービスと技術開発，という構成である。いずれの節でもIT産業の躍進を力説し，新しい市場と雇用を生み出している，生活や仕事の利便性が高まっている，と一方的に利点のみを記述している。

　このような記述は従来の「技術立国」路線を踏襲するものであり，e-Japan戦略とはIT産業の躍進を起爆剤として，経済大国の再生を図る国家戦略であることが明確に示されているといえるだろう。そこで，そうしたIT産業育成と技術偏重の国家戦略のもとで，私たち人間の営みがどのようにとらえられているかを知るために，情報通信がライフスタイルの多様化を促進し，「ゆとりと豊かさを実感できる生活の実現」に寄与すると説く1章4節を，少し詳しくみてみることにする。

　まず，日常生活におけるインターネットの活用状況だが，ここで使われているデータはすべて利用者へのウェブアンケート「ITと国民生活に関する調査分析」から得たものである。したがって，この分析では，多数派を占める未利用者の「国民」の存在が無視されている。この点に留意して読み進むなら，「3人に2人がインターネットは必要不可欠と考えている」，「9割以上が生活は便利になったと感じ，情報収集の高度化等の効果を感じている」といった記述に，IT産業主導の社会形成を強引に推し進めようとする意図がみえてくる。また，「インターネットは日常生活のなかでさまざまな手段として活用されて

いる」と白書はいうが、挿入されている図表を詳しくみると、インターネット利用で時間配分が増加したのは趣味等に対する支出、外食・イベントでの外出であり、減少した行動として、多くの人が新聞や雑誌、テレビへの接触、睡眠時間をあげている。メディアへ接触することをやめ、睡眠時間さえ削って、消費行動のみに傾斜していくインターネット利用者の変化を指して、はたして、ライフスタイルが多様化したといえるだろうか。強引なこじつけでしかないだろう。

つぎに「情報リテラシーの向上」という項があるが、ここでも、2005(平成17)年度を目標に、すべての学級のあらゆる授業でコンピュータやインターネットを活用できる環境の整備が進められていると、ハード面のみが強調されている。さらに「教育の情報化を進めることは、21世紀の社会を支える人材を確保し、IT社会の構築を着実に進展させていくために不可欠である」、と断定的な記述が続く。教育の中味を吟味することなくハード主導で進む情報教育で、将来、どのような人材が育つというのだろうか。

4節の最後の項「デジタル・オポチュニティの確保」になって、やっと、インターネット利用における格差の問題を、表層的ではあるが、取り上げている。利用格差は世代別、世帯年収別、地域別、性別でみられるとし、とくに世帯年収1000万円以上の者が400万円未満の者に比べて2倍弱、男性の利用が女性より10%強、それぞれ多いことを示すデータを載せている。しかし、この現状をどう是正していくかについての記述はみあたらない。同様のことが障害者や高齢者に言及する箇所でもいえる。「障害」を軽減することが不可欠であると記して、その技術的方法を産業界のために示しているが、他にはボランティア活動をアトランダムに数例あげるにとどまっている。ボランティア活動を取り上げるなら、そうした活動の支援策に少なくとも言及する必要があるだろう。

(2) **ユビキタスネットワーク社会という未来像**

2002年版『情報通信白書』の特集を締めくくるのは、「ユビキタスネットワーク社会」という耳慣れない言葉を用いて、IT社会の近未来をきわめて楽

観的に展望する第7節である。「ユビキタスネットワーク」とは，同白書の脚注によると，ラテン語の「ユビキタス」(ubiquitous)に由来し，「いつでも，どこでも，誰でもアクセス可能なネットワーク環境」を指す。白書によると，そのような環境を備えた社会の実現に向けた新たなサービス・技術がすでに実用化されつつあるという。

　ユビキタスの基本は超小型コンピュータで，身の回りのあらゆるものに埋め込むことができる。したがって，白書に掲載されている「サービス例」によると，非接触型のICカードを応用したIDタグを製品に付ければ，携帯端末を近づけるだけで，その製品の製造販売会社や値段がわかるので，即座に電子商取引が可能になる。また，IDタグを広告物(たとえば電車の中吊り広告)につければ，その広告のホームページやカタログ，テレビCMを即座にみることができるし，近所で売っている店も探してくれるのだという。つまり，見方を変えていえば，宣伝情報がいま以上に身の回りにあふれかえり，要らないものまで購入してしまう危険性が高まるということであろう。しかも，そのような「誰でも，いつでも，どこでも，どんな端末でも」利用できるユビキタスネットワーク社会が近い将来に到来し，端末と人間が一体化した形で，"意識せずに"情報の受発信を行なうようになる，というのである。

　折しも，朝日新聞別刷のbe on Saturday紙面(02年11月9日)は，この研究の第一人者というS東大教授へのインタビュー記事を写真つきで大きく掲載しているが，その見出しに「本や書類が語り，生鮮食品や薬瓶がささやく」とある。同氏はすでに産学協同でユビキタスネットワーク研究所を立ち上げているというから，確かに，実用化が始まっているのである。ちなみに，総務省でも2001年11月以降，S氏をふくむ研究者と大手情報通信企業の代表者からなる「ユビキタスネットワーク技術の将来展望に関する調査研究会」を数回開催している。また，その下部組織と思われる「ネットワーク・ヒューマン・インターフェイス研究会」では，2002年7月に4ヵ月の研究成果をまとめた報告書[12]をネット上で公表している。

この報告書には，ユビキタスネットワーク社会の将来イメージとして，OLの一日，IT嫌いのサラリーマン，SOHOお母さんの一日，小学生の一日，高齢者２人暮し，など10事例を示し，きわめて具体的にそれぞれの生活ぶりを描写する章がある。時代は2010年という想定で，登場するのは身体的に健康かつ善意の人ばかりで，しあわせいっぱいの世界である。しかし，各家庭にあるテレスクリーンに遠くから送られてくる映像が映し出されたり，衣服の一部になっている端末から絶えず連絡や警告が入ったりする描写を読むにつれ，そうした情景がオーウェルの『1984年』と重なり，戦慄をおぼえる人も少なくないだろう。ついでにいえば，技術の高度化がこれだけ進んでも，伝統的なジェンダー役割はかわらず，子どもの世話や料理は母親の役割，父親は仕事中心で夜の付き合いもある，といった描写が続いている。これでは，近い未来にやってくるというユビキタスネットワーク社会も，平等や公正とは無縁であることを語っているのと同じではないか。

　技術偏重の未来社会論にもっとも欠けているのは，社会を構成するのは個々の人間であるという当たり前の事実である。それぞれの人間の尊厳を中心にすえて社会的コミュニケーションのあり方を追究するなら，技術ではなく，そうした技術を駆使して情報をつくり送出しているメディアを「文化」としてとらえる視点が不可欠である。文化としてのメディアのあり方を問い直すことなく，技術の高度化だけを追い求めるなら，人間的な思考は停止し，心の商業化にますます拍車がかかることになるだろう。もっとも，この報告書で描写されている日常世界には，いたるところにパートナーロボットやペットロボットが登場し，子どもの遊び相手やテレビのビデオ録画編集，あるいは寝たきりの高齢者の介護と，なんでもやってくれるというから，人間的な思考はもはや不必要ということなのかもしれない。

Ⅲ デジタル・デバイドを見据えて：
ローカルとグローバルの視座

(1) 国連WSISへ向けて活発化するNGO活動

　グローバルに進行するデジタル革命は，技術のみならず経済・政治・社会・文化のあらゆる領域で，デジタル・デバイドと総称されるさまざまな格差を生み出しており，国際社会にとってはこの問題への取り組みが緊急の課題となっている。国連はその「ミレニアム宣言」(2000年9月)で「ICTの恩恵をすべての人に保障する」ことを決議し，ICTと開発の問題に重点をおく「情報社会に関する世界会議」(World Summit on Information Society = WSIS)の開催を決めている。それは2003年12月と2005年の2回，それぞれジュネーブとチュニスで予定されており，最終的には21世紀の情報社会の礎となる「原則の宣言」と，加盟国や国際機関，市民社会，民間（企業）セクター，といったあらゆるセクターに実行を求める「行動計画」の採択を目標としている。

　こうした国連の動きの背景には，ICTが経済活動と不可分に結びついていることから，情報へのアクセスの不平等，不公正を放置すれば，貧しい国はますます貧しくなり，「ミレニアム宣言」に掲げられた理想の実現はほど遠くなるという強い懸念がある。また，WSISの運営メカニズムについては，「行動計画」を効果的に実施するために，従来と異なり，各国政府や国際機関の代表者に加えて公共放送や民間セクター，市民社会を代表するNGOと，幅広い各層の直接的参加を求め，企画と準備のプロセスを透明で包括的なものにするという新しい試みを志向している。

　そのような運営メカニズムを掲げたこともあって，世界各地でメディア問題，メディアと開発コミュニケーションの問題，あるいはオルターナティブ・メディア活動に取り組んでいるNGOの人たちのあいだでは，WSISの開催へ向けた準備のプロセスに積極的にかかわろうとする動きがみられる。そうした動きのひとつとして，ここでは「情報社会におけるコミュニケーションの権利

キャンペーン」(The Campaign for Communication Rights in the Information Society = CRIS)[13] を取り上げる。

　CRIS キャンペーンを2001年に立ち上げたのは，メディアとコミュニケーションをめぐる問題をテーマに，世界各地で活動する NGO のネットワークとして1996年に発足した市民組織である。ロンドンに連絡拠点を置くこのネットワークには，アフリカ女性・開発とコミュニケーション・ネットワーク(FEM-NET)，ラテンアメリカ情報エージェンシー(ALAI)，世界コミュニティ・ラジオ協会(AMARC)，カソリック教会メディア協議会(Cameco)，世界女性トリビューン・センター(IWTC)，インタープレス・サービス(IPS)，ひとびとのコミュニケーション憲章(PCC)，世界キリスト教コミュニケーション協会(WACC)など，いずれもメディアと開発コミュニケーションの問題で長い活動実績をもつ国際 NGO と，それらの NGO 活動にかかわってきた世界各地の研究者，実践者が多数参加している。

　CRIS キャンペーンの目標は，人びとのコミュニケートする権利を基本にすえ，ジェンダーの公正と文化および地域のパースペクティブを確保し，透明性，多様性，参加，社会的・経済的正義を原則とする情報社会を構築することにある。WSIS には，その議論の場の提供を期待し，議題にはテレビやラジオなどのメディアをふくみ，広くメディアとコミュニケーションにかかわる問題を入れること，また，議論の中心には，技術的・経済的枠組みを超えるためにも，人間の基本的な権利を据えること，を要求している。さらに，WSIS の計画と遂行には市民セクターを代表する NGO の完全な参加が不可欠であるとして，国連による第1回準備会議(PrepCom1，於・ジュネーブ，2002年7月)にも150人余り，100を超える市民組織の数で参加して発言し，コミュニケやリーフレットの発行，ウェブサイトの立ち上げと運営，ロビー活動，などを行なっている。

　CRIS に集う市民たちがこれほど積極的に行動するのは，来るべき社会で約束されているというバラ色の「夢」が，手をこまねいているなら，数年後には「悪夢」へと変容しかねないという思いを強くしているからである。実際，

CRIS は現状をきわめて深刻に受けとめており，つぎのように指摘している[14]。すなわち，企業による支配は増大する一方で，多くの領域でデジタル・デバイドの問題が深刻化しつつある。人間の創造性の成果といえるほとんどすべてのものが，私有化され少数の巨大企業の所有物となっている。しかも，それらにアクセスできるのは金銭的に支払い能力のある者に限られている。電波は，ラジオ，テレビ，テレコムのいずれの場合でも，細切れにされ，最高値で入札できる者に売り渡されている。当初は新しい公共圏を創りだすと期待されていたインターネットも，いまや急激に商業化し，企業による支配が強まっている。メディアは同質化し，コマーシャリズムを売り込み，広告主に人びとを売り渡す道具と化してしまった感がある。

　メディアの商業化にこれ以上に拍車がかかれば，第3世界の人びとに限らず，「メディアをもたない者」の側にいる地球上の圧倒的多数の人びとが，情報の単なる消費者と位置づけられて，自分以外のだれかが構想し作りだす情報のひとつを選ぶことができる程度の選択の自由しかもてない状態へと追い込まれていくだろう。それでも，多くの人びとは，幻想でしかないそうした選択の自由を"行使"しながら日常を生きており，そうするなかで，メディアが提示する生き方とそれを支える価値観をいつの間にか受け入れ，メディア主導で進展する消費文化の担い手となっていくのである。このような意識の日常的支配こそが，デジタル・デバイドのもっとも深刻な問題といえるだろう。

(2) **メディア社会／情報化社会を生きる力**

　意識の日常的支配といっても，むろん，そうしたメディアの力に対抗し，それぞれの地域で主体的に生きている人びとが世界各地にいる。それらの人びとの動きは，今日のメディア状況への危機意識から，またインターネットなどの新しいメディアを駆使することで，これまでになく活発化しているのも事実である。その一例として CRIS キャンペーンを取り上げたが，パブリック・アクセス・テレビやコミュニティ・ラジオといった実践的なオルターナティブ・メディア活動に取り組んでいる市民たちによる草の根の活動も重要である。

第3章　情報化社会

　1970年代のアメリカ・ニューヨークで始まったパブリック・アクセス・テレビの活動は，CATVの普及とともに制度的にも保障されて全米各地に広がり，今日では，ドイツ，スウェーデンなどのヨーロッパ諸国でも同じように盛んになっている。この活動に参加している人たちはジェンダー，年齢，人種・民族的背景，職業，のいずれをとってもさまざまに多様で，主流メディアとは異なる創造性に富んだメディア活動を行なっている。実際，筆者は2002年1月に訪れたサンフランシスコ近郊の小都市で，地域のメディア・センターのスタジオを自由に(無料で)使いながら，テレビ番組を制作中のシニア市民たちの活き活きとした姿に接し，パブリック・アクセス・テレビという小さなメディアがもつ可能性の大きさを再認識させられた[15]。

　コミュニティ・ラジオの活動は日本をふくむ世界各地でみられるが，「世界コミュニティ・ラジオ協会」(AMARC)に参加するNGOの市民たちがとくに力をいれているのは，ラテンアメリカやアフリカ諸国における活動である[16]。「世界のひとびとの大多数は生存およびコミュニケーションのための最低限の技術的資源すらもっていない。彼らの半数以上は一度も電話をかけたことがない」[17]という状況のもとでは，コミュニティ・ラジオというメディアを手にすることで，人びとの可能性は大きく拓かれていくのである。

　CRISキャンペーンにしろ，オルターナティブ・メディアにしろ，そのような活動に参加している人びとは，多様な価値の共有，多民族の共生を基本にする今日の多文化社会にあって，市民の一人ひとりが能動的，批判的に社会のあり方をみつめ，自分たちの文化環境の形成へ積極的に行動していくことが必要であるという認識を共有している。彼らは社会の情報化がグローバルに引き起こしつつある大きな変化を，人間の側からみつめることのできる人たちであり，多かれ少なかれ，メディア・コミュニケーションに関する専門的な知識とメディア・リテラシーを有している。

　メディア・リテラシーが必要なのは，むろん，そのような一部の知識人や行動的な市民だけではない。今日のメディア社会／情報化社会にあっては，市民

として積極的に行動しようとする動機の獲得そのものが，いや，沈黙を強いてきたもろもろの社会的規範に縛られずに，自分の生き方を自分の言葉で表現するというもっとも基本的な人間的な行為そのものが，メディア・リテラシーの有無に大きくかかわっている。その意味で，メディア・リテラシーは人間の基本的な権利であり，コミュニケートする権利を構成する諸権利の中核をなすものといえるだろう。したがって，メディア・リテラシーの獲得をめざす取り組みは，すべての人間にとって，なかでも，メディアによってステレオタイプに提示され，あるいはまた，存在そのものをみえなくされて周辺化されている第３世界の人びとや先住民族，女性，子ども，シニア市民，障害者，といった社会的少数者のエンパワーメントにとって，不可欠である。

　現実に，このような認識を共有する人びとが増えており，21世紀を迎えた今日，メディア・リテラシーの取り組みは世界各地に浸透し，さまざまな草の根の活動と連携しながらダイナミックに展開しつつある。それらの実践は政治・経済・社会・教育・メディア・文化といったあらゆる領域にかかわることから，おのおのの国や地域のシステムの独自性や特殊性を反映して，さまざまに多様である。しかし，表層的には相違があるとはいえ，グローバルなネットワーク活動が盛んになっていることもあって，世界各地のメディア・リテラシーの実践には明らかに共通の基盤がみいだされる。それは，メディア・リテラシーを欠いて現代社会における民主主義の発展はあり得ない，という人びとの強い信念である。

　この信念に揺らぎがないかぎり，社会的コミュニケーションにおける人間の基本的な権利という視座から，メディア社会／情報化社会のあり方を批判的に分析し，評価し，市民として自分たちの文化環境をより多様で，多元的なものにするために積極的に行動する人びとが，近い将来，ますます増えていくだろう。民主主義の発展を阻害するデジタル・デバイドに歯止めをかけることができるのは，そのような市民たちをおいて他にない。

注）

1）ブーアスティン，ダニエル，J.(星野郁美・後藤和彦訳)『幻影の時代』東京創元社，1964）

　McLuhan, Marshall, 1962, *The Gutenberg Galaxy: The Making of Typographic Man*, The University of Toronto Press. 邦訳は『グーテンベルクの銀河糸：活字人間の形成』（森常治訳）みすず書房，1985.

　McLuhan, Marshall, 1964, *Understanding Media: The Extensions of Man*, McGraw-Hill, New York. 邦訳は『メディア論：人間の拡張の諸相』（栗原裕・河本伸聖訳）みすず書房，1987.

2）トフラー，アルビン(徳山二郎・鈴木健二・桜井元雄訳)『第三の波』NHK出版，1980.

3）朝日新聞1994年3月18日社説「規制緩和が生んだマルチ提携」

4）*Many Voices, One World: Communication and Society Today and Tomorrow*, 1980, Unesco. 邦訳は『多くの声，一つの世界』（永井道夫ほか訳）NHK出版，1980.

5）Ibid.(訳は筆者)

6）NPO法人FCT市民のメディア・フォーラムにより1992年に起草，1998年に改定。http://www.mlpj.org/ に掲載。

7）「ひとびとのコミュニケーション憲章」(The People's Communication Charter)，FCT訳，『メディア・リテラシーの現在と未来』（鈴木みどり編)資料5，世界思想社，2001.

8）鈴木みどり編『メディア・リテラシーを学ぶ人のために』1部1—3章　世界思想社，1997を参照してほしい。

9）Masterman, Len, 1985, *Teaching the Media, Comedia*. 宮崎寿子による抄訳は「メディアを教える」『メディア・リテラシーの現在と未来』（鈴木みどり編）1部2章，世界思想社，2001.

10）"Okinawa Charter on Global Information Society", *Media Development* No.4, 2000, WACC. pp.47-50.(訳は筆者)

11）総務省，平成14年版『情報通信白書』2002年7月．

12）ネットワーク・ヒューマン・インターフェース研究会『人とネットの"ホット"な関係』2002年7月．

13）CRISについての詳細は，*Media Development*, No.4, 2002, WACC.

14）"Communication Rights in the Information Society: The CRIS campaign: Whose information society?", *Media Development*, No.4, 2002, WACC.

15）京都市における高齢者福祉情報システムの開発研究(科研費研究)シニア市民とメディア・リテラシー研究プロジェクト報告『インターネットサイト「シニア市民とメディア・リテラシー」の構築へ向けて』立命館大学，2003.

16) 鈴木みどり編『メディア・リテラシーを学ぶ人のために』第3部2章, 世界思想社, 1997. pp.232-253.
17)「ひとびとのコミュニケーション憲章」『メディア・リテラシーの現在と未来』資料5, p.243.

第4章　産業社会

I　本章の課題と前提

　18世紀後半のイギリスの産業革命に起点をおく産業化・近代化の流れは，20世紀の100年間で世界の大部分を覆いつくし，人びとの働き方とライフスタイルを一変させた。その流れは，経済的な「豊かさ」をもとめる人間の欲望を全面的に開放し，ビジネスや職業活動へと人びとを駆り立てていった。そして，経済活動の興隆にともなって，財やサービスを生み出す産業活動をより効率的に進めるために大規模な組織が形成され，多くの人びとが「雇用者」の立場で労働に従事するようになっていった。

　この雇用者という就業形態が意味するものは，事業主（または経営者）に雇われ，労働の対価として賃金を受けとって生活する存在，いわゆるサラリーマンということである。雇用者の立場では，多かれ少なかれ企業などの組織に身をゆだねて，一定の上下関係のなかで与えられた仕事にたずさわることになる。その結果，地位・身分の安定と経済的な保障，生活の安定は得られるが，他方で，組織のヒエラルヒー（階層序列）のなかで指揮命令を受けながら，あるいは職場のメンバーに指揮命令を発しながら，それぞれの業務や課題をこなしていくわけである。

　とくに第2次世界大戦後の日本社会では，経済復興にともなって「日本型経営」や「日本型雇用システム」といわれる企業経営や人的資源管理のスタイルが確立・普及し，組織と個人の共同体的な統合が図られてきた。しかし，そのスタイルが変容する過程で，能力主義の強化や成果主義の導入，雇用の安定性の低下，そして産業社会全体への信頼感の動揺が顕著になってきている。この

結果,共同体的な統合が変質または衰退し,企業組織と勤労者をめぐってさまざまな問題や病理現象が生じてきていると考えられる。

本章では,現代(主として高度経済成長期以降)における経営組織と雇用システムの変化,勤労者の働き方と意識の変化をとらえて,産業社会の問題状況を検討することを課題としている。

Ⅱ 産業社会の成立と経営組織

(1) 大量生産・大量消費時代の到来

21世紀への変わり目にあたってNHKが放映した特集番組「世紀を超えて」(序章:20世紀 欲望は疾走した)[1]では,産業社会成立のインパクトを鮮やかに描き出している。

番組の冒頭では,20世紀初めに,発明王エジソン(Edison, T.A.)の研究所にいた一人の技術者が大量生産社会の端緒を開いたとして,フォード(Ford, H.)の業績が紹介された。当時,多くの事業家が自動車生産に乗り出していたが,そのなかでフォードが際立った成功を収めたのは,流れ作業の生産ラインを導入し,規格化・標準化・効率化された大量生産システムを確立したためであった。この生産方式で,特別の技能をもたない多くの労働者が生産に従事できるようになり,自動車の価格は大きく引き下げられ,「T型フォード」は世界初の大衆車となったのである。

また,もうひとつのフォードの慧眼は,生産性向上の成果として労働者に破格の高賃金を提供したことにあった。これは,労働者の生活の安定と向上に寄与したにとどまらず,労働者を消費者として育成することにつながった。自動車のような商品が労働者にとって高嶺の花ではなくなり,彼らの手に届くところにきたという事実は,いわゆる大衆消費社会の到来を示すものであった。このようにして今日の産業社会の礎を築いた大量生産・大量消費の時代は,その事業家の名前を冠して「フォーディズム(Fordism)」と呼ばれることになった

のである。

　しかし，大量生産システムは，労働者にとって豊かさばかりをもたらしたのではなかった。先にふれた NHK の番組では，大量生産システムが単調で画一的な労働を課し，労働者を「流れ作業の奴隷」のようにしてしまったという証言を紹介している。チャップリン(Chaplin, C.)が映画「モダンタイムス」で描き出したように，単調な労働と厳格な規律の強制[2]は労働者の心身に過大な負担を与え，離職者があとを絶たなかった。それは，必ずしも高賃金によって報われるものではなかったという。

　このフォーディズムの物語は，今日の産業社会のひとつの局面を的確に映し出しているといえるだろう。大量生産・大量消費の社会は確かに，かつてない経済的な豊かさをもたらし，生活の安定と保障，そして多様なレジャーや娯楽を生み出した。しかし一方で，働く人の多くは労働者または雇用者(企業や団体に雇われて仕事に従事する人)として，特定の組織に所属し，多かれ少なかれ管理・監督者の指揮命令に服して行動することが求められている。いいかえれば，一定の権力や権威，規律への服従と引き換えに，自分と家族の生活の保障を得ているということになるだろう。こうした性格をもつ勤労者の働き方やライフスタイルには，どのような特徴や問題があるのか，次にこの点を考えてみよう。

(2) **官僚制組織と個人**

　フォーディズムの物語から明らかなように，多くの場合，勤労者は何らかの組織(企業，行政，その他の法人団体)に所属して，職業にたずさわることになる。とりわけ近代以降の社会の特徴は，大規模な組織体の発達である。こうした大規模組織の登場とその性格を「官僚制組織」と看破したのは，いうまでもなくウェーバー(Weber, M.)であった。ウェーバーの官僚制組織論では，技術的な合理性・卓越性を備えた近代的な組織のイメージが描かれている。その説は，機械論的組織論とも評されるように，ここには，規則にしたがって定められた権利・義務の下で，資格をもつ職員によって厳格に職務が遂行される組織の姿

が見出される。

　もうひとつの興味深い点は，そこでの職員の立場である。ウェーバーは，こう論じている。官僚の地位につくことは，「安定した生活をあたえられるのとひきかえに，特殊な職務忠誠義務をひきうけること」である。「官僚は，固定した俸給という形をとった貨幣報酬をうけ，恩給による老後の保障をうける。」「地位の終身性」に関する「法的保障は，個人的な考慮に左右されることなく，厳密に没主観的に当該の特殊な職責を完うするのを保障する，という目的をもつ」[3] ものである。ここで述べられているのは，西欧の組織をモデルにした官僚の地位についてであるが，地位が終身的に保障されることと引きかえに職務に専念する義務を負うという記述からは，かつての終身雇用のような日本型雇用慣行における従業員の処遇方式を思いおこさせるものがある。

(3) 日本型経営における組織と個人

　かつての日本企業の典型的な雇用慣行としては，終身雇用，年功制，手厚い福利厚生などが上げられ，また，それらを包括する理念は「経営家族主義」「集団主義」「共同生活体」といった名称で呼ばれてきた。

　日本企業の経営について最初に体系的な論述を行なったアベグレン(Abegglen, J.C.)によれば，「日本型経営」の特徴的要素は次の点にあった[4]。

　① 終身関係

　② 業績より年功による処遇

　③ 手厚い従業員福祉

　④ 集団的意思決定

　これらの要素は，戦後間もない1950年代の大工場の実態をもとに概念化されているが，これが高度経済成長期に普及した経営方式および雇用慣行の原型になっているといってよい。この議論で強調されている点は，第1に，企業組織と従業員の関係がきわめて長期継続的であり，年齢や勤続年数あるいは家族の人数など，仕事の能率や業績とは異なる次元で従業員の処遇が決められていることにある。アベグレンが使ったLifetime Commitment(終身関係)の言葉から，

のちに終身雇用の概念が広く普及したことは有名である。第2に，企業は従業員の生活全体に対して責任を負っていると考えられており，食事，衣料，宿舎，医療・保健など多面的な支援を行なっている。第3に，組織のなかで特定の個人の責任や権限が明確に定められていないため，意思決定が相談や協議のような内部手続きをへて行なわれ，コミュニケーションの経路が複雑化していること，である。

　以上のような日本型経営のイメージは，職務に基づく権利—義務関係が明確になっている官僚制組織の性格とは大きく異なっているようにみえる。終身的な関係や地位の保障については共通性があるようにみえるが，組織と個人の結びつきの性格という点で対照的な違いが見出される。ふたたびアベグレンによれば，日本の工場労働者は，家族，友愛組織，親睦団体の構成員と似たかたちで企業の一員となる。欧米のような契約関係とは異なり，経営者や監督者は「家父長的」な立場で従業員に接し，全生活にわたって責任を自覚している。例えば，余暇や慰安，生活上の相談，結婚の世話などにも気を配っているという[5]。

　同時にアベグレンはまた，日本型経営に対して，生産性やコストの面で非効率な経営になりやすいと批判的な目も向けている。たしかに経済的合理性の観点からは，終身雇用や年功制はしばしば批判にさらされてきた。しかし，戦後の混乱や貧しさから抜け出そうとしていた当時の日本社会にとって，それは，経済的効率だけでは計れない潜在的機能をもっていたというべきであろう。すなわち日本型経営(とくに雇用システム)は，包括的な組織と個人の統合を通じて，従業員の定着が図られることはもちろん，組織に対する忠誠心(loyalty)や責任感，組織への一体感を引き出し，仕事への動機づけと人材育成の効果をもたらすとともに，個人を社会に結びつける安定化装置としても機能していたとみるのが適当である。

Ⅲ 日本型雇用システムの変容と組織的統合の動揺

(1) 日本型雇用システムの変容

　以上のように,共同体的性格を強くもっていた日本企業の雇用システムは,高度経済成長期の1960年代を通じて産業界に広く普及していくが,同時にその性格の変容が徐々に進んでいくことになった。

　日本企業の代表的な人事処遇制度である,「能力主義人事」と「職能資格制度」を唱えてきた楠田　丘は,その変化の過程を図表4-1のように示している。それによれば,企業の人事処遇の原理は,戦後,従業員の生活安定を第1とする「生活主義」の段階から,学歴・性別・勤続(または年齢)に基づく「年功主義」をへて,職務遂行能力を基準とする「能力主義」へと推移してきたことがわかる。この変化は,高度経済成長の終焉,技術革新の進展,従業員構成の変化・多様化などに対応して,年齢や年功のような処遇原理をより合理的な能力の原理におきかえようとしたものであった[6]。さらに1990年代からは,経済のグローバル化を背景に成果主義の導入が進められてきている。

　ことに,1973年の第1次石油ショックで高度経済成長がストップした影響は大きく,大半の企業が省コスト・省エネルギーやいわゆる「減量経営」に邁進し,製造業の大企業などでは雇用調整も行なわれた。そして,これと歩調を合わせて能力主義の人事処遇制度も普及していった。こうした能力主義原理の導入は,共同体的な組織と個人の統合にどういう影響をもたらしただろうか。

　この当時,国民総生産(GNP)が一時的にマイナス成長に陥った危機感をバネとして,組織的統合それ自体はむしろ強化されたと考えられるが,他方,統合の原理は共同体的なものから変質していった。すなわち,組織忠誠心や人間的信頼関係による統合から,仕事能力の発揮や組織的貢献とそれに対する報酬という,ギブ・アンド・テイクの関係を軸とする統合へと移行しはじめたといえるだろう。

図表4-1　日本型人事の戦後の経過

1945年	60年	75年	90年
生活主義	年功主義	能力主義	能力主義＋成果主義
（年齢給）	（年功給）	（職能給）	（役割給）

注）楠田　丘『成果主義賃金』経営書院, 1997年, p.20から筆者作成

　先にあげた能力主義とは，あくまでも日本企業独自の原理である。能力とは「企業目的達成のために貢献する職務遂行能力」のことで，「一般には体力・適性・知識・経験・性格・意欲の要素からなりたつ」といわれる[7]。経営的な危機意識のもとで能力重視の評価が行なわれ，専門職務に結びついた知識や経験，適性とともに，性格や意欲など属人的な要素も考慮されるとなれば，従業員は組織への全人格的な貢献や没入の傾向を強めざるをえないだろう。能力主義の人事システムは，勤労者の全体像をとらえて「適材適所」の配置・評価・処遇・育成を図る仕組みとして，1970年代から日本の企業社会に広く普及し，企業の人的資源管理と従業員の動機づけに貢献してきた。しかし，転職など雇用の流動性の少ない社会では，個人をきわめて強く組織にコミットさせ，ときには過度に従属させる契機もはらんでいたといわざるをえない。

(2) **組織的凝集性の意味するもの**

　そこで，日本企業の組織的凝集性の高さについて，企業経験をもつ作家・黒井千次の説明に注目してみたい。

　黒井の著書『働くということ』では，学生が企業に就職すると「生活上の一大革命」が生じると指摘する。彼は，働いて給料を受け取る立場になるという経済的基盤の変化のもとに，時間の自由を失い，人間関係においても自由を失い，住む土地も思うにまかせなくなる。「企業による人間の管理は，時として拘束時間を越えてまで従業員を縛る」ことがある。終身雇用の意味は，「成人して以降の人生の大半に及ぶ部分を企業に結びつける行き方の底」に，「一人の人間の生活を串刺しにした企業の時間」が流れているという現実をあらわしているのだという[8]。

こうしてさまざまな自由を失い企業の時間に結びつけられた人生のなかで，「会社員」の日常の生活意識としては，「企業意識」すなわち会社への帰属意識が強くなっていく。この会社への帰属意識は現実の生活に根ざしたもので，不況や経営不振のときにこそ，「会社が同じ姿で存続することを自明の前提として成立している生活が，足元から揺らめき出す恐れに襲われる」。「運命共同体」の言葉が実感として身に迫ってくるという[9]。

　終身雇用のような長期的関係のもとでは，企業の発展と従業員の人生はほとんど一体化してしまい，当事者の目からは運命共同体と意識される。このように従業員は，「職業人」というより「企業人」として成長し能力形成しながら，社会的地位と役割を獲得し，自分と家族を支える収入を得ていく。まさに会社生活は人生の基盤となってきたが，その一方で，減量経営や能力主義人事を通じて，企業組織は従業員の人生と生活に対して圧倒的な支配力・拘束力を発揮するようになっていったと考えられる。

　企業が所属する個人に対して拘束的な影響力を示す状況に対して，「企業社会」の確立ととらえることができる。企業社会とは，戦後の日本社会において大企業を中心とした企業の強力な労働者支配の構造が形成され，企業の利潤追求を最優先させる社会システムができあがったことをあらわしたものである[10]。ここでは，産業化が進んだ日本社会の状況を以上のように把握した上で，勤労者と組織をめぐる問題を，組織的凝集性の病理という観点から検討してみよう。

Ⅳ　日本型企業社会の病理

(1)　組織的凝集性の病理現象

　凝集性が高い組織の病理性は，次のような3つの契機で現象化すると考えられる。第1に，従業員に対する支配力・拘束力を通じて組織の統合や求心力を維持・強化しようとする「会社人間化」の病理現象，第2に，組織の同質性を確保するために異質なタイプの従業員やいわゆる「異分子」を排除しようとす

る「異質性の排除」の病理現象、そして第3に、職場のなかの上下関係や指揮・命令関係など「日常の権力作用」にともなう病理現象である。これら3つの側面について、次に具体例をあげてみてみよう。

① 「会社人間化」の病理現象

上記の第1の点、組織の支配力・拘束力の強さは、組織に対する依存性・従属性の高い従業員を生み出す「会社人間化」の病理現象としてとらえられよう。たとえば、次のようなことがらである。

1）長時間労働、恒常的残業、有給休暇の未消化など、時間的拘束の長さ
2）心理的ストレス、健康不安、過労死など、仕事の負担感や拘束の大きさから生じる心身の不調・障害
3）人間関係・交際範囲や興味関心の範囲の狭さ・閉鎖性など、日常的な行動様式や意識レベルの問題状況

上記の1）はとくに男性・正社員の場合に顕著だが、時間的な側面で企業における拘束が大きいことをあらわしている。厚生労働省「毎月勤労統計調査」によれば、日本の労働者一人平均の年間総実労働時間は、1960年前後の2,400時間台から2001年度には1,842時間まで減少し、アメリカとほぼ同等の水準になっている。しかし、個人別のデータ（総務省「労働力調査」）で男子・非農林業雇用者（いわゆるサラリーマン）の就業時間をみると、週60時間以上のもっとも多い層が17.4％（550万人）に及んでおり、全体平均の労働時間は減少しても、特定の層では長時間労働が蔓延していることがうかがえる。

次に、時間的拘束だけでなく、2）のように身体的精神的な負担が高まると、健康障害やさらには過労死のような結果をもまねく可能性がある。厚生労働省「労働者健康状況調査」により1992年から97年の数値をみると、ふだんの仕事で身体が「疲れる」人は64.6％（92年）→72.0％（97年）、ふだんの仕事で神経が「疲れる」人は70.1％→74.5％、仕事や職業生活で「強い不安・悩み・ストレスがある」人は57.3％→62.8％と、いずれもかなり高い割合を示している。長時間労働と疲労やストレスの蓄積が、過労死などの病理現象の温床になっている

と推察される。

　また，3)はいわば，同質的で強固な組織的統合の副産物である。企業経験のある経営学者・岩田龍子は，サラリーマン生活が2年，3年と続くうちに，会社が「次第にひとつのミクロコスモス(小宇宙)と化して……，外の世界に対する関心は次第に弱まり，逆に，集団の内部に対する関心が，異常に膨らんでくる」と指摘している[11]。しかし，企業の社会性・倫理性が問われるようになるとともに，事業活動の独自性・創造性や顧客・消費者ニーズへの対応が重視されてくるなかで，閉鎖的な「会社人間」からの脱却が求められるようになってきた。職業社会学の視点からサラリーマンの生き方について論じている梅澤正は，職業，市民，主体という3要件を基準にした企業人像を提起している。これは，特定の職業のプロフェッショナルとしてだけでなく，主体的に自己実現を志向しながら，社会規範を共有し家族と地域にも根を張って，社会参加している人材のイメージを描いたものである[12]。

　② 「異質性の排除」による病理現象

　第2に，組織の同質性を確保し求心力を強化するために，異質なタイプの構成員や「異分子」を排除しようとする権力作用が働くことがある。

　たとえば，次のような実例が報告されている。それは，世間的には一流の大手メーカーとみられている企業で，現場の職制(管理・監督者)と労働組合の幹部が連携して，工場の従業員(組合員)を動員し，特定の同僚にリンチ(私刑)を加えていたというものである。このケースで暴行や脅迫行為の対象とされたのは，共産党に入党するなど，主流の労働組合のやり方に異を唱えたり，独自の発言や活動をしていた個人またはグループだった。そうした異質の行動に関して注意や叱責でも止めない者には，集団での無視やつるし上げ，さらには直接の暴力行為が行なわれ，退職を強要していたという[13]。

　日本型労使関係という場合，企業別労働組合が組織され，経営側と労働側が密接なコミュニケーションを保って，しばしば協調的な関係を維持していることが指摘されている。こうした関係では，労使協議などを通じて情報の共有化

や率直な意見交換が行なわれるというプラス面もあるが，労使が一体化して共通の「敵」や「異分子」を排除する傾向も高まる。先にふれた大手メーカーでは，「企業防衛」という大義名分をかかげて左翼対策を進めていたという。このように，共同体的あるいは温情的な統合を図ってきた組織が，その組織の防衛のためには一転して，強烈な排除と抑圧の権力作用を発揮する可能性があることが指摘できる。

③ 「日常の権力作用」にともなう病理現象

一般に企業などの組織は，雇用関係のある従業員に対して人事権をもっている。また，職場の管理・監督者と従業員（いわゆる上司と部下）の間には，業務上の指揮命令と履行の関係が成り立っている。こうみれば，企業組織や職場というものは権力や支配の関係と密接不可分の存在であるといえるが，近年は，上司—部下のような日常的な権力関係を通じて行なわれる，いじめ，いやがらせなどの逸脱行動がしばしば問題視されてきた。典型的には，セクシュアル・ハラスメント，パワー・ハラスメントといわれるものである。

セクシュアル・ハラスメント（性的いやがらせ）は，1989年に福岡地裁で訴訟が起こされてから社会的関心が高まった。職場の問題という観点では，セクシュアル・ハラスメントは女性の能力発揮の阻害要因となり，そのような問題が生じる職場は，雇用における男女の均等待遇を進める環境が整っていないとみなされる[14]。男女雇用機会均等法（97年改正）にも，セクシュアル・ハラスメントを防止するための事業主の配慮義務が規定されるようになった。

また，最近になって注目されている用語にパワー・ハラスメントがある。これは，職権によるいじめ，いやがらせ，強制および組織の規範や慣習による圧力を示す言葉である。たとえば，上司の強制的な言動や夜のつきあいの強要，人格まで否定されるような叱責などがあげられ，その背景には，対人関係の経験が少ない若手社員と，相手の気持ちや状況をよく考えないで組織のやり方を押しつける上司といった関係が浮かび上がってくるという[15]。また，長期化する不況が，悪質なパワー・ハラスメントを生み出しているという指摘もある。

昨年，職場でのいじめやいやがらせに関して日本労働弁護団が受けた相談では，「8割ぐらいは背後にリストラの思惑が見え隠れ」し，「自主退職」に追い込もうとする「会社の意思が働いている悪質な事例が多い」としている[16]。

V 雇用システムの不安定化による病理

(1) 経済環境の変化と雇用・職業をめぐる満足度の低下

　1980年代後半からのグローバルな政治経済環境の激動で，急激な円高，ソ連・東欧諸国の解体などが相次ぎ，国内では「バブル経済」の発生と崩壊を経験した。日本社会はバブル崩壊後の長期不況に入り，物価や資産価格が持続的に低下する「デフレ」とともに，完全失業率が5％を超えるという雇用情勢の悪化に見舞われた。こうした環境変化のもとで，産業社会を支えてきた雇用の慣行やシステムもさらなる変革や動揺にさらされ，職場と勤労者をめぐる病理現象にも新たな傾向を示すものがみられるようになってきた。

　図表4－2は，3年ごとに人びとの満足度やニーズを調べている「国民生活選好度調査」の結果から，職業と収入に関する満足度の変化をみたものである。それによれば，まず，「①失業の不安がなく働けること」については，長期不況に入った1993年以降，「不満」の割合が 31.8 → 40.8 → 49.8 → 53.3％と持続的に上昇し過半数を占めるにいたった。次に，「②やりがいのある仕事や自分に適した仕事ができること」については，それほどいちじるしい変化はないが，最近は「不満」が45〜6％と「満足」を大きく上回っている。さらに，「③収入が着実に増えること」については，「不満」が90年の43.3％から02年の62.5％へとほぼ20ポイント高まり，「満足」は02年で5.5％とごく少ない。以上のように，90年代に入ってからいずれの項目も「不満」という回答が「満足」を大きく上回っており，とくに失業の不安と収入の上昇には「不満」の増加がいちじるしいことがわかる。

　「失業の不安がなく働けること」への不満は，やはり長期不況下での企業の

第4章　産業社会

図表4-2　職業と収入に関する満足度の変化

(単位：%)

年	①失業の不安がなく働けること		②やりがいのある仕事や自分に適した仕事ができること		③収入が年々確実に増えること	
	満足	不満	満足	不満	満足	不満
1987	27.1	32.3	21.7	42.2	14.4	49.3
1990	25.5	29.0	20.1	39.0	15.7	43.3
1993	22.9	31.8	21.4	37.6	14.1	46.1
1996	17.5	40.8	18.3	42.7	10.7	50.7
1999	14.0	49.8	16.1	45.6	7.9	57.0
2002	12.3	53.3	16.3	46.2	5.5	62.5

注）回答の選択肢（「十分満たされている」「かなり満たされている」「どちらともいえない」「あまり満たされていない」「ほとんど満たされていない」）のうち，満足は「十分満たされている」＋「かなり満たされている」の％，不満は「あまり満たされていない」＋「ほとんど満たされていない」の％を示す。
資料）内閣府国民生活局編『国民の意識とニーズ』（平成14年度国民生活選好度調査）から筆者作成

リストラクチャリング（事業の再構築），ダウンサイジング（事業や組織の縮小）にともなう人員削減の実施，あるいは倒産や廃業による非自発的失業が格段に増えたことをストレートに反映している。とくに，山一證券やそごうなど有名な大手企業の廃業や倒産は，一部上場の大企業でもけっして経営が安泰でないことを示すことになった。また，「収入が着実に増えること」への不満は，80年代後半から多くの企業で賃金制度の見直し，とくに成果給や業績反映型の賞与の導入が進むとともに，最近は定期昇給制度を廃止する例も多く，企業の業績不振にともなって賃金の上昇が期待できないとか，賞与が切り下げられることが少なくないことを表しているとみられる。

②　拡大する生活不安と勤労者生活の病理

こうした経済情勢，雇用情勢の悪化のなかで，勤労者はどのような不安や問題を感じているか。図表4-3は，筆者も参加して行なった雇用開発センターのアンケート調査の結果である。

それによれば，男性・正社員でとくに不安を感じている人が多く，「倒産，

リストラで仕事や職場がなくなる」(46.9％),「納得のいく仕事をする余裕がなくなる」(46.8％),「年金が十分にもらえなくなる」(49.4％)という回答は半数に近い。女性・正社員では「年金」(36.4％),「納得のいく仕事」(39.7％)とならんで,「仕事が肉体的・精神的にきつくなる」(35.8％)が高い。一方,男性・非正社員(いわゆる「フリーター」)では「職場の人間関係がギスギスしていづらくなる」(29.4％),「生計を維持するだけの収入がなくなる」(37.3％),「安定した家庭生活を築く見込みがなくなる」(25.5％),「自分の家をもつ見込みがなくなる」(25.5％)が目立っている。この結果からは,安定した職場と収入を得ているとみられがちな男性・正社員の不安の高さが目を引くが,そこには家計の中心者としての責任も含めて,これまで獲得した地位や権利を失うことへの危機感が強く反映していると思われる。これに比べ,男性・非正社員の場合は,自立した社会生活を送っていく基盤が脆弱であることを率直に訴える傾向があらわれている。

最後に,中高年層と若年層それぞれの抱える問題に言及しておきたい。

1) 中高年勤労者をめぐる問題

中高年勤労者の多くは,所属企業との長期継続的関係を前提に自分のキャリアと人生設計を描いてきたが,職業人生の後半期にいたって,意図せざるキャリアの見直しに直面する可能性が高くなっている。管理職ポストへの昇進見通しの低下,IT(情報技術)など技術革新の進展による能力・スキルの陳腐化,所属企業の業績不振と報酬の切り下げ,雇用調整といった,さまざまな職業人生のリスク要因が中高年の人生設計を不透明化させていることは想像に難くない。長年勤めた組織を離れ,子会社・関連会社への出向・転籍やアウトプレースメント(outplacement：系列外企業などへの再就職)の道を選ぶことも,珍しくなくなっている[17]。

これまで述べてきたように,日本型雇用システムによる共同体的統合が社会の安定化装置として機能していたとすれば,その変容または動揺は,中高年勤労者にとりわけ大きい影響をもたらすだろう。たとえば,1990年代後半から自

第 4 章　産業社会

図表 4 − 3　仕事や生活面での不安（MA，性別・雇用形態別）

凡例：男性・正社員（N＝840）／女性・正社員（N＝360）／男性・非正社員（N＝51）／女性・非正社員（N＝439）

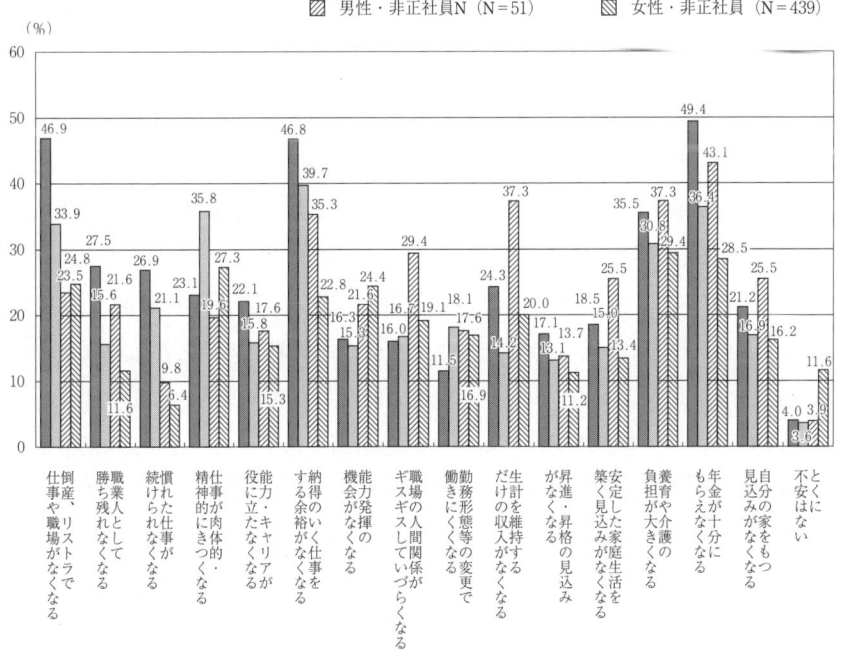

項目	男性・正社員	女性・正社員	男性・非正社員	女性・非正社員
倒産，リストラで仕事や職場がなくなる	46.9	33.9	23.5	24.8
職業人として勝ち残れなくなる	27.5	15.6	21.6	11.6
慣れた仕事が続けられなくなる	26.9	21.1	9.8	6.4
精神的・肉体的に仕事がきつくなる	23.1	35.8	19.8	27.3
能力・キャリアが役に立たなくなる	22.1	15.8	—	17.6
納得のいく仕事をする余裕がなくなる	46.8	39.7	22.8	35.3
能力発揮の機会がなくなる	16.3	15.1	16.0	21.4
職場の人間関係がギスギスしていづらくなる	16.2	29.4	19.1	24.4
勤務形態等の変更で働きにくくなる	18.1	17.6	11.5	16.9
生計を維持するだけの収入がなくなる	24.3	37.3	14.2	20.0
昇進・昇格の見込みがなくなる	17.1	13.7	13.1	11.2
安定した家庭生活を築く見込みがなくなる	18.5	35.5	15.4	25.5
養育や介護の負担が大きくなる	13.4	37.3	30.8	29.4
年金が十分にもらえなくなる	49.4	43.1	36.1	28.5
自分の家をもつ見込みがなくなる	21.2	25.5	16.9	16.2
とくに不安はない	4.0	3.6	3.9	11.6

注）アンケート調査は，労働組合と企業を通じて2001年11月〜02年3月に実施し，19〜45歳の勤労者1,691人の有効回答を得た。
資料）財団法人雇用開発センター『新世代の職業観とキャリア（ダイジェスト版）』2002年，p.41

殺者数や自己破産の件数がいちじるしく増えたことは，マスメディアでもしばしば報道されている。警察庁の発表によれば，98年に年間の自殺者数が前年に比べて1万人以上も増え，年間3万人以上の自殺の発生がそれから続いている。なかでも働き盛り世代，とくに50代の男性の自殺の増加がいちじるしい。高橋祥友の指摘にもあるとおり，自殺の背景には複合的な要因が関与しており[18]，経済不況や雇用不安と単純に結びつけることはできないが，社会の安定化装置としての雇用システムの働きが動揺していることと関連づけた分析・検討は必要であろう。

2） 若年勤労者とフリーター問題

やはり「バブル経済」崩壊以降の長期不況のもとで，若者の就職難，離転職，あるいは学校卒業後も正規の職につかない「フリーター」の増大が，大きな社会的関心を集めている。最近刊行された『国民生活白書(平成15年版)』でもこのテーマが取り上げられ，フリーターは，1990年の183万人から2001年には417万人(失業者127万人を含む)にまで増加したと算定されている。そして，社会不安の拡大や生産性の低下など，今後の影響の波及や社会問題の発生が懸念されているところである[19]。

従来，日本には新規学卒採用の慣行が確立し，「学校から職業への移行(School to Work Transition)」の安定したシステムが機能していたが，それが大きく動揺しつつある結果がフリーター現象であり，若者の経済的自立や社会的適応，能力形成の基盤が損なわれるとの懸念が出されている。また，「青年期」の長期化，晩婚化・シングル化，パラサイト化などライフコースやライフスタイルの変化・多様化との関わりも検討すべき課題となろう。この問題は，今後の産業社会の存立基盤にかかわる論点であり，雇用，教育，家族などの各社会システムの交差する領域として複合的な視点からの研究・検討が必要であろう。

注)
1） NHKスペシャル1999年1月23日放映「世紀を超えて」(序章：20世紀　欲望は疾走した)
2） クレイナー，S.(嶋口充輝監訳)『マネジメントの世紀 1901〜2000』東洋経済新報社，2000，p.45.
3） ウェーバー，M.(濱島朗訳)『権力と支配』有斐閣，1967，pp.129, 133.
4） アベグレン，J.C.(占部都美訳)『日本の経営』ダイヤモンド社，1958.
5） 同書，pp.17, 92, 100-101, 126-127.
6） 楠田　丘『成果主義賃金』経営書院，1997，pp.19-26.
7） 日経連能力主義管理研究会『能力主義管理―その理論と実践』日経連出版部，2001(新装第1刷)，p.55.
8） 黒井千次『働くということ』講談社(現代新書)，1982，pp.26-27, 35.
9） 同書，pp.122-124.

10) 渡辺　治「現代日本国家の特殊な構造」，東京大学社会科学研究所編『現代日本社会第1巻　課題と視角』東京大学出版会，1991，pp.212-215.
11) 岩田龍子『日本の経営組織』講談社(現代新書)，1985，p.31.
12) 梅澤　正『サラリーマンの自画像』ミネルヴァ書房，1997，pp.184-188.
13) 青木　慧『日本式経営の現場』講談社(文庫)，1987，pp.44-91.
14) 労働省編『職場におけるセクシュアル・ハラスメントに関する調査研究会報告書』1997.
15) 『毎日新聞』2001年9月26日朝刊．
16) 『日本経済新聞』2003年6月30日朝刊．
17) 田島博実「雇用環境の変化と中高年の職業人生」石川晃弘・田島博実編著『変わる組織と職業生活』学文社，1999，pp.110-117.
18) 高橋祥友『中高年自殺』筑摩書房(ちくま新書)，2003，pp.16-33.
19) 内閣府編『平成15年版　国民生活白書』ぎょうせい，2003，pp.77-93.

第 2 部

歯止めなき欲望の病理

第5章　消費社会

I　問題意識

　消費社会とは，さしあたり，生産よりも消費が価値づけられている社会であると定義することができるが，生産よりも消費が価値づけられるためには，生活必需品を含む物質的富の生産が社会全般に行き渡り，消費の強調が経済の活性化のためにも必要だという時代状況がなければならない。生活必需品に事欠く段階では，働くこと，働いて金銭を手にすることが自らの生存を維持するために必要不可欠であり，そのため勤勉，質素，倹約等の徳目が重要視される。「消費が美徳」になるためには，生産諸力の高度化を背景にした富の普及が不可欠であり，同時に，普及した富を越えて人びとの欲望（消費意欲）をかき立てることが生産の条件となる必要があったのである。

　いうまでもなく日本において，こうした前提条件が満たされるのは，1950年代後半から60年代にわたって展開された経済の高度成長期以降のことであった。出稼ぎや集団就職という形態を取った離村向都の民族大移動をともないながら，都市に群れ集まった人びとは産業化＝工業化の波を下支えしつつ，豊かな生活を求めて懸命の努力を重ねていた。その結果，第1次産業従事者が激減し，かわってまず第2次産業従事者が，次いで第3次産業従事者が激増し，1973年には第3次産業従事者が過半数を占めるに至る。ひとり当たり国民所得は1955年の8万円から1975年の112万円へと急上昇し，1970年には電気冷蔵庫や電気洗濯機の普及率が90％を越え，一世帯当たり自動車保有率も50％を越すようになった。しかも70年代に入るや都市近郊の開発が進み，郊外のニュータウン化が急速に進行する等々，都市化の膨張がいちじるしかった。こうした過程にお

いて，高度成長の波から取り残された人びとの苦悩があり，急激な成長の歪みに喘ぐ人びとの苦痛があったにしても，日々変貌する都市的生活環境に適応し，豊かさを享受することが人びとの願いとなり，国民的風潮となっていったのである。「国民生活意識調査」によれば，早くも1972年に国民の9割近くが「中流意識」をもつに至り，「一億総中流意識」が語られるようになる。消費社会の前提条件が満たされつつあったのである。

　消費社会の到来を敏感に感じ取ったのは，経済の高度成長を支えたおとなたちではなく，その下に育っていった若者たちであった。産業化や都市化の進展とともに高校や大学への進学率も急上昇し，結果として長いモラトリアムを享受することができるようになった若者たちは，仲間たちとともに消費の領域に目を配り，流行に乗って自らの個性を演出し始めたのである。変動の激しい社会状況下では，見習うべきは古い価値観を引きずる親や教師ではなく，同時代を生きる仲間たちでしかありえなかったのだが，この若者たちをターゲットにした消費文化の成立は，多様なメディアを介して次第に世代を越えて拡散する。1970年代末には早くもポスト・モダンな青年の登場が語られ，80年代半ばには技術の領域に続いて文化の領域でも，「重厚長大」から「軽薄短小」への変化が語られる。その特徴は端的にいえば，過去に囚われず，未来を憂えず，気楽に現在を楽しむこと，というメッセージに代表されそうなのだが，しかし，近代以降の直線的な時間の流れに身を浸しながら，過去と未来に挟まれた現在を気楽に楽しめるものなのか，大いに疑問の残るところではあろう。いや，それ以上に，欲望の多様化や高度化が生産活動を維持するために不可欠な条件になっているところでは，現在を楽しみ個性を演出すること自体が社会的要請になっている可能性がある。もちろん，貧しい時代のゆとりのない勤労の日々を振り返れば，ずいぶん贅沢な社会的要請だといわざるをえないし，ここに社会の進化を読み取ることも可能なのであるが，しかし進化の代償に失ったものはないのか，新たな社会的要請が新たな苦悩や緊張をよび起こしていないか，等々に想いを馳せる必要もあろう。ここでは，過去から現在に至る著名な社会

学者たちの見解を思い浮かべながら，社会病理学的視点に立って，消費社会の問題点を考察したい。

II 欲望の解放

いうまでもなく人間は，欠如を感じた時，欠如を埋めたいという欲望をもつ。飢えれば食を欲し，渇けば水を欲す。欠如が満たされれば，欲望はやむ。少なくとも人間の有機的身体に根差す欲望はそうである。だが，社会的に生み出され文化的に強制される欲望には，生理的歯止めが効かない。貪欲を戒め，中庸を重んじ，他者に配慮する道徳が，欲望の過剰を防ぐのである。したがって逆に，こうした道徳がゆるむ時，欲望は巷に溢れだす。より多くの富が，より大きな快楽や幸福が，この世を貫く人びとの夢となる。死して後の世界のために祈るのではなく，現に生きる世界のために祈ること，これが近代人の特権となり，近代社会の活力源となる。明日のために現在を犠牲にする禁欲的合理主義者であれ，今日この現在の歓びに身を捧げる刹那主義者であれ，現世における遠いまたは近い世俗的満足が生きる主題となっている。共同体的拘束から解放された「自由な個人」として人びとは，ひとまずは社会の仕組みやルールに順応しつつ，夢として抱いた欲望の満足を追求し続けたのである。

だが，文化的欲望も，物という形あるものに惹かれる限り，有限であろう。物は，遠くにありてこそ憧憬の対象となり，手に入れがたいからこそ渇望の対象となるのであり，ひとたび手に入れれば欲望の対象としての魅力を喪失する。だから，具体的な有用形態では，物は欲望の対象としては限りあるものであり，この限定性をうち破るためにこそ，手を変え品を変えたモデル・チェンジや付加価値が必要になる。しかし，こうした努力も手に入れば止むという欲望の限定性を先送りしているに過ぎず，したがって物を生み出す側は絶えず新しい欲望を喚起し開発する必要に迫られる。生活必需品が満たされた後に，マーケティングと広告・宣伝，流行の創出が不可欠になるのは，当然のことであった

のである。

　けれども，欲望の対象たる物が抽象的一般的形態を取り，しかも他のいかなる物とも交換可能だという普遍的力を有する場合には，その物は具体的有用性を離れて無限に追求される根拠を得たといわなければなければならないだろう。それが貨幣である。貨幣に対する欲望は他の物を我が物とする力に対する欲望であり，この力に対する欲望が経済メカニズムによって保証され，その多寡・大小を社会的な成功や幸福と重ね合わせるイデオロギー装置が完備する時，欲望の無限の追求へと人びとを駆り立てるシステムが作動すると考えられる。利潤獲得を目的とする企業組織を想起すれば明らかなごとく，物への有限な欲望が貨幣と共に無限化され，稼ぐこと・儲けること自体が自己目的化する。つとにデュルケム(Durkheim, E.)が19世紀末のヨーロッパ社会をみて語ったように，「無限」という病が近代社会に取り憑いたのである。

　おそらく「無限」という性格は，未来に向けて直線的に流れる時間感覚とも関わって，近代人の基本的性格を形づくる。欲望の無限の追求は，未来の無限の可能性に通じており，変化と成長と発展が絶えず求められるというわけなのだ。けれども，可能性は現実性ではなく，絶えず未来に先送りされる満足は，現在を不安と焦燥に陥れる。しかも，一方に繁栄を誇示する都市の発展があり，奢侈に身を包む人びとの往来があり，それが他方の没落と停滞を際立たせるとすれば，こうした社会の文化的・心理的風土は羨望や嫉妬，嫌悪や憎悪に満ちて，不安定かつ危険である。資本主義的近代は，こうした状況を醸しだしながら発展したのであり，欠乏の時代を突き抜けて「豊かさ」を謳歌するようになった現代でも，「豊かさ」の表皮をめくれば，基本的性格はかわらないであろう。日本においても80年代後半のバブル経済の膨張と90年代初頭の破綻があり，この膨張と破綻の間に，貨幣欲に取り憑かれた人びとの悲喜劇があったのである。

　けれども，確かに先に触れたように，経済の高度成長を経て物の豊かさに恵まれて育った若者たちの間には，明日のために現在を犠牲にするよりも今日こ

の現在を享受し，仲間とともに現在を楽しく生きることの方に重きを置く考え方が広がりつつあった。マズロー(Maslow, A.H.)の欲望段階論を踏まえていえば，生理的欲望や安全性の欲望の段階を通り過ぎて，所属と愛・承認を求める欲望や自己実現の欲望が強くなったということなのである。これは，一面では，未来に向けて先送りされていた欲望の満足が現在の地平に舞い戻り，現在の充実を求めだしたといいうるのであるが，しかし，これを逆にいえば，充実さるべき私の現在が「貧しい」ので，あえて望まれるのだと考えることもできる。もちろん，ここにいう貧しさは，物質的なレベルの問題というより，人間関係や自己の生き方に関わる問題であり，「豊かな社会」の到来とともに意識されはじめた問題だといえる。貧しさの影のなかでは人びとは寄り添うようにして生きることができるが，豊かさの光のなかでは個々人が散乱して，自らの生き様を明るく示さなければならないであろう。考えようによっては，より人間的な，けれども，より複雑で苦痛に満ちた人生の探求が，現在の地平で始まりつつあったのである。

Ⅲ 関係性の病

かつてリースマン(Riesman, D.)は，その著『孤独な群衆』のなかで，内部志向型から他人志向型への社会的性格の変化について論じたことがあった。彼によれば，内部志向型とは親や教師によってジャイロスコープ(羅針盤)を植え付けられ，自らの目標の実現に向けて邁進するタイプであり，他人志向型とは仲間集団との遊びを通じてレーダー装置を内面化し，集団と協調して生きようとするタイプであった。いうまでもなく，消費社会には他人志向型の人間こそがふさわしい。情報に敏感に対応し，人間関係に配慮し，状況に応じて軽やかに身をこなすことが，「豊かさ」に包まれた若者たちの都市的センスというものであったからである。リースマンは，「他人志向型の人間は尊敬されるよりもむしろ，愛されることを求む。かれは他人を屈服させることはもとよりのこと，

他人をあざむいたりすることを求めない。むしろ自分と他人を結びつけようとする」と述べているが[1]，その意味では「受け身の優しさ」を身につけた協調的な人間が他人志向型だということになる。ここには，資本主義の台頭と成長を担った内部志向型人間の，他を顧みることなく突き進む個人主義の逞しさが欠けているが，巨大化し組織化された資本主義の複雑な人間関係に対処するには適切な内容が込められているし，生産の領域を離れた消費の領域で仲間とともに過ごすには一層好ましい内容となっている。社会は自らの発展段階に応じて，自らにふさわしい性格類型を育てていたのである。

けれども，「受け身の優しさ」は傷付けられることがあるし，愛されることを求めても裏切られることがある。リースマンは，他人志向型人間が「一方では集団にうまく適応してゆく方法を身につけさえすれば人生は安楽なものだろう，という幻想をもちながらも，他方では自分にとってそれはけっしてやさしいことではないのだぞ，という実感をもっている。そういう分裂をかれは背負っている」と述べ[2]，「同輩集団からの承認を得ようとする不定型な安全確保のための競争」があることを指摘していたが[3]，要するに所属と承認の要求が強ければ強いほど，無視され・排除されることへのおそれも強く，集団適応をめぐる隠微な戦いが水面下で繰り広げられるということなのだろう。もちろん，同じ世代に属し，似たような環境に育った者同士として響き合う部分も多いのだが，しかし才能も違えば趣味も違い，現在の夢や希望や願望も同じではあり得ない。したがって，「違い」が表面にさらけ出されることもあるのだが，それが自分の所属と承認にとって危険であるかどうかを，レーダー装置によって素早く察知しなければならないだろう。このように人間関係をめぐる苦労を早くから背負い込み，本音を隠した会話や心ならざるパフォーマンスも繰り返されるので，心の平穏がもたらされることは容易ではないのだ。危険を避けるひとつの道は，趣味や関心に対応して集団の規模を小さくすることなのだが――そして，現実に，若者たちは小さな群に分かれてコミュニケーションしているようなのだが――，共通する部分が小さければ小さいほど，それ以外の残

余の部分が大きくなり，集団内人間関係は部分的で限定的なものにならざるをえない。かくして，情報銀座のただなかにありながら，そして群の仲間と服装や言動をともにしながら，他人志向型人間は時として群衆の孤独を味わうことになる。だからこそ，愛されたいという切実な想いも湧き起こるのである。

IV ナルシシズムの台頭

だが，事態はさらに進行するというべきであろうか。リースマンは1940年代末のアメリカをみて語っていたのだが，その30年後，1970年代末のアメリカをみて，ラッシュ(Lasch, C.)は「今日の精神的風土は，宗教よりもセラピーに大きく依存する部分があるようだ。……今日の人びとは，ほんの一瞬でもよいから，自分が幸せで，健康で，精神的にも安定していると感じたいのだ」と述べていた[4]。ラッシュがみていたのは，消費社会に忍び入る競争社会の影とでもいうべきもので，人間関係に配慮する他人志向型人間にも「相手の感情をうまく操ることで競争に勝とうとする考え方」が浸透しているという[5]，やりきれない現実なのである。ホーム・パーティーの楽しげな会話のなかにも，他者を魅了して自らの優位を示さんとする隠微な戦いが隠されており，その勝者こそが消費の領域のみならず生産の領域においても，「人を動かす」に足るステータスを手に入れることができるのだとすれば，今や生産の領域を支配する競争原理が消費の領域にまで持ち込まれ，緊張に満ちた人間関係を織り上げているといわざるをえない。同じ学校や職場に属する者も，趣味や関心を同じくする者も，身近な競争相手として立ち現れるのであれば，心を許すわけにはいかず，さりとて突き放すのは所属の安定にとって危険なのである。

かくして，所属と承認のテーマは，協調と競争という二律背反を孕みながら，人間関係に複雑な陰影を投げかける。リースマンは協調の側面を，ラッシュは競争の側面を重視したのだが，もしリースマンからラッシュへの道がアメリカ的現実の変容と照応しているのであれば，他人志向型人間は今やきわめて自分

本位のナルシスティックな人間として立ち現れ，にこやかな微笑の背後に他者を出し抜くしたたかさを秘めていることになる。彼の世界は自己の欲望や願望を中心にして回転しており，他者は自己の欲望や願望を満たす限りにおいて重要であり，社交の対象となりうるのである。かくして，物をめぐる競争から人間関係をめぐる競争への社会の「進化」は，再び欲望の拡大を許しているが，この度の欲望は自己の優位性の承認という一点を賭けて日常的に争われているので，「宗教よりもセラピー」が似つかわしい文化的風土を形成するというわけなのだ。

おそらくラッシュの見解は，現代アメリカ文化の全体像を問題にしたというより，その病理的な一断面を鋭く抉りだしたものだとみなすことができる。多様な民族が折り重なって構成されるアメリカ社会を，ナルシシズムというひとつの言葉で塗りつぶすことは現実認識として危険なのだ。けれども，1980年代半ば以降，ベラー(Bellah, R.N.)の『心の習慣』をはじめとする数多くのアメリカ社会論が出版され，そのなかで「行き過ぎた個人主義」が語られ，人びとが公共の利益よりも私的な満足を追い求めている状況が指摘されていた点などを念頭に置くと，現代の消費社会が人間を追いつめ，関心を自己に集中しなければならない状態に人びとを陥れている様子がみて取れる。その意味ではラッシュが抉り出した病理的現実がさらに広がりつつあるのではないかと，疑われるのである。

ただし，それは，競争の原理が消費の領域に持ち込まれ，人間関係をも競争の渦中においたことが，唯一の原因ではないだろう。それは，人間自身が消費の最後のフロンティアとして，狙い撃ちされている状況と深く結びついているにちがいない。ボードリアール(Baudrillard, J.)が『消費社会の神話と構造』で克明に描いたように，「自分らしくあれ」「個性的であれ」「美しくあれ」「健康であれ」等々といったよびかけが，多様なメディアを通じて日夜繰り返されており，それによって人間の肉体と精神が深く規定されている状況と関わりがあると思われるのである。いわばモノによって自己の個性を飾るにとどまらず，

自己自身の内面と外面を磨くよう社会的に要請されており，この要請に背くことは現代人としての魅力の欠如という烙印が押されるので，人はより魅力的な自己像の探求と自己陶酔に誘われるのだ。この場合，磨くのは私自身であっても，磨く手段は市場によって提供されており，磨く手段の善し悪しが私の社会的値打ちを決める可能性が高いから，私は市場の動向を注視して，私自身を作り上げなければならないだろう。もちろん，人によって趣味や能力・才能等が異なり，したがって表現されるべき自分も違うのであるが，しかし違いに応じて異なるメニューを用意し，顧客個々人の満足を図るのが，多品種少量生産方式を採用した現代資本主義の戦略というものなのである。かくして，服飾や化粧，健康や衛生，教養や修養，芸術やスポーツ等々といったテーマの下で多様なメニューが用意され，そのなかから私に合うものを選ぶことが私の日課になるのだが，しかしここに選ばれた私とはいったい何者であるのだろうか。美容整形し，ヨガを学び，エアロビクスに汗し，化粧や服装に気を使いながら街中を闊歩する私とは，「本来の私」でありうるのか。このような疑問が渦巻いて，また新たな私探しがはじまることにもなるのだが，ここでもまた手を変え品を変えた多様なメニューが用意され，自己の存在証明の手助けをしてくれるというわけなのだ。お嬢様を気取る上品モードから，ガングロを誇るグロテスクモードまで，消費社会は人びとの欲望の動きを察知して，モードに応じた品揃えを行なうのである。

V　自我の分裂

　しかし，消費社会の戦略にわれわれが乗せられているのだとしても，この戦略の外に逃れ出ることはむずかしい。この戦略のもとで現代の生産は活性化され，この戦略のもとでわれわれの欲望が高度化されつつあるのであるから。考えてみれば，自分自身の内部と外部に関心が集中するというのは，おそるべき贅沢であり，かつて貴族階級が楽しんだ日常をわれわれは大衆的に手にしてい

るのだともいえる。山海の珍味もあれば，エロティシズムをそそる服飾もあり，変身願望を満たす仮面舞踏会もあれば，射幸心を惹きつけるギャンブルもあるという具合で，われわれの日常生活も小さな刺激に満ちているというわけなのだ。

けれども，こうした刺激と贅沢に，私の欲望が満足していないことを私は感じる。遠くにありて想う憧れの対象が，現在の消費の領域のささやかな差異として用意されているので，欲望の満足自体に不満がつきまとうのだ。私の求める私も，あなたの個性と私の個性の，モードの違いにすぎないのであれば，求めに値する私なのかどうかも怪しくなってくる。そこにこそ，永遠の不満を掻き立てる資本の戦略があるともいいうるのだが，しかしここでは，現在の自己に対する倦怠の影が広がり，まだみぬ自己への焦燥もまた掻き立てられるので，より多くの刺激を求める放縦や放埒が繰り返されるとともに，現在の自己の否定と日常を超えた力への渇望が先鋭化されるので，唐突な暴力や死へのダイビング，辺境や異界への漂流や浮遊等々，衝撃的な事件が生みだされることもありうるのである。

おそらく，衝撃的な事件の背後にあるのは，消費社会を生きる私の内部に宿る，もうひとりの私の問題であろう。ボードリアールの言葉を借りていえば，それは「イドの背後にひそむ分身」であり，私に付きまとうことになる「まったく特殊な他者」であり，そして虚無と死の影をまとう「幻影的スペクトル性」をもつ私なのである[6]。これらの分身がいかにして私の内部に住まうようになったのか，ボードリアール自身は明確に語ってはいないけれども，日常の卑小な私を乗り越える祈願や修行のなかで，辺境や異界への放浪のなかで，私が発見し，ひそかに育て上げたもうひとりの私だと考えられよう。彼に虚無と死の匂いが付きまとうのは，現実に対する否定的な構えの内に彼が幻想されているからであり，したがって彼が現実のただなかにそのまま登場するや，「酒鬼薔薇聖斗」を名乗った神戸の少年の場合がそうであったように，「本来の私」を死の淵に追い詰めながら，血なまぐさい供犠として他者をささげると

いった悲劇的な物語が演じられたのである。

VI 自我の拡散

　けれども，こうした事件によって，消費社会自体が直接傷付くことはないであろう。それらを見世物としてあるいは他山の石として，消費社会は賢い消費者の育成に努めればよいからである。賢い消費者とは，おそらく過度の自己内省をともなわず，むしろそれを最小限にとどめ，状況に応じて軽やかに演技し続けることのできる消費者なのであろう。ボードリアールによれば，現代の消費社会は，どの方向にも突起をもって結合する「多様な分岐の総体」であり，「プリズム的スペクトル性」をもつ人間[7]，いわば消費社会の白色光線にさらされて，多様な色彩に自己を配列することのできる人間を育て上げるというが，この種の人間が消費社会にとってもっとも好ましいタイプの人間だといえるのかもしれない。彼は，何ものにも付きまとわれず，何ごとにもとらわれず，自由に自己を演出するのであるから，消費社会のスターでありアイドルである。だが，同時に，その変わり身の早さとスキャンダラスな結合の躓きゆえに，早々と落ちた偶像に化す可能性も秘めているのだ。もちろん，落ちても躓いても，それにとらわれることなく新たな結合を求めればいいわけなのだが，しかし新たな結合相手が彼と同じ多面的突起人間であるとは限らず，その場合には手厳しい拒絶や反発に出くわす可能性も大であったのである。

　実際，なぜ彼は誰とでも何とでも結合できるのか。それは，要するに，彼にポリシーがなく，ポリシーに導かれた個性も，自分らしさもないからなのである。さらにいえば，彼には他者を弁別する力がなく，他者に寄せる共感や共鳴もなく，あるのはただ同質のものに対する結合の欲望ばかりであるからである。だから，あえていえば，この徹底した不在と空虚の構造こそが，消費社会が育てた彼の強烈なる個性であるのだろうが，しかしこの無の者との結合に新たな感動があろうはずもなく，その変わり身の早さばかりが鼻について，結合が忌

避される状況を招き寄せることにもなるのである。したがって彼は，多面的な結合を誇るにも関わらず，愛され認められることが少ないという逆説を抱え，再び新たな結合をめざして出発する。消費社会に順応して生きるということも，けっして生易しいことではなかったのである。

かくして，外部の突起は多様だが，内部が「空虚」な人間の空回りが，他者のみならず自己自身をも疲れさせ，状況を苛立ちに満ちたものにかえてしまうことがあるのだが，しかしそれ以上に，内部が空虚になってしまった人間がどの程度に多様な突起を維持しうるのかも大いに疑問なのである。「人類みな兄弟」式のスローガンのように，あらゆる差異を抹消して一般化すれば，広大な同質性の領域が手に入るといえるのだが，微細な差異で自分らしさを競う都市の若者たちにとっては，これは何の意味もないスローガンであろう。かくして，「プリズム的スペクトル性」をもった人間も，類は友をよぶ式の結合しか求めえず，結局は自らを狭い世界に閉じ込めるように思う。この時にはまた，先に述べた倦怠と焦燥の果てに「幻想的スペクトル性」が立ち現れることにもなるのだが，そうでなくとも消費社会の白色光線にさらけ出された空虚な自我が，その時々の躓きをバネに暴発してしまうこともありうるのだ。だからこそ，さいな動機にも関わらず招いた結果が重大すぎるという，原因と結果の釣り合わない酷い事件も起こされる。そのような事件として直ちに想起されるのは，1980年の金属バット殺人事件以来の親殺しの系譜であろう。殺された親の声は永遠に届かず，殺した子どもの声も断片的にしか聞こえないので，実際のところ閉じられた家族のなかで何が起こっていたのかを正確に知ることはできないのだが，しかし事件の突発性と，親を殺した子どもたちの表情の虚ろさが，事件の性格を端的に物語っているように思うのである。

例示しよう。1988年に東京目黒の中学2年生が金属バットや柳包丁を利用して，父と母，祖母の3人を惨殺するという事件があった。この少年は，近所では「礼儀正しい子」とみられ，友人には「ごく普通の明るい子」「ひょうきんな人気者」とみなされ，自らは「明石家さんまみたいになりたい」といってい

たという．しかるに，事件の起こる数日前に，この少年は「両親を殺して金を奪い派手に遊び回ろう」と友達にもちかけ，当日も助力を頼み断られるや単独で事件を起こし，事件後別の友達に電話し殺人現場をみせ，捕まるまでの数時間ファミコンで遊び，公園をぶらついていたというのである．殺人は殺人としても，殺人を挟む前後の言動は，少しでも思慮分別のある人間からは想像もできない，あっけらかんとした異様さに満ちている．犯行に至る直接の動機は，どうやら，期末試験で平均点を下回れば小遣いを減らすという約束があり，英数国とも下回ったのでやけになってということらしいのだが，もしそうだとすれば，この子にとっては親の命よりも当面の小遣いの多寡がずっと大事だったということになり，この思考の短絡ぶりにも唖然とせざるをえない．小学校の指導要録には「陽性で，楽しい子．影がひとつもない」と書かれていたというのだが，「影がひとつもない」明るさというのは，消費社会の白色光線にさらされて，陰影も奥行きもなく散乱する彼の心の状態を示しているかのようなのだ．一つひとつの経験を心の襞に刻むことができず，刻まれた経験から他者の痛みや悲しみに感応する心を培うことができず，消費社会の命ずるままに自らの心の「空虚」を埋める楽しみだけを追い求めた結果が，一家惨劇というおぞましい事件を生み出したということなのだろうか．消費社会というシステムには，このように人の感性を狂わせて，人を犯罪に導いて行く陥穽も用意されていたのである．

VII 結びに代えて

80年代後半から90年代初頭にかけて，日本社会を異様な投機熱に駆り立てていたバブル経済がはじけ，日本経済が先のみえない長期不況に陥るや，消費社会を謳歌する声は次第に影を潜め，金融危機や倒産，リストラや雇用不安といった暗い言葉ばかりが飛び交うようになった．そして，そのなかで，国際競争力を身につけるべく日本経済の構造改革の必要性が強調され，能率や効率と

いった生産領域を支配する価値が再び脚光を浴びるようになってきた。けれども，リストラの拡大にともなう雇用不安や財政赤字の増大にともなう先行きの不透明感等が，将来に備えた貯蓄志向を高め，短期的に消費の拡大を妨げて，今日の消費不況を招いているという側面も否定できない。いや，それ以上に，人びとの消費意欲を喚起しえぬまま，膨れ上がった生産の過剰が今日の消費不況の最大要因なのだとすれば，それは現代の生産システム自体の行き詰まりをあらわしており，もはや欲望のフロンティアを開発しえぬ生産システムの限界の露呈だとさえ考えられるのだ。生活必需品をすでに完備し，目先を変えたモデルチェンジや付加価値にもさほど惹きつけられず，最後のフロンティアといわれた人間の肉体と精神の改造へのよびかけにも疲れを感じ，「人は人，私は私」という一種の開き直りとも悟りともいうべき心境に到達した若者たちにとって，消費を美徳とせざるをえない現代の生産システムに振り回されるいわれはないのだ。もちろん，先のみえない不透明感の漂う現代であるから，より確かなものをつかみたいという欲望が漲り，その欲望が自分自身をより確かな存在として確立したいという流れとなってあらわれることはあるのだが，しかしそれが，食うに困らぬならフリーターとして気楽に過ごしたいとか，フリーマーケットでも開いてマイペースで人と話したいという方向に流れて行くと，効率や能率を重んじる現代の生産システムとはまったく波長が合わなくなってしまうのだ。その意味では，現代の消費社会を生み出した生産システムは，その存亡の危機に立っているといえそうなのである。「ゆとり」や「癒し」や「スロー」が時代の合言葉になり，与えられた枠組みを重んずるより自分流を通すことの方が重視される時代には，不況もまたそれ相応に楽しまれるというべきなのだろうか。ここにある生産と消費の領域の大きな落差，それに現代資本主義は苦しんでいるのである。

　けれども，問題は一様ではないし，単純でもない。生産システムの機能不全は既存の制度的枠組みの軋みや揺らぎをよび起こし，人間関係の葛藤や軋轢をともないながら，個々人の人生を複雑に彩る可能性があるし，「人は人，私は

第5章　消費社会

私」という生き方は他者への配慮を削ぐ生き方に通ずる可能性も排除できない。マズローの欲望段階論を踏まえていえば，今や自己実現の欲望が中軸に座りつつあるといえそうなのだが，実現すべき自己像が社会関係や人間関係の揺らぎに対応して奇妙にねじれ，自我の分裂や拡散を，さらには唯我独尊を，よび起こすこともありえるのだ。さもなければ，「人を殺す実験がしてみたかった」と淡々と語る真面目な青年の登場を，われわれは想定しえないであろう。ひとつの時代，ひとつの社会にはそれに相応した犯罪や病理が引き起こされる。単に嘆くのではなく，それ程に人生は多様で複雑だと知るべきであろう。

注）
1）リースマン，D.(加藤秀俊訳)『孤独な群集』みすず書房，1964，序文 p.8.
2）同上　p.146.
3）同上　p.105.
4）ラッシュ，C.(石川弘義訳)『ナルシシズムの時代』ナツメ社，1981，p.25.
5）同上　p.105.
6）ボードリアール，J.(塚原史・石田和男訳)『世紀末の他者たち』紀伊国屋書店，1995，p.36.
7）同上　p.36.

参考文献
デュルケム，E.(宮島喬訳)『自殺論』中公文庫，1985.
リースマン，D.(加藤秀俊訳)『孤独な群集』みすず書房，1964.
ラッシュ，C.(石川弘義訳)『ナルシシズムの時代』ナツメ社，1981.
ボードリアール，J.(今村仁司・塚原史訳)『消費社会の神話と構造(普及版)』紀伊國屋書店，1995.
　──(塚原史・石田和男訳)『世紀末の他者たち』紀伊國屋書店，1995.
佐伯啓思『「欲望」と資本主義』講談社現代新書，1993.
佐々木嬉代三『社会病理学と社会的現実』学文社，1998.

第6章　学歴・資格社会

I 「学歴社会から資格社会へ」という社会観の台頭

　景気の低迷により，就職したい人にとっても，
すでに働いている人にとっても厳しい時代が続いています。
しかし，こういう時代こそ，本当の実力がものをいいます。
あなたの才覚や能力を存分に発揮できるときがきたのです。
今こそ積極的に自分をアピールしましょう。その際，役に立つのが資格です。
資格はあなたの能力を客観的に証明してくれるもの。
就職・転職へのパスポートとして，強力な武器になるでしょう。
もちろん，キャリアアップを目指す人や，
独立・開業を目指す人にも必須アイテムです[1]。

　上掲は，資格取得をめざす人を対象に，千数百種あるといわれる資格のなかから約900種をとりあげ，それぞれについて資格試験用に概略を解説したあるガイドブックの冒頭の一部分である。ここに示されているのは，景気の長期低迷という経済状況下における実力主義・能力主義時代の到来という時代認識と，そのような時代認識を前提とした能力評価の規準としての資格の重要性もしくは有用性の認識である。「本当の実力」という表現のなかで資格の対抗規準として措定されているのは，いうまでもなく学歴である。同書中に「学歴や企業の看板だけにしがみついているような人を養うだけの余裕は，今や企業にはないのです。真に力量のある人材のみが求められています」[2]とあることから明らかなように，不況の長期化とともに企業社会においては職業的能力評価規準としての学歴のもつ不合理性を放置しえなくなり，かわって資格が当該能力評価の客観的規準として位置づけられるようになってきた，というのが上掲の趣

旨といえよう。資格試験用のガイドブックは類似のものが相当数出版されているが，いずれにも通底するのは同様の社会認識である。すなわち，図式化していえば，「学歴社会から資格社会へ」という社会変化の認識である。そして，このような社会認識は，一般の人びとの意識にも，多かれ少なかれ見出せるといってよい。

　もちろん，資格試験用のガイドブックが資格の重要性を強調するのは販売戦略としていわば自明のことであり，そこに上記のような社会認識が示されているからといって，そのことだけで人びとのあいだに同様の社会認識が浸透していると判断することはできない。しかし，膨大な数にのぼる資格取得対策本が毎年出版されている状況を踏まえてみれば，少なくとも資格取得に対する人びとの関心はかなり高いとみることができる。実際，産業能率大学が210社の新入社員600人を対象に2001年に実施した調査（有効回答数526人）によれば，「キャリアアップを図るために役に立つと思うもの」（複数回答）として「資格」をあげた者が72.6％（8項目中「外国語の能力」84.8％に次いで第2位），「これから5年くらいの間に受けてみたいと思う研修」として「資格取得」をあげた者が64.7％（9項目中「語学」69.0％に次いで第2位）に達しているのである[3]。

　上記の調査結果において特徴的であるのは，地位達成の問題と資格取得とが違和感なく結びついていることであるが，それは，資格が能力評価の指標として高い有効性をもつという判断と，そのような判断に基づく期待，すなわち資格を得ることが高い評価を得ることにつながるという期待が人びとの意識のなかにあるからといってよい。そして，このような資格志向が成立するのは，学歴によって能力を固定的に評価する学歴主義の動揺と，能力評価の絶えざる更新という能力主義の潮流をこの社会のなかに認めるからである。これを「学歴社会から資格社会へ」という資格社会観の表明と一足飛びにみなすことはやはりできないとしても，学歴主義の社会から能力主義の社会への転換という認識のもとで資格志向が勢いを増してきていることに着目すれば，それが期待化さ

れた心情として資格社会観に結晶化する可能性は大きいといえよう。

しかしながら，このような動向のなかで資格志向が学歴志向にとってかわるかどうかは検討を要することであり，また資格志向が学歴志向と対極的な性格をもつ志向性であるかどうかも実のところ検討を要する。学歴も資格もともに制度化された価値の発現形態であり，そうであるとするならそれぞれをめぐって形成される価値意識も同質的な特徴を示すことになる。それぞれにみられる病理的諸相の分析に入る前に，前提的作業として，次に学歴化と資格化の歴史的進展過程を追ってみることにする。

Ⅱ 学歴化と資格化―教育の学校化の2つの過程―

(1) 学歴化の歴史的過程

学歴化も資格化もいずれも，「教育の学校化」の歴史的過程のなかに位置づけられる。

教育の学校化とは，社会の教育機能が専ら学校という体系のなかに制度化される過程としてひとまず規定されるが，この過程の歴史的進行は，単に教育のなかで学校教育が中核的位置を占めるようになったことだけを意味するにとどまらない。学校化の過程は，2つの要素的契機をもつ。ひとつは，社会の教育機能の制度としての自立化もしくは独立化であり，いまひとつは，自立化した教育機能の成果のフィードバックという契機である。

学校教育，少なくとも近代以降の学校教育は，社会生活を営むに必要とみなされる知識・教養や技能・才芸等の能力・資質，行為・思考の様式等を実際の生活過程から切り離して教授し，あるいは開発・育成し，あるいはまた発達させようとする営為・実践が，一定の理念もしくはイデオロギーによって組織的に統合化されるところに成立する。換言すれば，実際の生活諸活動に含まれる教育的諸機能を体系的に抽出し，それらを統合して専門的に遂行するためにつくりだされた特別の制度が学校教育である。このような教育の組織的統合化―

制度的自立化は，日本においては明治維新後の「富国強兵」という国家的目標を実現するための人材養成の手段としてはじめから公教育のかたちをとって現われたが，他の社会においても，歴史的進展の様相は異なるものの，学校教育が全社会的規模において制度化される過程は，多くの場合，国家の関与によって推進されることになる。

　ところで，このような教育の機能的自立化の所産としての学校教育制度の特徴は，それ自体としては自己完結性をもたないというところにある。つまり，学校教育が制度として担う教育機能は，それが切り離されてきたところの実際の生活諸活動に何らかの現実的な意義をもたらしてこそはじめて完結するのであり，その遂行の成果を最終的に判断する規準をこの制度的空間の内部にもつわけではない。教育機能の自立化としての学校化が，その成果のフィードバックという要素をいまひとつの契機とするというのはこの意味においてである。

　このようなフィードバックのひとつの様式として近代社会が選択したのが，学歴主義である。すなわち，学歴主義とは，学校化の過程の以上のような要素的連関のなかで，制度として自立化した社会の教育機能の成果が実生活へとフィードバックされる際の１つの様式と理解され，それは一定の教育課程の修了をもって一定の知識と能力とを習得，獲得し，人格を形成したとみなす評価のメカニズムである。それは具体的には職業的人材配分の規準となって現われ，職務内容への適性を客観化する規準の設定が困難な状況のもとで[4]社会的に浸透していくことになった。学歴主義というこの評価のメカニズムが社会的に浸透していく過程を，ここでは「学歴化」と呼ぶ。この用法にしたがうならば，高学歴化とは，上記メカニズムの社会的浸透過程において，社会における評価の焦点が高学歴へと移行していく傾向と理解される。高等教育機関に進学する人びとが増加し，全人口のなかで高等教育課程修了という履歴をもつ人びとの占める割合が増大する過程としての高学歴化は，上記のような評価の焦点の移行の結果といってよい。

(2) 資格化の歴史的過程

　公教育の普及と学歴化の進展は，属性原理の支配する社会から業績原理の支配する社会への転換のレールとなり，近代産業社会の成立と発展に大きな役割を果した。この過程における産業の高度化にともなう高学歴化への社会的要請は，学歴を内部的に序列化することになり，職業機会の階層化は，この序列化された学歴，すなわちいわゆる学校歴によって一層細分化されて進行することになった。

　しかしながら，学校歴を含む学歴が，個別の職務遂行能力あるいは職務遂行の訓練可能性の有無・程度をストレートにはかる指標たりうるかということに目を転じるならば，それはきわめて不明確である。学歴＝一定の教育課程の修了・未修了という事実が示しているのは，当該教育課程に到達した時点における，通常入学試験というかたちをとおしてはかられる学力レベルのマスとしての平均値と，当該教育課程をとおして獲得されることが期待される能力・資質等のマスとしての傾向性にすぎず，いずれも個々の職業機会に要求される個別の職務遂行能力やその訓練可能性をはかる指標としては明確な妥当性を欠くからである。すなわち，上記の意味における学力にしろ，能力・資質等にしろ，それらは，第1に，個々の職業機会や職務内容についての特殊な適性を厳密に考慮するものではなく，第2に，マスとしての平均値と傾向性であるかぎりにおいて，個々人の差異を表現するものではない。

　にもかかわらず，学歴による職業機会の階層化が進行することは，いわゆる「学歴の身分化」現象をもたらし，学歴は「近代的衣をかぶった」，あるいは「現代的に再生された」属性要因として職業的地位達成を支配するようになった。むろん，学歴の獲得自体は，多少の留保付きではあるとはいえ徹底した業績原理によっており，そのかぎりにおいて学歴は近代的合理性をもつものであり，個人の努力によってはいかんともしがたいという意味における属性的地位とは異なる。しかし，いったん獲得された学歴が固定的な能力変数となって職業的，ひいては社会的地位達成を支配するようになると，それは単なる業績的

地位にとどまるものではない。学歴は,いわば両者の中間にある「第3の地位要因」となったのである。

　このような「学歴の身分化」現象は,能力主義を標榜する社会において能力の開発や発揮を阻むことにつながる。出自に拘束されないという意味において社会的平等の達成手段としての機能をもった学歴が,その反面において固定的能力変数として新たな社会的不平等を生み出すという矛盾した機能をもつようになったのである。とはいえ,現代の高度産業社会は,この矛盾が生み出す経済的損失や不合理を放置するほど粗野な学歴信仰に侵食され続けてきたわけではない。むろん社会的不平等の緩和という観点からではなく,利潤追求に向けた合目的的観点からではあるとしても,企業社会の側においては企業内教育の重要性が十分に認識され,どれだけ教育投資をするかが企業成長のバロメータとされたのである。また人材を選抜した後における能力再開発だけではなく,選抜にいたる以前にその職務遂行能力や適性をできるかぎり的確に把握しようとする社会的規模における動きもみられるようになった。「資格化」の進展がそれである。

　資格化とは,学歴化の用法にならって,ここでは資格による能力評価のメカニズムが社会的に浸透していく過程と規定するが,それは,学歴にかわり資格によって社会の教育機能の成果を集約的に表現しようと意図されたものではない。そうではなく,資格化は,学歴主義という能力評価を媒介項とした職業的―社会的地位決定の単線的回路に内在する矛盾を,資格による能力評価という別の回路を分岐させて吸収しようとする動きであるといえる。ここで留意しておく必要があるのは,資格化は,制度として自立化した社会の教育機能が,それが切り離されてきたところの実際の生活諸活動へとフィードバックされる様式という観点からのみ理解されるものではないということである。つまり,資格化は,教育の学校化との関連でとらえるならば,必ずしも単純に学歴化とパラレルなものとして位置づけられるわけではない。資格に要求される能力・資質等としては,一定期間にわたる特定の職業活動への従事をその獲得の要件と

するものがあることなどから明らかなように、学校教育を通じて開発・獲得されるものだけではなく、すぐれて実社会の生活に直結した能力や資質も含まれるからである。しかしながら、資格化の動きが強まるにつれて、資格獲得のための教育が制度として自立化するようになり、あるいは学校教育の既存の体系のなかに組み込まれるようになり[5]、教育の学校化がより広範囲にわたって進行することになる。それにともない、資格による能力評価のメカニズム——資格主義——が、学歴による能力評価のメカニズムとパラレルなものとして教育の学校化のなかに占める位置を強めていく。

　したがって、資格化は、一面においては、能力主義を標榜するにもかかわらず能力の開発や発揮を拒むような矛盾した価値体系を保持する社会にとって、その矛盾を解消する1つの方法としての意味合いをもつが、他面において、矛盾した価値体系そのものに真っ向から対抗するのではなく、むしろそれを温存することによって、結果として矛盾を一層拡大することになる。要するに、資格化は、学歴主義に内在する矛盾を拡大深化させながら、教育の学校化をより一層促進する機能を果たすものとして位置づけられるのである。

III　欲望化する資格志向の病理—資格志向の自己疎外—

　みてきたように、資格による能力評価は、教育の学校化という観点からとらえるならば、学歴主義に対して対抗的な関係にあるというよりはむしろ「共犯的」な関係にたつといってよい。にもかかわらず、人びとの意識のなかで両者が対抗的なものと位置づけられるのは、学歴と資格のそれぞれが表現しているとみなされる能力・資質のもつ性格の違いに起因すると思われる。

　学歴についていえば、そこに表現されていると人びとが一致してみなす能力は学力であろう。学力は、現実の職務遂行との直接的関連を考慮するものではないがゆえに、職業的能力をはかる指標としては一般的かつ抽象的で、基礎的な性格を示すにとどまる。しかし、一般的・抽象的・基礎的であることは、そ

の学力レベルを基準として人びとを序列化することが容易であることを意味する。実際，学力レベルとその結晶化された形態としての学歴を基準として人間を序列化することにわれわれの社会は長くなじんできた。地位達成要因として学歴の占める比重が高まれば高まるほど，この序列化から逃れることは困難になり，人びとは絶えざる緊張を強いられるようになる。職業的能力評価規準としての学歴の妥当性を疑問視する学歴主義批判は，このような社会的文脈のなかで心情的に受け入れられてきたといえよう。

　他方，資格に目を転じてみれば，その多くが現実の職務遂行に直結するものであるがゆえに，そこに表現されている能力は学力に比較してより内容限定的であり，職業的能力をはかる直接的指標として個別的かつ具体的で，専門的な性格をもつとみなされる。個別的・具体的・専門的であるということは，諸資格の総体を一元的に尺度化することが困難であることを意味し，したがってまたそれぞれの資格取得者相互間の比較が困難であることを意味する。この困難さゆえに資格は人間の個別性を表現しうるものとみなされ，学歴による一元的な規定性を相対化する価値として，学歴に対抗的なものと位置づけられるようになったといってよい。

　いったん資格に対するこのような好意的な社会的態度が形成されると，人びとは資格取得を通じて個別性を獲得，あるいは再獲得することに熱心になる。それは，学歴による序列化がもたらす絶えざる緊張を解消する手段として機能するようになるからである。そればかりでなく，資格取得は，「やり直し可能な人生」というイメージと結びつくことによって，無限の欲望と化す可能性をもつ。冒頭で言及したような「資格を取得することがキャリアアップにつながる」という意識こそは，将来に「やり直し」可能性を認める意識であるが，資格取得による「やり直し」可能性を素朴に信ずれば信ずるほど，その可能性を拡大し，磐石なものにしようと人びとは強迫的に資格取得に駆り立てられるようになる。将来の安定を確保しようとするこの志向性の昂進は，「安心」を対価として資格取得それ自体の自己目的化にもつながろう。

こうしてみると，資格志向は，学歴主義批判を社会的，心情的な契機として内在させているにもかかわらず，その志向性を特徴づける心理的メカニズムは，学歴志向にみられるそれときわめて酷似していることがわかる。「より高い学歴を獲得することが社会的地位達成につながる」として高学歴の獲得を目指した学歴志向は，強迫的な観念となって人びとを高学歴獲得競争に駆り立てたが，その強迫的性格は，現実との対応関係を超えたところで高学歴獲得を自己目的化したのであった。学歴志向の場合，この自己目的化は学歴偏重主義というかたちに結実したが，資格志向についてみても，現実との対応関係を超えたところに広がる資格偏重主義が生み出される可能性は否定できない。そのとき資格志向は，学歴主義批判としての性格を，社会的標榜というレベルにおいても失うことになる。

　資格志向と学歴志向とが酷似しているのは志向性を特徴づける心理的メカニズムだけではなく，志向性の昂進の社会的帰結に関しても同様である。学歴については，人びとが求めれば求めるほど，少なくとも学校種別の包括的な価値付与という点ではその価値が下がるという過程をたどったが，資格についても，人びとが求めれば求めるほど，その結果は同様である。有資格者が多くなれば，それだけ就業機会の獲得は困難になるなど，獲得のための投資に見合うだけの対価を資格は保証しえなくなり，価値の逓減は避けられなくなる。コリンズ (Collins, R.) のいう資格インフレーション[6]である。

　しかし，価値の逓減が避けられないからといって，資格志向にブレーキがかかるとは単純にはいいきれない。資格志向の強さは資格創設に対する経済的，あるいは利権獲得上の刺激となるからであり，結果として生み出される新たな資格が資格インフレーションを相殺する効果をもつようになるからである。人びとは，需要が飽和状態になった資格から新たな資格へと目標を切り替え，その獲得をめざすようになるのである。ここにいたると，資格と各人の個別性の発揮との関連は転倒する。それぞれの個別性にふさわしい資格が選びとられるというより，何であれ資格を得ることがまず前提となり，資格を得ることに

よって個別性が付与されることを期待するようになるのである。資格志向における個別性の空洞化である。「『資格の一つや二つは持っているのがあたりまえ』の時代」[7]という表現には，このような個別性の空洞化状況が端的に現われている。

人びとが資格を追い求めれば求めるほど現実との対応関係が稀薄化し，あるいは個別性の空洞化現象に身をさらすようになることは，資格志向のいわば自己疎外状況といってよい。学歴主義を打破したいと願う人びとの期待を担ってきた資格は，資格主義が学歴主義と共存するかたちで学校教育制度のなかに組み入れられることによって，そもそも学歴に対抗する価値としての制度的裏づけを欠くことになったが，人びとの資格志向にみられる自己疎外的な状況は，学歴に対抗する価値としての資格というかれら自身の期待を自ら裏切る結果となり，資格主義を言説化する。

ところで，資格志向の社会的，心情的契機となった批判すべき対象としての学歴主義もまた，学歴言説として人びとの意識のなかで再生産され続けてきたという側面が強い。種々の調査で「社会に出て成功するのに重要なものは何か」と問えば，「学歴」と回答する者はきわめて少なく，個人の「努力」や「才能」だと回答する者が5割から8割強に達する[8]。しかし，その一方で，「日本は学歴社会だと思うか」と問えば，6割から8割以上の者が「そう思う」と回答する[9]。資格，あるいは努力や能力を重要視する人びとの意識のなかで，一見矛盾するかのように学歴を重要視する学歴社会観が再生産され続けているのは，一体なぜであるのか。最後に，この点についてみてみることにする。

Ⅳ 再生産される学歴主義とその病理
―自己抑圧的再生産メカニズム―

学歴観は，そもそも言説化されやすい条件をもっている。学校種別による学歴はもちろんのこと，学校歴もまた，きわめて可視性の高い，数量化された基

準によって尺度化されうるからである。すなわち，学校種別の学歴は就学年数によって，学校歴は偏差値という形態をとおして示される入学試験の合格難易度をその代表的基準として，その価値を測定することが可能だからである。測定可能性に関する学歴のこの「わかりやすさ」が，学歴別に生涯所得が異なったり，大企業の組織の上層に高学歴の者が多かったり，あるいは社会生活の場面で「有名」大学卒や「一流」大学卒の学歴をもつ者が威信を獲得したりする現実をとおして，「どんな大学のであれ，大学卒の学歴は安定した生活を送るうえで役に立つ」，あるいは「有名大学卒や一流大学卒の学歴があれば，出世競争にも勝ち残れるし，世間の人びとも認めてくれる」，あるいはまた「大学卒の学歴は今やもってなくては話にならないが，同じように大学卒といっても有名大学であればあるほど何かと違う」等々の認識に結びつき，その認識を了解可能な「事実」として固定化する方向に作用するのである。

　いったんこのような学歴観が成立すると，大学卒の学歴，あるいは有名大学卒の学歴は，その獲得の可能性がすべての人に対して開かれているだけに，——実際にはだれもが獲得可能なわけではないにもかかわらず——，人びとが目指すべき文化的目標として，その達成に向けた努力が規範的に強調されるような「学歴アノミー」状況[10]が出現する。このような状況下では，学歴獲得のための競争システムが自立化し，そのシステム領域内に立ち上げられた「独自の象徴的威信」の体制，すなわち偏差値体制がシステム参加者に強い意味や誘因を付与する[11]ために，（有名）大学卒の学歴は目標価値として人びとに内面化されるようになるのである。この志向性が，努力の意義をとりわけ高く評価する日本社会の努力信仰と結びつくとき，学歴獲得に向けた努力は，その質や量に見合った結果をもたらすものとして——たとえば旧総務庁が高校生を対象に行なった調査によれば，「がんばって勉強すれば，就職試験や入学試験に合格できると思う」という者は，男女とも「そう思う」が約5割，「ややそう思う」が3割強と，合わせて全体の8割を超えている[12]——，一層熱を帯びたものとなる。

とはいえ，誰もが高い学歴を獲得しうるというわけではない以上，努力目標としての学歴獲得の達成水準は人それぞれに異なってこよう。言説としての学歴観の形成とそのメカニズムを中学生とその親について分析した研究[13]によれば，学歴観としては，大卒学歴一般の効用を認め，大学—高校—中学等の学校種別に学歴のもつ効用を序列化する「古典的学歴主義」，大卒学歴一般が一定の効用をもつことを認めたうえで，学校歴間に効用の差異を認める「学歴序列化主義」，大卒学歴一般についてはなんらの効用も認めず，学歴の効用は一部の学校歴に特化しているとみなす「有名大学主義」，大卒学歴の効用を一切認めない「学歴否定主義」の4つが識別された。中学生の場合，それらのうちのいずれの学歴観に傾くかは成績段階に応じて異なり，それぞれの水準に応じた学歴獲得努力の過程を合理化するなかから学歴観が分化することがわかった。個々にみれば「役に立つ」とみなされる学歴は，大卒学歴一般であったり，あるいは大学の「ランク」によって層化されていたり，あるいはまた一部の「有名」大学や「一流」大学に排他的に限定されていたりするとしても，いずれの学歴観も，その形成メカニズムは，それぞれの水準に設定された学歴獲得の達成努力を意味あるものとする，自己の立場の合理化メカニズムとして把握されたのである。

　他方，すでに一定の学歴を獲得した，一般社会に生きる人びとに即してみれば，「日本は学歴社会である」という学歴社会観と努力信仰とは，本来ストレートに結びつくものではない。学歴社会観は，すでに学歴を獲得済みの人にとっては，直接には獲得後の努力の価値を無効化する観念だからである。にもかかわらず，先に述べたように，「日本は学歴社会である」という学歴社会観と「社会に出て成功するのに重要なのは学歴ではなく個人の努力である」という努力信仰が人びとの意識のなかで奇妙な接合をみせるのは，学歴による「現実」の規定性を認めたとしても，それは必ずしも努力の過程までも——結果はともかく——否定することにはつながらないからであろう。ここで努力信仰と学歴社会観とを結びつけるのは，「努力しても成功するとはかぎらない」とい

第6章　学歴・資格社会

う思考回路である。つまり、人びとが日常生活のなかで「自己の現実」に不満を感じるとき、その「自己の現実」を努力不足の結果とみなすことは心情的に受入れがたい人びとにとって、「努力しても成功するとはかぎらない」という思考回路を経て、もはや自己の努力の範疇を超えた既得の学歴にその「現実」を還元することは、むしろ心理的な安定を確保するうえで最も容易で抵抗の少ない方法となりうるのである。この思考回路は、その一方で「成功」という結果に対して努力の意義を否定するものではないから、結果の自己評価に応じて人びとはいとも容易に「自己の現実」を努力に還元することが可能となる。

実際、学歴観の形成とそのメカニズムを分析した上記研究によれば、中学生の親というすでに一定の学歴を獲得済みの者についてみた学歴観は、既得の学歴と「自己の現実」との組み合わせのなかで分化し、その分化は「努力しても成功するとはかぎらない」という思考回路の作用を仮定して、最もよく説明できることがわかった。

以上のことは、見方を換えれば、大卒学歴の有用性を強調する学歴観は、人それぞれがおかれた立場に応じて自在にかたちを換えうるということであり、この自在性こそが、「大卒学歴は役に立つ」ものであり、「日本は学歴社会である」という言説を支え、その根強さの基をなしているとみることができる。「古典的学歴主義」であれ、「学歴序列化主義」であれ、あるいは「有名大学主義」であれ、「学歴否定主義」を除けばいずれも総体として――「学歴」に仮託された具体的機能の内容を曖昧模糊としたものとしつつも――「大卒学歴の有用性」を強調することにかわりはなく、そのかぎりにおいて、上記の学歴言説、学歴社会言説を支える一貫した意味体系を構成しているのである。学歴言説は、人それぞれの立場に応じた解釈自由の余地を残すことによって、したがってまた広く人びとの心理的安定の確保を可能とすることによって、その言説の「妥当性」を人びとに再確認させることになるのであり、「日本は学歴社会である」という学歴社会言説を人びとの間に広く流布させ、浸透させることになるのである。

「学歴偏重社会」や「受験競争の激しさ」,「塾通いの過熱」等を多くの人びとが「憂うべきこと」として認識している[14]。しかし，そうした状況を支える学歴主義を再生産し続けているのは，自己の立場の合理化をはかろうとするかれら自身の志向性にほかならず，この自己抑圧的な状況に，学歴主義の病理の現代的様相をみてとることができる。

注）
1) 新星出版社編集部編『最新　資格試験ガイドブック』新星出版社, 2001, p.3.
2) 同上, p.21.
3) 産業能率大学『2001年度新入社員の会社生活調査』2001.
4) 田中義章「高学歴化社会の病理」那須宗一編『現代病理の社会学』学文社, 1983, p.55.
5) 矢島正見「資格化の病理」米川茂信・矢島正見編著『成熟社会の病理学』学文社, 1993, pp.192-198.
6) コリンズ, R.（新堀通也監訳, 大野雅敏・波平勇夫訳）『資格社会—教育と階層の歴史社会学—』有信堂, 1984.
7) 新星出版社編集部編前掲書, p.22.
8) たとえば経済企画庁国民生活局『平成7年度　国民生活選好度調査』1996,（旧）総務庁青少年対策本部『青少年の学歴観と非行に関する研究調査』1996.
9) たとえば(旧)総務庁青少年対策本部同上調査報告書,（旧）総務庁青少年対策本部『世界の青年との比較からみた日本の青年—第6回世界青年意識調査報告書—』1999.
10) 米川茂信『学歴アノミーと少年非行』学文社, 1995.
11) 竹内　洋『パブリックスクール　英国式受験とエリート』講談社現代新書, 1993, p.170.
12) (旧)総務庁青少年対策本部前掲1996年調査報告書.
13) 野田陽子『学校化社会における価値意識と逸脱現象』学文社, 2000, pp.50-86.
14) たとえば(旧)総務庁青少年対策本部『子どもと家族に関する国際比較調査報告書』1996, 日本PTA全国協議会『平成9年度学習塾に関するアンケート調査報告書』1998.

第7章　少子社会

I　戦後日本の出生の動向

　1990年,「1.57ショック」という言葉が,日本中を駆け巡った。それは,前年の1989年の合計特殊出生率が1.57になったことによるものであるが,なぜそれがショックだったのだろうか。日本の出生率の動向のなかで,1966年は,1.58というきわめて特異な数値が示された年であった。1966年は,干支の丙午にあたる。古来,丙午年生まれの女性は,夫を殺すという迷信があった。そのため,この年の出産が敬遠されたのである。科学万能の現代において,こうした迷信が生きていたこと自体驚くべきことであるが,1.58という数値はきわめて異例なものとうけとめられていた。ところが,1989年には,これを下回る1.57になったのだからショックであった。以後,日本の出生率は低下の一途をたどり,2000年には,1.36となり,いつ歯止めがかかるか注目されている。

　出生の動向をみるには,年間の出生数そのもの,一般に出生率といわれる人口1,000人に対する年間出生数の割合,ひとりの女性がその年次の年齢別出生率で一生の間に産む平均女児数を示す総再生産率など,いくつかの指標があるが,ここでは,合計特殊出生率を中心にみてみよう。合計特殊出生率とは,15歳から49歳までの女性の年齢別出生率を合計したもので,ひとりの女性が仮にその年次の年齢別出生率で一生の間に産むとした時の子どもの数を示したものである。子どもの出生数そのものは,出産可能な年齢にある女性の数が多ければ,ひとり当たりの出生数が減少しても,全体としては増加する場合もある。すなわち出生数は,人口構成の影響をうける。しかし,合計特殊出生率は,こうした影響を排除して出生の動向をみることができることから,よく用いられ

図表7−1　出生数と合計特殊出生率の推移

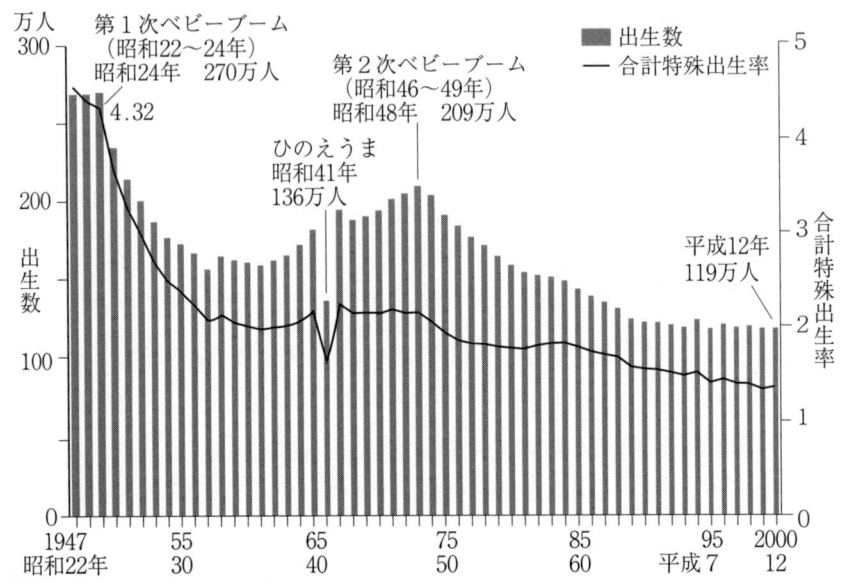

第1次ベビーブーム（昭和22〜24年）昭和24年　270万人　4.32

第2次ベビーブーム（昭和46〜49年）昭和48年　209万人

ひのえうま　昭和41年　136万人

平成12年　119万人

資料）厚生労働省「人口動態統計」
出所）厚生統計協会『図説国民衛生の動向2002』p.34

る指標である（以下，単に出生率と記述する）。

　戦後の日本の出生率の動向をみると，図表7−1に示したように，その低下傾向に2つの流れを観察することができる。第1は，終戦直後の1947年から1949年にかけての，いわゆる第1次ベビーブームの後に生じた急激な低下の時期である。1947年の出生率は4.54であったが，1957年には2.04にまで下がった。この10年間に半減するという急激な減少には，それなりの理由をあげることができる。終戦直後の日本の産業，経済は完全に崩壊し，国民の生活はぎりぎりの状態に追い込まれていた。そこへ海外からの引き揚げや兵士の帰還とともに，戦時中結婚できなかった青年男女が一斉に結婚し，子どもをもったため，第1次のベビーブームを招くことになり，人口増大が食糧難などの問題を引き起こし，このままの状態が続けば国民の生活を維持することができなくなると考えられ，人口抑制策が緊急の課題であると認識された。

しかし、当時は国民の避妊の意識も低く、避妊方法も十分でなかった上に、人工妊娠中絶も法的には認められていなかったため、いわゆる「ヤミ堕胎」が広がっていった。それは、母性の健康を害し、ときには生命の危険さえ生じた。こうした状況を背景に1948年、母性保護を目的として優生保護法が制定され、妊娠中絶が合法化された。とくに、経済的理由による中絶が認められたことは、出産抑制の大きな要因となった。とはいえ、人工妊娠中絶は、母体に大きな負担をかけることはいうまでもない。重要なことは、妊娠そのものを避けることである。そこで、1951年、政府は「国民の福祉向上のため、今後いっそう受胎調節の普及をはかり、新たに効果的な対策を考究実施する」という方針をうちだした。これをうけて、当時の厚生省は1952年、受胎調節普及要領および普及実施要領細目を作成して各都道府県に指示、家族計画普及運動を展開した。これによって、家族計画は国民の間に広く普及した。毎日新聞社は、1950年以来、定期的に「全国家族計画世論調査」を行なっているが、それによると、1950年当時は「現在避妊を実行している」ものと「前に実行したことがある」ものとを合わせた避妊実行率が29.1％であったのが、1955年52.4％、1965年72.0％と急速に増加し、1975年には81.5％にまで達した。この数値は、子どもをほしいために避妊しない夫婦の存在を考えると、避妊を必要とするほとんどすべてのものが避妊していることを示しているといってもよいであろう。

　こうして、1949年から1957年にかけての急速な出生率低下は、人口妊娠中絶の合法化と家族計画思想の普及による避妊の実行が大きな要因となって生じたと説明することができる。その後、1958年から1974年にかけては、先に述べた1966年の丙午の異常値を除いて、出生率は、2.0〜2.1の水準を維持して安定していた。ただし、出生数でみると、この間1971年から1974年にかけては、年間200万人を超える出生があり、いわゆる第2次ベビーブーム現象を生み出している。これは、第1次ベビーブーム世代が出産適齢期を迎えたための現象で、人口構成の影響を除いた出生率は、大きな変化をみせなかった。

　しかし、1975年以降、出生率の低下が始まった。出生率低下の第2の流れで

ある。この第2の低下傾向は，第1の流れのように急激なものではないが，着実に長期低下傾向を示していること，および明確な要因が確定できないことが特徴である。そして，初めに述べたように，1989年には，1.57と特異な数値とみられていた1966年の1.58を下回り，その後もとどまるところをしらずに低下し続け，2000年には1.36となっている。2001年の年齢3区分による人口構成の割合をみると，年少人口（0～14歳）が14.4%，生産年齢人口（15～65歳）が67.7%，老年人口（65歳以上）が18.0%で，老年人口が年少人口を上回っている。文字通り，少子社会である。この傾向は，今後も持続するとみられているが，それにいつ歯止めがかかるか注目される。

II 少子化の要因

1975年以降の出生率の低下は，さまざまな要因が積み重なって生じたと考えられている。平成4年版『国民生活白書』では「少子社会の到来・その影響と対策」というタイトルで少子社会問題を特集している。白書では，図表7－2にみるような出生率低下の要因のフローチャートを示している。ここでは，出生率低下の直接原因は，「非婚化・晩婚化」と「有配偶女子の出生率の低下」の2つに求めている。そして，非婚化・晩婚化をもたらす要因として，男女の人口のアンバランス，多様な楽しみの増大，単身生活の便利さの拡大，女性の高学歴化，女性の就業率の高まりなどが考えられるとともに，その背景には，都市化，成熟化，サービス化，男女の機会均等化といった現代社会の状況が指摘されている。

非婚化・晩婚化が少子化の原因と考えられるのは，日本的特徴であるといえる。なぜなら，そこには子どもを生み育てるのは，結婚している夫婦であるという前提があるからである。事実，全出生に対する婚姻外の男女関係で生まれた子ども（非嫡出子）の割合をみると，アメリカ，フランス，イギリスなどでは約3分の1を占め，スウェーデンやデンマークでは半数にのぼっている。これ

第7章　少子社会

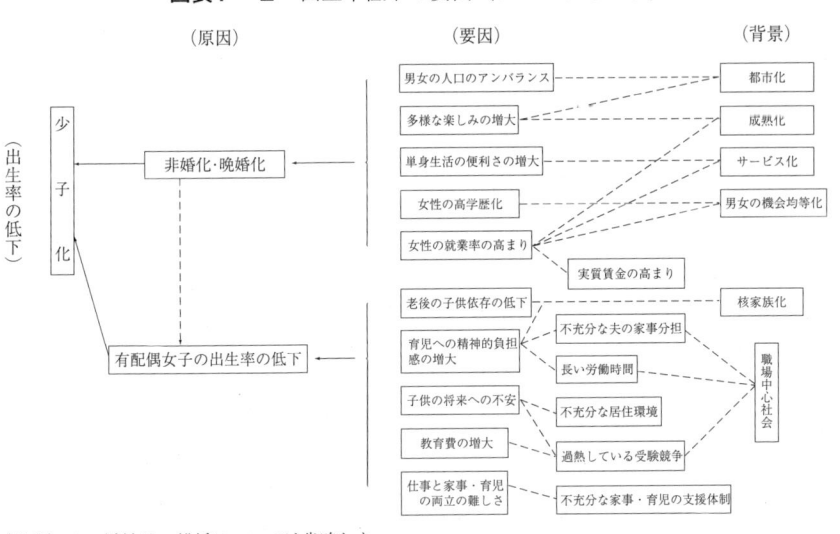

図表7-2　出生率低下の要因（フローチャート）

（原因）　　　　　　　（要因）　　　　　　　（背景）

（出生率の低下）← 少子化 ← 非婚化・晩婚化 ← ｛男女の人口のアンバランス／多様な楽しみの増大／単身生活の便利さの増大／女性の高学歴化／女性の就業率の高まり｝

｛都市化／成熟化／サービス化／男女の機会均等化／実質賃金の高まり｝

少子化 ← 有配偶女子の出生率の低下 ← ｛老後の子供依存の低下／育児への精神的負担感の増大／子供の将来への不安／教育費の増大／仕事と家事・育児の両立の難しさ｝

｛不充分な夫の家事分担／長い労働時間／不充分な居住環境／過熱している受験競争／不充分な家事・育児の支援体制｝

｛核家族化／職場中心社会｝

（備考）1．婚外子，離婚については省略した。
　　　　2．主要と思われる関係を示したものである。
出所）平成4年版『国民生活白書』p.8

に対して日本では，わずかに1.6％にすぎない。日本では，いろいろ問題はあるものの，現代でも婚姻制度が遵守されていることを示しているといえよう。性解放の風潮のなかで，婚前の性関係がかなり一般化した結果，いわゆる「できちゃった婚」が多くみられるのも，子どもは正式な夫婦の間で，産み育てるという考えが日本人の意識のなかに深く根づいているからであろう。

　こうした状況に対して，最近，批判的な言説があることも事実である。結婚は，「個人の自由な意志による選択的行為であるから，国家によって干渉されるいわれはない」といった主張や「婚姻届という紙切れ一枚で，夫婦として認められる必要はない。自分たちが夫婦として生活していることが重要だ」など，最近の「過剰な個人化」傾向を反映した考え方が登場してきている。とくに，現行民法において，婚姻届を提出している夫婦の間に生まれた子どもを「嫡出子」，事実婚を含めたその他の男女関係から生まれた子どもを「嫡出にあらざる子」（非嫡出子）と区別していることは，差別であるから，この区別をなくす

べきだという主張は注目される。たしかに，生まれてきた子どもには，何の責任もないのに相続分で不利な扱いをされるというような差別をうけることは問題である。一方，こうした区別を設けたのは，婚姻制度を維持するという観点からであり，この調整をどうするか，慎重に検討する必要がある。スウェーデンのように，子どもの区別をなくすことから始まって，結局は同棲カップルも登録婚夫婦と同等の保護をしなければならなくなり，サンボ法と婚姻制度が併存するようになっている。ただ子どもの区別をなくせば済むという問題ではない。

　女性の平均初婚年齢は，1960年には24歳であったのが，2000年には27歳となり，初婚年齢の上昇が認められる。この晩婚化傾向が少子化の原因であることは，正式な夫婦の間で子どもを生むという意識の現れであると同時に，女性の出産年齢が遅れることによって，多数の子どもを産む余裕がないという事情が加わっている。ちなみに，第1子出生時の母の平均年齢は，1965年には25.7歳だったのが，2000年には28.0歳に上昇している。そして，母親の年齢別にみた女性人口千に対する出生率も，1960年や1980年では，25歳から27歳がピークであるのに対して，2000年になると28歳から31歳がピークとなっている。30歳以降の出生率は，各年とも大きな差がみられないのに対して，2000年では，20歳代がこれまでに比較して，大きく低下している。すなわち，20歳代の未婚率の増加（晩婚化）が，出生率の低下と大きく関連していることが認められる。

　そこで，問題となるのが，第2の原因として指摘されている「有配偶女子の出生率の低下」の問題である。結婚している女性がどれくらいの子どもをもっているかを知る指標に完結出生児数がある。これは，結婚してから15年を過ぎると，追加出生がほとんどないところから，結婚後15～19年経過した夫婦の平均出生児数を示したものである。この完結出生児数の推移をみると，1950年代は3.50前後，1960年代は2.70であったが，1970年代以降は，ほぼ2.20の水準が維持されている。この推移をみると，たしかに有配偶女子の出生率は低下している。しかし，合計特殊出生率の低下が進行している1970年以降も，完結出生

児数に変化がなく，多くの夫婦が2人ないし3人の子どもをもっているということは，有配偶女子の出生率の低下は，少子化の原因としてそれほど大きな影響をもっているとはいえないであろう。その一方で，有配偶女子が出産を抑制していることも事実である。国立社会保障・人口問題研究所の『第11回出生動向基本調査』によれば，結婚後15〜19年たった夫婦の理想の子ども数は平均2.60人である。すなわち，理想としては3人の子どもをもちたいと思っているが実際には2人にとどまっているのである。

　そこで，なぜ多くの夫婦が希望するだけの子どもをもたないのかが問題となる。第11回の出生動向基本調査によれば，理想の子ども数をもたない最大の理由は，子育てや教育にお金がかかるということであった。「一般的に子どもを育てるのにお金がかかる」とするものが35.6％，「子どもの教育にお金がかかる」とするものが32.8％で，両者を合わせて7割に近いものが，教育費問題をあげている。ついで，「高齢で生むのはいやだ」と晩婚化の影響をあげるものが33.6％，「これ以上，育児の心理的肉体的負担に耐えられない」と育児の負担感を理由とするものが20.3％，「自分の仕事（勤めや家業）に差し支える」と家事・育児と仕事の両立の困難をあげるものが12.5％で，これに「自分の趣味やレジャーと両立しない」という5.4％を加えても17.9と2割にみたない。経済企画庁の「平成4年度国民生活選好度調査」でも，出生率低下の原因として「子育ての費用の負担が大きい」とするものが54.6％でもっとも多くなっている。次いで「育児をする施設・制度が充分でない」とするものが51.2％であった。

　教育費の増大が，出産の抑制になっている背景には，高学歴化やそれにともなう受験競争などが直接的要因として存在することはいうまでもないが，つぎのような状況も影響している。近代以降の医学，心理学，教育学などの発達によって，人びとの子どものしつけや教育についての知識・技術は飛躍的に豊かになった。神からの「授かりもの」であった子どもは，自分の意志で「つくるもの」にかわった。しかも，それは妊娠・出産ということだけでなく，教育の

過程でも「思いどおりにつくる」ことができるものとして，認識されるようになった。その結果，教育への関心がたかまり，親は子どもを食べさせたり，身の回りの世話をするだけでなく，子どもの能力を十分に伸ばさなければ親としての責任を果たしたことにならないという考えが広まった。親としてのこの責任を果たすためには，多くの子どもをもつことはできない。いきおい，少なく産んで，十分な教育を与えようということにならざるをえない。

　自分の仕事や楽しみとの両立が困難であるとするものは2割弱という一方で，育児のための施設や制度が不充分であるとするものが過半数存在するという状況の背景には，女性の生き方の変化があることに注目する必要がある。これまで，いわゆる性別分業が固定化される傾向が強かった日本では，女性と家族，女性と子どもは密接な関係があるととらえられていた。出産の役割を担う女性は，子どものためには自分の夢や希望を実現させることをあきらめ，子どものために自分の願望を抑制しなければならなかった。これまでの日本の女性の人生は，「三従の徳」に象徴されるように，常に他者のための生活であり，他の人間の欲求に左右される人生であった。このしがらみから抜け出し，自分の人生は自分で決めるという主体性・自主性をもつようになると，女性は家族や子どもから離れることを考えざるをえない。子どもを産むということは，女性が自分のもっている可能性の追求や自分の自由な生き方が制約されることにほかならない。その重荷は，子どもがひとり増えるごとに等比級数的に増大する。それを回避するためには「これ以上，子どもは産まない」と決意するしかない。しかも，現代社会では，個人の自由とか自己実現といった価値が強調される。そうした状況では，女性と家族との緊張関係はより厳しいものとならざるをえない。子どもを産み育てるということを女性の問題ではなく，男性も含めた社会全体の問題として，とらえなおす必要が示されている。

　少子化の要因として，無視できないもうひとつの問題が「育児の負担感」である。たしかに，子どもを育てることは容易なことではない。子どもをめぐって問題行動や不適応行動が多発し，その度ごとに，家庭の教育力の低下や親の

育て方が問題であるといわれると,この負担感は否応無しに増大する。子どもがいなかったら,どんなに楽だろうと思うのも無理ないことである。しかし,子どもを育てることは,そうした負担だけであろうか。そこには,何の楽しみも喜びも存在しないのだろうか。ここにも,子どもを産み育てることの意味をもう一度根本から考えなおす課題が存在する。

III 少子化の影響

　少子化が問題とされるのは,社会生活に大きな影響を与えると考えられるからである。ここでは,少子化が,社会生活の諸側面にどのような影響をもたらすかを概観することにする。平成4年度の国民生活選好度調査で少子化について,国民がどのように考えているかを調査している。それによると,「国の活力が失われるのはよくない」と回答したものが44.1%であったのに対し,「社会的環境が悪いので仕方がない」とするものが41.4%で両者は拮抗していた。また,「労働力の確保等のために出生数を増やすべき」とするものが26.4%であったのに対し,「夫婦の自由だから問題ない」とするものも25.8%で,これまた拮抗している。これを年齢別にみてみると,40歳以上では「国の活力が失われるのはよくない」と「労働力の確保のために出生数を増やすべき」とするものが多いのに対して,20～39歳では「社会的環境が悪いので仕方がない」と「夫婦の自由だから問題ない」とが多くなっている。すなわち,中高年層では少子化を経済社会的観点から,社会全体の問題としてとらえる傾向がみられるのに対して,若い世代では,個人の観点から身の回りの問題とみている傾向がある。

　こうした国民の見方を踏まえながら,いくつかの問題を検討してみよう。まず,日本の人口という全体像にみられる変化を考えると,第1に人口構造のアンバランス化が指摘できる。人口ピラミッドという言葉が示すように,縦軸に年齢,横軸に性別の人口を図示すると,底辺が広く,上にいくにしたがって狭

くなるピラミッド型を示すのが一般的な人口構造であった。少子化は，この人口ピラミッドの底辺をしだいに狭くしている。その一方で，死亡率が低下し平均寿命が伸長した結果，ピラミッドの上部が逆に広がり，逆三角形の形に近づいている。

これを，年少人口（0〜14歳），生産年齢人口（15〜64歳），老年人口（65歳以上）という年齢3区分でみると，年少人口と生産年齢人口が減少し，老年人口が増加するという人口の高齢化としてあらわれる。高齢化現象は，寿命の伸びとともに，少子化が加わることによって促進される。こうした人口構造の急激な変化は，日本の特徴であり，後にみるように社会経済状況に変化を与えずにはおかない。

第2の問題は，人口規模の縮小である。長寿になったとはいえ，人間はいつまでも生き続けることはできない。やがて死を迎えることになる。そのため，出生が減少し，死亡した人口を補うことができなければ，総人口は減少することになる。従来日本の人口増加率は，1％ないしそれ以上であったが，最近減少しはじめ，1990年代からは0.2％程度にとどまっている。そして，2006年の総人口1億2774万人をピークに，以後減少し，2060年頃には，約1億人になると推計されている。

こうした人口構造や人口規模の変化は，人びとの生活を大きく変化させることになる。直接的な問題として，労働力人口の不足，とくに若年労働力の不足が深刻な問題となる。労働力の不足は，生活に必要な財の生産活動において人的資源への依存から，資本やエネルギーといった資源への代替が必要になる。しかし，資源のほとんどを外国に依存している日本では，思うように資源を確保することは，容易ではない。これを乗り越えるためには，資源の節約や効率的活用を図らねばならない。そのための技術の開発や国民の意識改革は急務となっているといえよう。

経済的な需要・供給という面でも変化せざるをえない。需要の面では，総人口の減少によって，衣料・食料・住宅といった生活の基盤への要求が量的に減

少することはいうまでもない。とくに，若年や中年層をターゲットにした商品への需要の減少は大きい。その結果，新たな市場を見いださないかぎり，経済活動は停滞せざるをえないであろう。一方，供給の面では，労働力不足から，労働コストの上昇が必然となるため，これをいかに抑制するかが課題となる。機械化・OA化などの設備投資，合理化の推進，省力化など少ない労働力で生産性を高める工夫が必要になる。

　こうした経済社会全体への影響のほか，身近な家庭生活にもさまざまな影響が出てくることが予想される。子どもの数の減少は，家族のライフサイクルを変化させる。すなわち，子育て期間の短縮である。子どもの数が多かった時代の日本の女性は，母親役割の遂行で一生を充実して生きることができた。しかし，少子化社会では，中高年期にさしかかった女性は，母親役割を喪失し，それに代わる新たな生きがいを見いださなければならなくなる。現代の中高年の女性は，この生きがいを模索して奮闘している。共働き家族の増加も，結婚や出産・育児で退職した妻たちが，子育て終了後に再就職したり，家事・育児と両立させながら継続的に社会や職場とのつながりをもつ女性の増加によるものである。あるいは，趣味や学習活動，地域社会でのボランティア活動などに自己充実感や自己実現を求める中高年女性も多くなっている。このような女性の活躍は，社会の活性化をもたらす可能性は大きい。問題は，こうした女性の社会進出を支えるために，男性の協力が不可欠であるが，日本の男性はまだかなり遅れていることである。

　人間は，生得的な能力ではほとんど生きていくことができない。社会的存在として生きるための知識や技術を学習しなければならない。子どもは，家庭における人間関係を通して，社会性を身につけていく。しかし，少子化による家族規模の縮小は，こうした家族の人間関係を減少させ，子どもたちの人格形成に問題が生じている。家庭の教育力の低下の一因はここにあるといってもよいであろう。子どもの健全な成長・発達のためには，家庭だけでなく，学校や地域社会との連携が重要なものとなってきている。

さらに，少子化は，学校や地域社会にも影響をもたらしている。幼稚園や私立学校のなかには，園児や生徒が集まらないために，廃園や廃校を余儀なくされるところも出てきた。生徒数に比較して，過剰な教員を抱えて苦慮する学校もある。地域社会では，若者の人数が少なくなり，高齢者だけの地域が出てきたり，過疎化が進行して地域の共同生活をささえることが困難な状況もみられる。

　さらに，少子化の進展は，老親の介護という新たな問題とも密接にかかわってくる。戦前の家制度の時代では，家産を単独相続をした長男が，結婚後も親と同居し，老親の世話にも責任をもったので，親が老後の生活の心配をすることは少なかった。実際の世話は，長男の妻，すなわち嫁が行なったことはいうまでもない。戦後の夫婦家族制のもとでは，相続は子ども全員の均分相続となり，親の扶養も平等に行なうことになった。それは，一見老後の生活にとってプラスのようにみえるが，実際は責任の所在が不明確になり，かえって不安定なものになった。それに加えて，長寿化によって世話をしなければならない期間が長期化し，数少ない子どもにとって大きな負担になった。もはや，老親の介護問題は家族の責任の範囲を超えているといっても過言ではない。

　人口の高齢化は，社会的レベルでみても大きな問題である。老年人口が全人口に占める割合は，2010年には約21％，2020年には約25％になると推計されている。こうした老年人口比率の上昇は，要介護老人の増加をもたらし，高齢者の介護問題は，家族問題から社会問題へと移行せざるをえない状況である。さらに，老後生活の経済的基盤である公的年金制度も，人口規模の縮小，とくに生産年齢人口の減少により長期安定性を確保することが困難となっている。

　少子化の影響は，これまでみてきたようにマイナス面だけではない。とくに，子どもの教育面では，これを契機に新たな改革を行なうことが可能になっている。たとえば，過剰な教員や施設は，クラスの小規模化や施設の活用によって，これまでの画一的傾向を改善し，子ども一人ひとりに対応できる個性尊重の教育を可能にする。また，激しい受験競争を生み出していた大学受験も緩和され，

第7章　少子社会

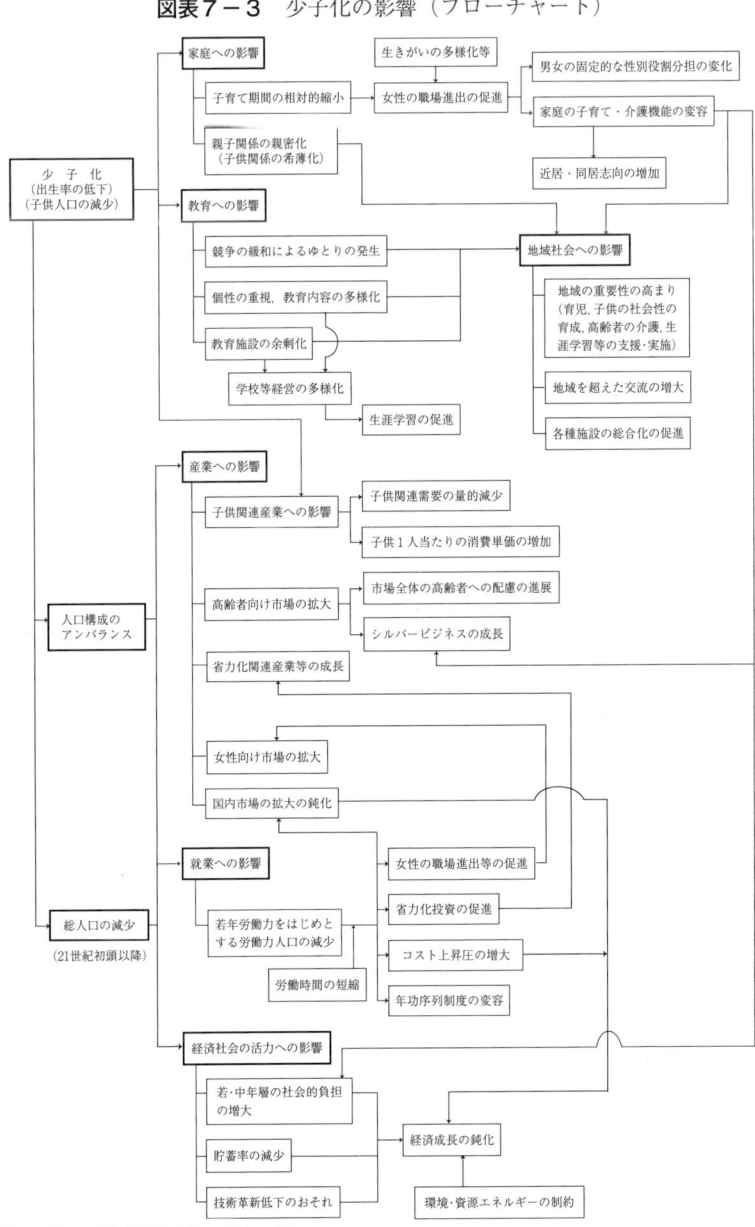

図表7−3　少子化の影響（フローチャート）

```
少子化                  家庭への影響
(出生率の低下)           ├─ 子育て期間の相対的縮小 ── 生きがいの多様化等 ── 男女の固定的な性別役割分担の変化
(子供人口の減少)         │                           └ 女性の職場進出の促進 ── 家庭の子育て・介護機能の変容
                        └─ 親子関係の親密化
                           (子供関係の希薄化)                        近居・同居志向の増加

                        教育への影響                                 地域社会への影響
                        ├─ 競争の緩和によるゆとりの発生              ├─ 地域の重要性の高まり
                        ├─ 個性の重視, 教育内容の多様化              │  (育児, 子供の社会性の
                        └─ 教育施設の余剰化                          │   育成, 高齢者の介護, 生
                           └ 学校等経営の多様化                      │   涯学習等の支援・実施)
                             └ 生涯学習の促進                        ├─ 地域を超えた交流の増大
                                                                    └─ 各種施設の総合化の促進

人口構成の              産業への影響
アンバランス            ├─ 子供関連産業への影響 ─┬ 子供関連需要の量的減少
                        │                       └ 子供1人当たりの消費単価の増加
                        ├─ 高齢者向け市場の拡大 ─┬ 市場全体の高齢者への配慮の進展
                        │                       └ シルバービジネスの成長
                        ├─ 省力化関連産業等の成長
                        ├─ 女性向け市場の拡大
                        └─ 国内市場の拡大の鈍化

総人口の減少            就業への影響
(21世紀初頭以降)        └─ 若年労働力をはじめと ─┬ 女性の職場進出等の促進
                           する労働力人口の減少  ├ 省力化投資の促進
                           └ 労働時間の短縮     ├ コスト上昇圧の増大
                                                └ 年功序列制度の変容

                        経済社会の活力への影響
                        ├─ 若・中年層の社会的負担の増大
                        ├─ 貯蓄率の減少           ─── 経済成長の鈍化
                        └─ 技術革新低下のおそれ       └ 環境・資源エネルギーの制約
```

出所）平成4年版『国民生活白書』p.228

希望するものは誰でも高等教育をうけることができるようになる。大学側も，学生を集めるためには，個性ある魅力的な大学づくりのため，社会や学生のニーズにあったカリキュラムの編成や指導方法の改善，社会の変化に対応した改組転換など，生き残りをかけて改革に挑戦している。少子化というインパクトがなかったら，日本の大学は旧態依然としたままであったであろう。

　少子化は，日本社会にさまざまな問題を提起しているが，その一方で，戦後50年の間に生じた歪みを是正するチャンスでもある。少子化の要因のフローチャートを示した平成4年度の『国民生活白書』では，少子化の影響のフローチャートも提示している(図表7－3)。少子化の問題を考える手引きとなるであろう。

Ⅳ　少子化への対応

　少子化は，今すぐ何かの問題を引き起こすということではないが，長期的視点にたった時，日本人の生活に大きな影響をもたらすことは，否定できない。国のレベルでは，このまま出生率の低下が続くとすれば，国の存続そのものが脅かされることになるので，何らかの対策を構じなければならないと考えている。そこでの中心課題は，子どもを育てることが負担にならないように，社会的支援をすることである。1997年，旧厚生省が発表したエンゼルプラン(今後の子育て支援のための施策の基本方向について)はその典型的なものである。これまで，個々の家族の役割と考えられていた「子育て」や「高齢者介護」の問題は，家族の枠を超えた社会的レベルで対応しなければならなくなってきていることは事実であり，その重要性は今後ますます増大するであろう。しかし，それによって家族の役割がなくなるわけではない。「少子社会」，「高齢化社会」というこれまで経験したことのない状況のなかで，どのようにして生活を維持していくか，今われわれは重大な分岐点に立たされている。

　国や社会的レベルで対応を考える必要がある一方で，若い世代に多くみられ

る「夫婦の自由だから問題はない」という意見にも耳を傾ける必要がある。現在の少子化にはさまざまな要因が考えられると同時に，誰かによって強制されたものでもない。国民一人ひとりの自由な意志による選択の結果である。その意味では，何らかの対策を考えるより，しばらくの間は，国民がどのような選択をするのか見守ることも必要であろう。ただ，その際に留意しなければならないことは，個人にとっては，合理的で価値ある行為の選択であっても，それが累積すれば，思わぬ結果を招くことがあるということである。こうした「予期せぬ出来事」のもつ問題のひとつの典型が，「子どもを産まない」という選択である。今，われわれは目先の問題にとらわれず，将来を見据えて何をなすべきかを考えねばならない。少子化は，そうした視点の必要性を投げ掛けているといえよう。

参考文献

ベック・ゲルンスハイム,E.(香川檀訳)『出生率はなぜ下がったか』勁草書房，1992.
古田隆彦・西武百貨店IDFプロジェクト室編『人口減少ショック』PHP研究所，1993.
厚生省人口問題研究所『第11回出生動向基本調査』1995.
厚生統計協会『図説国民衛生の動向2002』2002.
経済企画庁『平成4年版　国民生活白書』1992.
湯沢雍彦『少子化をのりこえたデンマーク』朝日選書，2001.
湯沢雍彦『データで読む家族問題』NHKブックス，2003.

第8章　都市化社会

I　都市化進行のS字型カーブ

　本章では，都市化社会の現段階での特質を示して，それに対応する現代日本社会の地域(都市・農山村)問題を提示することを試みたい。そこでまず，産業化した欧米諸国の経験から都市化の進行をあとづければ，おおよそ次のような4段階からなるS字型カーブを描いて，都市化は進行する。

　すなわち，第1段階では，はじめゆっくり都市化が進む。ついで第2段階では，猛烈な勢いで都市化が進む。この時期においては，欧米の産業化した諸国の統計をみると，人口の80％前後が都市に居住することが知られている。さらに第3段階では，第2段階の延長上に，メトロポリタニゼーション(metro-politanization)とよばれる段階・現象が現れる。すなわち，人口・富・政治的機関・経済的機関・文化的機関等の集中化が進むのである。そしてやがて，第4段階で成長はスローダウンする(ただし，この第4段階を認めない論者もいる)。この段階をデ・アーバニゼーション(deurbanization)とよぶこともある。郊外化が進み，農村地域，計画的に作られたニュータウン，その他代替的なコミュニティへの移住が起こり，少量ながら都市人口の減少も起こる場合もある[1]。

　このような都市化のS字型の進展は，日本の場合も第4段階のデ・アーバニゼーションがみられるか否か微妙な問題であり，議論の余地を残す。しかし，第3段階のメトロポリタニゼーションまでは，日本でもほぼ同じ事態が進行したと思われる。そこで本節および次節では，高橋勇悦の説および若干のデータをもとに，日本社会における都市化の進展をあとづけ，かつ日本の都市化の現段階の規定を行なっておきたい。

まず，高橋によれば日本の都市化は，「第1の都市化」→「第2の都市化」→「第3の都市化」と3段階を経て進行したという[2]。

　すなわち「第1の都市化」は，明治から1920年代(大正9年)頃までの時期である。明治にはいり江戸が「解体」し，次第に東京が近代都市として立ちあらわれてくる。日本において都市の成熟がはじめて発現した時期は1920年代であるという。とはいえ，この時期でも市部人口は20％程度(1920年，18.0％，国勢調査による，以下同様)にとどまっていた。

　「第2の都市化」は，1950年代後半以降から1970年くらいまでの時期である。高度経済成長にともない急激に都市化が進行する。1950年37.3％だった市部人口は，石油ショック直前の1970年国勢調査で72.1％にまで急上昇する。この第2の都市化の時期を通じて，都市に居住することがマジョリティの生活に転化する。この期間を通じて，日本社会は農村型社会から都市型社会に変化したといえる。

　「第3の都市化」は，1973年の石油ショック以降，今日までの時期である。高度成長は安定成長に転じ，市部人口の大きな伸びはみられない。1975年75.9％だった市部人口は，2000年国勢調査でも78.7％と，25年間にわずか2.8％の増加にとどまっている。しかし，この間，東京の世界都市化，東京一極集中化，東京を含む大都市圏での土地・住宅・通勤・通学問題，エネルギー・ごみ処理・環境問題，少子・高齢・人口減少問題，などの諸現象が噴出し，「成長の限界」も指摘されるようになってきた。これらの諸問題に対応して，1998年に閣議決定された全国総合開発計画「21世紀の国土のグランドデザイン」では，「大都市のリノベーション」が大きな問題(計画)として提起されている[3]。

II 「1960年から1980年」と「1980年から2000年」

　日本全体の都市化をみていく時，人口集中地区(Densely Inhabited Districts, DIDと以下略記する)の人口や面積に注目するのは，なかなか有効である。DIDとは

第8章　都市化社会

図表8−1　DID人口，面積の推移（%）

	1960年	1965年	1970年	1975年	1980年	1985年	1990年	1995年	2000年
全人口に占めるDID人口割合	43.7	48.1	53.5	57.0	59.7	60.6	63.2	64.7	65.2
国土面積に占めるDID面積割合	1.03	1.23	1.71	2.19	2.65	2.80	3.11	3.24	3.30
DID人口増加率		15.8	17.5	14.0	9.6	4.9	6.6	4.0	1.9
DID面積増加率		19.1	39.0	28.4	21.0	5.6	11.0	4.5	1.6

出所）国勢調査

都市的地域を統計データに基づいて定めたもので，これによって市部のなかの農村的地域をとり除き，また，郡部のなかの都市的地域のみをとりだして，都市化の度合いをかなり正確に測定することができる。人口集中地区はつぎの2点で定義されている[4]。

① 原則として人口密度が1平方キロメートル当たり4,000人以上の地域が市町村内で互いに隣接しており，

② それら隣接した地域の人口が平成12年国勢調査時に5,000人以上を有する。

（この定義で地域の具体的イメージがむずかしい場合は，総務庁統計局『平成12年度国勢調査　編集・解説　シリーズNo.3　我が国の人口集中地区』を参照するといいだろう。同書には人口集中地区の詳細な境界地図が都道府県別・市町村別に掲載されている。）

そこでここではまず，図表8−1に示したDID人口割合，DID面積割合の推移をみておこう。ここからまずいえるのは，国勢調査にDIDが設定された1960年以来2000年まで，DID人口，DID面積ともに比率が大きくなっていることである。つまり，この間，絶え間なく都市化は進展したことになる。

ただし，比率の伸長する速度は，「1960年〜1980年」と「1980年〜2000年」で大きく異なる。

前者の時期では，DID人口は1960年43.7％から1980年59.7％，DID面積は1960年1.03％から1980年2.65％と大きく伸びる。これに対して，後者の時期で

は，DID人口は1980年59.7％から2000年65.2％，DID面積は1980年2.65％から2000年3.30％と，伸びは小幅にとどまっている。

　この対比をさらに鮮明に示すのは，同じく図表8－1に示したDID人口，DID面積の増加率(国勢調査年度での5年間の比較で計算された値)である。

　1960年から1980年までの時期では，DID人口増加率は10％弱からおおむね10数％，またDID面積増加率も20％弱から40％弱の大きな伸びを示している。これに対して，1980年から2000年までの時期では，DID人口増加率は1980年9.6％→1990年6.6％→2000年1.9％と大幅に下がる。またDID面積増加率も，1980年21.0％→1990年11.0％→2000年1.6％と低下は明白である。

　以上，DIDの統計数字をみてきたが，「1960年～1980年」と「1980年～2000年」の2つの時期が，都市化の進展において大きく異なることは自明である。

　つまり，「1960年～1980年」は，都市化の大きく進展した時代であり，社会変動と生活変動が大きく進行した時代といえる。これは先の高橋の図式では，ほぼ「第2の都市化」に対応しよう。

　これに対して，「1980年～2000年」では都市化の大きな進展は停止した。都市的世界や都市的生活は自明のものとして人口の大部分に定着し，そこにおいてより都市的な事態が展開・高度化・問題化した時代といっていいだろう。これは先の高橋の図式では，ほぼ「第3の都市化」に対応しよう。

Ⅲ　人口移動と生活構造の変化

　以上，2つの時期(「1960年～1980年」と「1980年～2000年」)を比較した。この間，都市化の進展に対応して，人びとの生活構造も大きな変化を示している。この生活変動を示す端的な数字に，住民基本台帳人口移動報告(総務省統計局)に示される移動率という統計がある。移動率とは，市区町村の境界を越えて住居を移した者の日本人人口に対する比率のことをいう。

　この移動率は，図表8－2に示すとおり，「1960年～1980年」の時期から

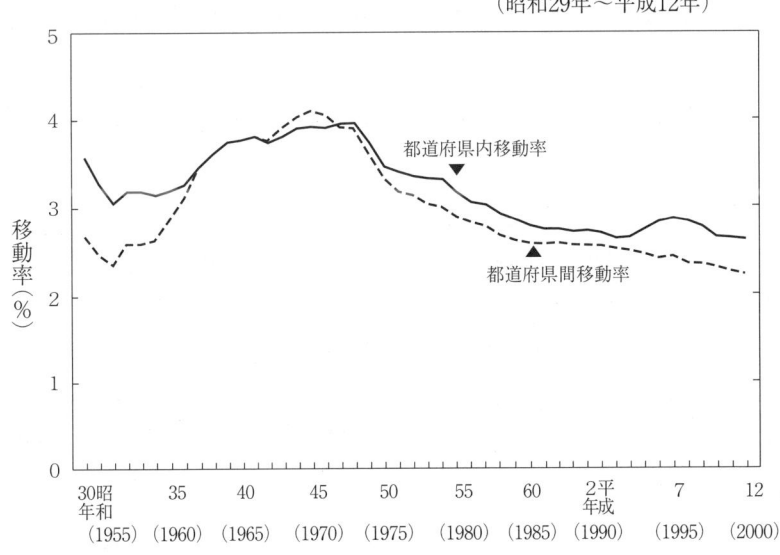

図表8−2 都道府県内移動率および都道府県間移動率の推移
（昭和29年〜平成12年）

出所）総務庁統計局『住民基本台帳人口移動報告年報　平成12年』

「1980年〜2000年」の時期にかけて明確に低下する。すなわち移動率を都道府県内移動率と都道府県間移動率に分けて観察すると，つぎのように変化する（括弧外は都道府県内移動率，括弧内は都道府県間移動率）。1960年　3.20％（2.89％）→1970年　3.92％（4.11％）→1980年　3.19％（2.88％）→1985年　2.80％（2.59％）→1990年　2.73％（2.58％）→2000年　2.65％（2.24％）[5]。

ここから，移動率のピークは1970年をはさんだ前後十年間（1960年〜1980年）にあることがわかる。そして移動のもっとも盛んであった1970年をはさんだ前後数年では，都道府県内移動よりも都道府県間移動が上回っていた。しかしその後，移動率は一貫して低下する（ただし，図表8−2によれば，1995年の移動率が上昇している。これは阪神淡路大震災の影響による一時的なものである）。ちなみに，2000年度の移動率は都道府県内，都道府県間とも，国がこの調査を開始した1954年以来，最低の数字を示している。

ここから「1960年〜1980年」は激しい移動・流動の時代であり，都市化の激

動期と規定できる。これに対して「1980年～2000年」は定住化・再土着化の時代であり，都市化のポスト激動期と規定することが可能であろう(本稿脱稿後，金子勇の論文が刊行された。それによれば，本節に示したような地域変動を，「地域移動よりも地域定着の時代」[6]への移行として示している。的確な表現と思われるので，付記しておきたい)。

IV 地域勢力圏の編成と地域移動

前節までの分析では，都市化の進展を時代の軸にしたがって考察した。そこでここでは，視点を空間に移し，現代日本における空間的地域編成を描いておきたい。この作業によって，日本全体の地域構造の大枠が呈示できるものと考える。

そこで参照したいのは，それぞれの都道府県からもっとも多い移動先を示した図表8－3である。同図表によって，それぞれの都道府県(転出前の住所地)からどの都道府県(転出後の住所地)へ向かっての人口移動がもっとも多いかをみよう(以下の記述では，各都道府県からのもっとも多い転出先に加えて，2番目に多い転出先，3番目に多い転出先のデータも必要に応じて参照する)。これによって，それぞれの都道府県がどの都道府県にもっとも強く連結ないし統合されているかが示される。ここから以下のような6つの都市勢力圏が抽出できる(図表8－4)。

1. 東京勢力圏……東京都が中心の勢力圏である。北海道・青森・宮城・秋田・福島・茨城・栃木・群馬・埼玉・千葉・神奈川・新潟・石川・山梨・長野・静岡・福岡・沖縄の18道県が東京都に連結される。これらの18道県の「もっとも多い転出先」は東京都である。東京からの「もっとも多い転出先」は神奈川県となっている。

2. 大阪勢力圏……大阪府が中心の勢力圏である。福井・京都・兵庫・奈良・和歌山・徳島・香川・愛媛・高知の9府県が大阪府に連結される。これら

第8章　都市化社会

図表8－3　都道府県別転出者の移動後の主な住所地（平成12年）

都道府県	転出者総数（人）	1番目に多い移動後の住所地	割合%	2番目に多い移動後の住所地	割合%	3番目に多い移動後の住所地	割合%
01 北海道	70,759	東京	21.3	神奈川	12.1	千葉	8.3
02 青森県	29,234	東京	17.3	宮城	14.4	北海道	9.8
03 岩手県	26,408	宮城	24.5	東京	15.5	青森	9.9
04 宮城県	57,436	東京	15.5	福島	9.8	岩手	9.4
05 秋田県	19,865	東京	17.9	宮城	17.0	神奈川	8.8
06 山形県	20,556	宮城	21.8	東京	17.5	神奈川	8.7
07 福島県	36,822	東京	21.1	宮城	17.1	神奈川	10.0
08 茨城県	61,318	東京	23.8	千葉	17.9	埼玉	10.4
09 栃木県	39,283	東京	20.4	埼玉	14.8	神奈川	10.1
10 群馬県	33,129	東京	22.2	埼玉	20.1	神奈川	9.8
11 埼玉県	178,672	東京	37.6	神奈川	9.9	千葉	9.7
12 千葉県	168,276	東京	33.3	神奈川	11.9	埼玉	9.6
13 東京都	389,198	神奈川	21.3	埼玉	17.5	千葉	13.8
14 神奈川県	233,613	東京	36.5	千葉	8.6	埼玉	6.7
15 新潟県	35,135	東京	25.0	神奈川	10.9	埼玉	10.2
16 富山県	18,233	石川	15.2	東京	13.7	愛知	8.8
17 石川県	23,218	東京	13.0	富山	10.8	愛知	10.4
18 福井県	13,281	大阪	12.5	石川	10.3	東京	9.8
19 山梨県	17,574	東京	30.7	神奈川	14.8	静岡	7.8
20 長野県	38,368	東京	23.8	神奈川	11.0	埼玉	8.5
21 岐阜県	36,987	愛知	42.0	東京	7.9	大阪	4.6
22 静岡県	68,898	東京	19.8	神奈川	16.9	愛知	14.9
23 愛知県	118,332	岐阜	12.3	東京	12.2	静岡	7.9
24 三重県	34,119	愛知	27.6	大阪	11.6	東京	7.9
25 滋賀県	28,582	京都	20.1	大阪	17.3	兵庫	7.7
26 京都府	69,253	大阪	22.0	滋賀	12.6	兵庫	9.3
27 大阪府	205,795	兵庫	20.0	東京	9.2	京都	7.6
28 兵庫県	114,640	大阪	29.0	東京	9.8	神奈川	6.3
29 奈良県	37,214	大阪	32.6	京都	10.4	兵庫	8.4
30 和歌山県	18,600	大阪	40.1	兵庫	9.5	東京	6.2
31 鳥取県	12,654	島根	13.2	大阪	12.2	広島	10.5
32 島根県	15,414	広島	20.1	鳥取	11.3	大阪	10.8
33 岡山県	38,706	広島	16.6	大阪	12.0	兵庫	10.2
34 広島県	65,228	山口	10.0	岡山	9.7	東京	9.6
35 山口県	34,572	広島	19.3	福岡	18.7	東京	7.6
36 徳島県	14,765	大阪	14.4	香川	14.2	兵庫	9.1
37 香川県	24,908	大阪	12.8	愛媛	12.4	東京	9.0
38 愛媛県	27,847	大阪	11.9	香川	11.5	東京	9.4
39 高知県	14,005	大阪	13.1	愛媛	11.3	香川	11.0
40 福岡県	113,008	東京	10.5	熊本	9.1	長崎	8.3
41 佐賀県	20,928	福岡	42.6	長崎	10.5	東京	5.9
42 長崎県	36,416	福岡	32.6	東京	7.3	佐賀	6.4
43 熊本県	37,065	福岡	29.0	東京	9.0	鹿児島	7.9
44 大分県	26,692	福岡	31.0	東京	7.9	熊本	7.3
45 宮崎県	27,908	福岡	17.8	鹿児島	15.1	東京	9.5
46 鹿児島県	38,159	福岡	18.1	宮崎	10.5	東京	10.3
47 沖縄県	22,391	東京	16.8	神奈川	9.8	福岡	9.2
東京の出現回数		18		10		10	
大阪の出現回数		9		4		2	

出所）図表8－2と同じ。

の9府県の「もっとも多い転出先」は大阪府である。大阪の「もっとも多い転出先」は兵庫県となっている。また，大阪・兵庫の2府県の「2番目に多い転出先」は東京都である。したがって，大阪勢力圏も東京の影響から免れてはいない。

なお，徳島・香川・愛媛・高知の四国の4県の「2番目に多い転出先」は香川県または愛媛県である。これら2県への転入は，大阪府への転入割合にほぼ等しい。つまり，四国は大阪勢力圏のなかでやや独立した圏を構成する。

3. 福岡勢力圏……福岡県が中心の勢力圏である。佐賀・長崎・熊本・大分・宮崎・鹿児島の6県が福岡県に連結される。これらの6県の「もっとも多い転出先」は福岡県である。福岡の「もっとも多い転出先」は東京都で，「2番目に多い転出先」はほぼ匹敵して熊本県である（福岡からの転出人口の10.5％が東京，9.1％が熊本）。したがって，福岡県は九州の6県を連結するとともに，東京からの影響をうける県という性質をもつ。

4. 広島勢力圏……広島県が中心の勢力圏である。島根・岡山・山口の3県が広島県に連結される。これら3県の「もっとも多い転出先」は広島県である。広島からの「もっとも多い転出先」は山口であるが，岡山・東京・大阪へもほぼ同程度の転出がみられる（広島からの転出人口のそれぞれ10.0％，9.7％，9.6％，9.2％）。したがって，広島勢力圏は東京，大阪からの二元的影響がみられる圏域である。

5. 愛知勢力圏……愛知県が中心の勢力圏である。岐阜・三重の2県が愛知県に連結される。岐阜・三重の2県の「もっとも多い転出先」は愛知県である。

愛知の「もっとも多い転出先」は岐阜県で，「2番目に多い転出先」はほぼ匹敵して東京都である（愛知から転出人口の12.3％が岐阜，12.2％が東京へ）。岐阜の「2番目に多い転出先」は東京都である。三重の「2番目に多い転出先」は大阪府である。したがって，愛知勢力圏も，東京および大阪の両都市圏からの影響がみられる圏域である。

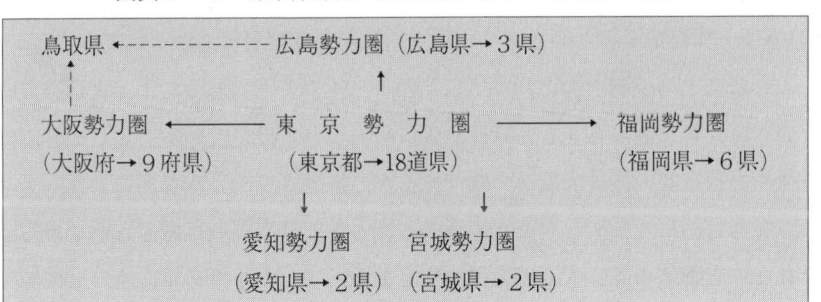

図表8-4 都市勢力圏の勢力連関（矢印は影響力の流れ）

```
鳥取県 ←------------ 広島勢力圏（広島県→3県）
                              ↑
大阪勢力圏  ←――――  東 京 勢 力 圏  ――――→ 福岡勢力圏
（大阪府→9府県）     （東京都→18道県）              （福岡県→6県）
                        ↓          ↓
                   愛知勢力圏    宮城勢力圏
                   （愛知県→2県）（宮城県→2県）
```

注）鳥取県は、島根・大阪・広島と連結する例外的な県である。

6. 宮城勢力圏……宮城県が中心の勢力圏である。岩手・山形の2県が宮城県に連結される。岩手・山形の2県の「もっとも多い転出先」は宮城県である。宮城の「もっとも多い転出先」は東京都であり、また岩手・山形の2県も、「2番目に多い転出先」は東京都である。したがって、宮城勢力圏への東京の影響力はかなり強い。なお、宮城県の「2番目に多い転出先」は福島県である。

さて以上において、東京勢力圏、大阪勢力圏、福岡勢力圏、広島勢力圏、愛知勢力圏、宮城勢力圏という六つの都市勢力圏が抽出された。これらの都市勢力圏の内、東京勢力圏の力は圧倒的で、けっしてこれら勢力圏が対等の関係に立つものではない。とくに宮城勢力圏で東京都の影響力が強く、大阪勢力圏、福岡勢力圏、広島勢力圏、愛知勢力圏でも東京都の影響は無視できない。これに対して図表8-3によれば、東京都からの「上位3位までの転出先」は、神奈川県（1位）、埼玉県（2位）、千葉県（3位）である。これをみる限り、東京都は他の都市勢力圏から影響をうけていない。

ちなみに、東京都が転出先の上位3位までに入る道府県は38道府県を数え、東京の影響は北海道から沖縄までほぼ全国におよぶ。これに対して、大阪府が転出先の上位3位までに入る府県は15府県にとどまり、大阪の影響は近畿・四国・中国といったローカルなエリアに限られる（図表8-3）。

以上より現代日本の地域空間編成は、図表8-4のように描きえる。すなわ

ち,「東京勢力圏の18道県←東京都→地方都市県(宮城・愛知・大阪・広島・福岡)→地方非都市県」という東京を頂点にした地域階層構造がそれである。

これに若干の説明を加えれば,以下の1～4のようである。1.東京勢力圏という巨大勢力圏が存在し,ほぼ全国に勢力をおよぼしている。2.それ以外のやや大きな勢力圏は大阪勢力圏であるが,影響はローカルである。3.より小さな勢力圏に,福岡勢力圏と広島勢力圏と愛知勢力圏と宮城勢力圏がある。これらの影響は当然,大阪勢力圏よりもさらにローカルである。4.宮城勢力圏は東京都の影響がかなり強い。しかし大阪勢力圏,福岡勢力圏,広島勢力圏,愛知勢力圏のいずれも程度の差はあれ,東京都の勢力を無視しえない。

なお,ここに示された勢力圏はいずれも,農村的県,地方的県,都市周辺県から都市県(東京・大阪・愛知・宮城・広島・福岡)へ向かう向都的人口移動によって形成された圏域である。地方や農村県からの転出や大都市圏への転入は,就職,転勤,転業などの職業上の事情や就学上の事情による場合が非常に多いことが知られている[7]。したがって,ここに示された勢力圏は,都市県における結節機関(鈴木榮太郎)や統合機関(矢崎武夫)の人口吸引力に起因するものと考えられる[8]。つまり,これら勢力圏の示すものは,都市の人口統合圏・人口編成圏を呈示するものと考えてよい。

V 地域人口の拡大・縮小と地域問題群

さて以上から,現代日本の都市化は激動期からポスト激動期に移行していることが指摘された。また,現代の地域空間編成は,「東京→都市県→非都市県」といったヒエラルキー的地域勢力圏構造をもつことも判明した(図表8-4)。このような都市化社会の基本的枠組みのなか,都市部の人口拡大,農村部の人口縮小という都市化の基本的趨勢は,ゆるやかになりながらも依然として現在も継続中である。

国勢調査によれば,1960～2000年の間で総人口の増加率35.9％に対して,

第8章　都市化社会

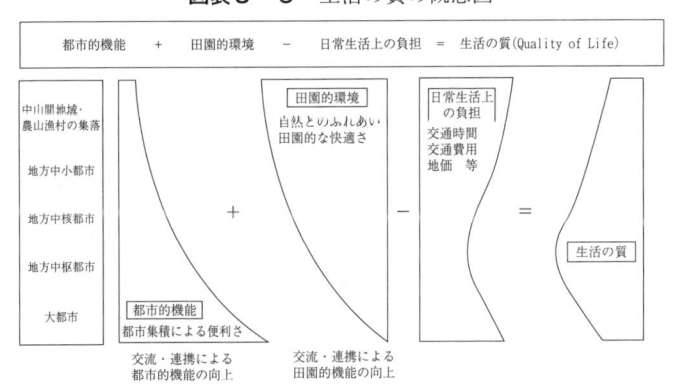

図表8−5　生活の質の概念図

都市的機能　＋　田園的環境　−　日常生活上の負担　＝　生活の質(Quality of Life)

［概念図：中山間地域・農山漁村の集落／地方中小都市／地方中核都市／地方中枢都市／大都市　―　都市的機能（都市集積による便利さ）　＋　田園的環境（自然とのふれあい・田園的な快適さ）　−　日常生活上の負担（交通時間・交通費用・地価等）　＝　生活の質。交流・連携による都市的機能の向上、交流・連携による田園的機能の向上］

出所）国土庁計画・調整局監修『21世紀の国土のグランドデザイン』時事通信社，1999，p.57

DID人口は2倍(100%)以上に膨らんだ(市部DID　38,915,700→78,510,281　郡部DID　1,914,291→4,299,401)。これに対して同期間，市部の非DID人口は−2.8%(21,979,347→21,355,008)の微減，郡部の非DID人口は−25.6%(30,609,163→22,761,153)と大幅に減少している。

かくて現在では，日本の地域社会には，人口成長地域(市部DID・郡部DID)，人口停滞地域(市部非DID)，人口縮小地域(郡部非DID)の3区分が設定可能である。人口縮小地域にみられる問題が従来，過疎・農山村問題とよばれてきた問題におおよそ対応し，人口成長地区にみられる問題が過密・都市問題とよばれてきた問題におおよそ対応しよう。人口停滞地域の問題は，地域の個別状況に応じて多様であろう。

ところで，過疎・農山村問題(中山間地域・農山漁村集落の問題)や過密・都市問題(大都市や市部の問題)は，「21世紀の国土のグランドデザイン」(図表8−5)が示すような生活の質(quality of life)の問題としても把握可能である。つまり，都市や農(山)村の「生活の質」は「都市的機能(都市の魅力)」と「田園的機能(農村の魅力)」と「日常生活上の負担(農村の欠点・都市の欠点)」の総和としてとらえることができる(「都市の魅力」「農村の魅力」「都市の欠点」「農村の欠点」に関する周到な一覧は，祖田による図表8−6がおおいに参考になる)。

149

図表8－6　都市・農村の魅力と欠点

A　農村の魅力	B　都市の魅力
[経済的側面] ◆家族経営や兼業の持つ強みと面白さ◆安い土地と広い家・屋敷・離れ座敷◆安い生活費◆十分な物置の場所（使い捨ての回避）◆山菜・きのこ・野菜などを利用した多数の漬物（「＝味噌蔵」などでの貯蔵）◆手作りの味噌◆庭先の果実（柿、なし、みかん、ブドウ、びわ…）◆家庭菜園の野菜（家族の仕事・趣味）◆通勤時間・信号や渋滞の少なさ　など [生態環境的側面] ◆水・空気のおいしさ◆冷涼な湧き水・井戸水の利用◆あふれる自然と景観美◆移り変わる四季と成長する生命の実感◆十分な日照◆庭園の借景◆多様な植物・動物の存在と接触◆無農薬で安全で新鮮な食品の自給◆小川の清水と沢がに、岸辺の草花◆鳥の鳴き声や姿◆温泉◆集落を還流する小さな河川と池、鯉や亀の飼育◆物のリサイクル利用の可能性◆地域エネルギー利用可能性　など [生活―社会的・文化的側面] ◆社会の協同性◆連帯性、義理人情◆親しみやすく暖かい人間関係（内部の開放性）◆ゆとりと安らぎ（農村の生活リズム）◆治安の良さ◆子供を育てるのに良い環境（自然体験、遊び場の広さ、手づくりの遊び）◆感謝の念◆心と体のバランスを保てる◆多様性・安定性・永続性◆年齢や性にあった農作業がある◆トータルな人間性の回復◆自営の独立性・自由性◆農閑期の自由性◆伝統行事や新しいグループ活動への参加◆晴耕雨読の可能性◆農村的な芸術・趣味・研究活動と素材の豊富さ（俳句、陶芸、木工、魚釣り、染色と織物、民謡、各種伝統芸能、絵画、郷土史研究、方言研究、農民文学など）◆庭園・盆栽・菜園作りの楽しさ　など	[経済的側面] ◆ビジネス・チャンスの多さと成功の可能性◆市場・業界・政界・消費者情報などの収集に便利◆高等専門教育の機会と人材の豊富さ◆就業機会の多さ◆多様な職種と選択可能性◆賃金・所得の高さ◆先端的な消費生活◆集中・集積に伴う経済的利益・交通・運輸の利便　など [生態環境的側面] ◆自然生態系を破壊した完全に人工的な都市空間（スマートな高層建築、街路樹とフラワーボックス、都市公園）　など [生活―社会的・文化的側面] ◆各種生活施設の整備（上下水道、ガス、道路、情報）◆買い物に便利◆先端的で華やかな生活◆流行に遅れない◆医療システムの充実◆スポーツ・娯楽施設の充実（サッカー、野球、遊園地、飲食店、映画、演劇、ダンス、盛り場）◆多様な接触・社交の仲間が多い◆恋愛・結婚へのチャンスが多い◆文化施設の充実（大学、専門学校、研究所、各種生涯学習施設、職業訓練施設、子供の学習塾）◆知識・芸術・文化など情報収集・交流の機会が多い◆社会参加の種類と機会が多い（社会奉仕、社会事業、赤十字、ＮＧＯ、各種市民運動）◆しきたり・家柄・身分・慣習・因習・古い倫理からの人間解放◆匿名性や秘密性◆ある種の無責任性◆変化と流動性◆刺激性と緊張性◆人生の生き方の多様性を許容する　など
C　農村の欠点	D　都市の欠点
[経済的側面] ◆就業機会が少ない◆選択可能な職種の多様性が低い◆一般商店やコンビニ・ストアが少ないまたはない◆消費生活の華やかさがない◆交通・運輸の利便性が低い　など [生態環境的側面] ◆建築物など人工的な美がない◆鳥獣の害がある（猪、猿、鳥、鹿など）　など [生活―社会的・文化的側面] ◆かなりの農村に過疎性がある◆生活・文化的施設の少なさ（図書館、集会ホール、スポーツ施設、劇場、美術館、博物館など）◆生活環境整備の低さ（用排水施設、道路、鉄道、バス）◆買い物の場が少ない◆基礎的及び専門的な教育施設がない◆娯楽施設が少ない◆人権意識が低い（特に女性の地位）◆家の構造とプライバシーの少なさ◆対外的な閉鎖性◆伝統固執的である　など	[経済的側面] ◆地価が高い◆事務所の賃貸料・家賃が高く家が狭い◆通勤時間が長い◆交通マヒ◆ゴミ問題・エネルギー問題など無駄が多い　など [生態環境的側面] ◆自然の欠如◆大気・河川の汚れ◆地下水の枯渇と汚れ◆飲料水の汚れ◆食品添加物入りの既成食品の氾濫◆日照の不足◆都市災害時の大量死の可能性◆地下利用・高層化・暖房による温室効果◆限りのない都市農地や緑地の追い出しと宅地化・工場用地化　など [生活―社会的・文化的側面] ◆画一化と個性の埋没◆生活空間の過密性◆学校格差と校内暴力◆登校拒否や家庭内暴力◆青少年犯罪の増加・悪質化◆コミュニティーの欠如◆情報の過多◆過剰な競争性と過労死の可能性◆孤独と心身の健康阻害◆振動・騒音・喧騒◆核家族化と高齢者の疎外　など

出所）祖田修『都市と農村の結合』大明堂、1997年、p.248
注）諸文献、アンケートなどに祖田が意見を加えて相対化し、整理したもの。

このように考えれば，過疎・農山村問題とは，田園的機能(農村の魅力)には恵まれているが，都市的機能(都市の魅力)の不充分性が大きく，日常生活上の負担(農村の欠点)も大きい問題と規定することができる。したがって，問題解決の方向は，農村の欠点の克服に加えて，都市との交流・連携による都市的機能の向上に向けられることになる。また，過密・都市問題はその逆で，都市的機能(都市の魅力)には恵まれているが，田園的機能(農村の魅力)の不充分性が大きく，日常生活上の負担(都市の欠点)も大きいと規定することができる。したがって，問題解決の方向は，都市の欠点の克服に加えて，農村との交流・連携による田園的機能の向上に向けられることになろう。

VI 地域問題群への地域連関論的接近

これら過疎・農山村問題，過密・都市問題は，従来の研究では，それぞれ別個の単独の問題として議論されてきた。すなわち，過疎・農山村問題は農村社会学・農村問題論の領域で，過密・都市問題は都市社会学・都市問題論の領域でという具合にである。しかし，このような研究体制はすでに示した両問題の広がりからみて，充分とは思えない。過密・過疎，都市・農山村問題とも，問題の解決の展望をえるには，都市においては農山村との交流・連携が，農山村においては都市との交流・連携が必要なことは先にみた。ここから都市と農村の連関構造で地域(生活)問題や生活構造をとらえ，問題解決の方向性を探る，地域連関論的接近とでもよぶべき方法が要請されると考える。

たとえば，過疎地域からの若者流出・人口流出，過疎農山村の結婚難，農山村生活の諸局面(医療，買い物，娯楽，仕事，教育，交通など)における機能不全，農業や林業の担い手確保(不足)問題，過疎地域高齢者の生活維持，過疎農山村の少子化・高齢化・人口自然減社会化……などは，過疎・農山村地域の生活問題・生活構造研究の課題のほんの例示にすぎないが，いずれも，農山村地域のみで完結・解決可能な研究課題とは到底いえない。どの問題も農山村と周

辺都市,地方中心都市,地方中核都市,巨大都市との交流や連携,多様な都市・農村連関構造のなかではじめて研究が遂行でき,かろうじて問題解決の方向性を探りえる地域課題である[9]。現代の過疎農山村は,まさに都市(都市的機能)との適切な連関を求めている。

　同じことは過密・都市問題研究にもいえる。たとえば,都市における通勤ラッシュや交通混雑,激しい競争と管理された長時間労働,人間関係の稀薄さやコミュニティ欠如のからくる孤独や人間疎外,アノミーの日常化と逸脱行動の多発,狭い住宅と高い家賃(ゆとりある住宅や土地取得の困難),騒音・振動,大気の汚染,河川の汚染,緑の少なさなどの自然環境の劣悪さ……などは過密・都市問題のほんの例示にすぎないが,これらの問題もまた,都市と農村の連関構造のなかにおいてのみ,かろうじて問題解決の展望が開ける地域課題である。すなわち,本稿のはじめに示した都市化の第4段階つまりデ・アーバニゼーションという地域変動またはそれに向けた地域計画などをもとに,都市と農村が適切に連接されれば,これら問題は解決の展望はえられるはずである。現代の都市もまた,農山漁村(田園的機能)との適切な連関を求めている[10]。

　最後に,図表8－7に示した社会意識調査の結果をみて本稿を閉じたい。この調査によれば,「今後よくなってほしい生活環境」としては,農村的地域(町村)であるほど,生活環境施設(道路・下水道・公園など),交通の利便性,働く場(雇用機会,労働環境),情報通信環境(インターネットの利用など)があがってくる。これに対して,大都市部(東京都区部,政令指定都市)であるほど,治安のよさ,自然環境,住宅,災害からの安全性があがってくる。つまり,都市住民は農村の良さ(田園的機能)を,農山村住民は都市の良さ(都市的機能)を求めている。いいかえれば,「農村部と都市部がまったく別個の存在としてお互いの問題に対する問題意識を共有できなかった時代に比べると,それぞれがお互いの問題を共有できる状況」[11]に入りつつある(あるいは,入っている)と解釈したい。このような意識構造や生活構造の上に,本稿で提起した都市・農山村問題,過密・過疎問題への地域連関論的接近の課題は設定可能であると思

第8章 都市化社会

図表8−7 今後良くなってほしい生活環境

（3つまでの複数回答）

	該当者数	医療・福祉	生活環境施設（道路、下水道、公園など）	交通の利便性	治安のよさ	働く場（雇用機会、労働環境）	自然環境	教育・文化	災害からの安全性	地域社会における人間的つながり	住宅	情報通信環境（インターネットの利用など）	その他	わからない	計(M.T.)
大 都 市	704	50.1	22.7	19.6	35.5	18.3	28.0	22.3	22.3	14.9	13.6	6.5	2.3	2.7	258.9
東京都区部	194	40.7	19.6	15.5	35.6	14.9	25.8	14.4	22.2	12.9	16.0	6.2	2.6	5.2	231.4
政令指定都市	510	53.7	23.9	21.2	35.5	19.6	28.8	25.3	22.4	15.7	12.7	6.7	2.2	1.8	269.4
中 都 市	1,304	53.2	27.9	25.7	30.6	21.3	26.4	22.8	16.6	14.6	8.9	7.0	1.2	4.1	260.2
小 都 市	631	50.4	36.0	29.5	21.6	25.4	20.4	17.0	16.6	15.2	6.2	8.1	2.4	4.6	253.2
町 村	852	54.7	35.3	30.9	15.7	29.6	17.1	21.2	16.0	15.7	5.5	8.5	1.1	3.9	255.2
合 計	3,491人	52.4%	30.1%	26.4%	26.3%	23.5%	23.4%	21.3%	17.6%	15.0%	8.5%	7.4%	1.6%	3.8%	257.5%

注1) 2001年6月調査実施。母集団、全国20歳以上の者。標本数5,000人。
注2) 中都市…人口10万以上、小都市…人口10万未満。
出所) 内閣府大臣官房政府広報室編『月刊世論調査―国土の将来像―』平成14年2月号

われる(本稿の着想は,「21世紀の国土のグランドデザイン」で提起された「多自然居住地域」「大都市のリノベーション」,祖田の多数核分散型空間("農村都市")構想[12]などのプランから貴重な示唆をうけたことを,付記しておきたい)。

注)

1) David Jary & Julia Jary(eds.), 1991, *The Harper Collins Dictionary of Sociology*, Herper Perennial, pp.536-537.
   Nicolas Abercrombie, Stephen Hill & Bryan S. Turner, 2000, *The Penguin Dictionary of Sociology*, pp.370-371.
2) 高橋勇悦「今日の都市社会と都市社会学」高橋勇悦・菊池美代志編『今日の都市社会学』学文社,1995,pp.1-13.
3) 国土庁計画・調整局監修『新しい全国総合開発計画ハンドブック』国政情報センター,1998.
   国土庁計画・調整局監修『21世紀の国土のグランドデザイン―新しい全国総合開発計画の解説―』時事通信社,1999.
4) 総務省統計局『平成12年度国勢調査 人口集中地区の人口』.
5) 総務省統計局『平成12年住民基本台帳人口移動報告年報』.
6) 金子勇「都市変動と都市社会学のパラダイム転換」日本都市社会学会編『日本都市社会学会年報』20,2002,pp.3-26.
7) 山本努『現代過疎問題の研究』恒星社厚生閣,1996,p.162.
   藤原眞砂「都市の人口移動」藤田弘夫・吉原直樹編『都市社会学』有斐閣,1999,p.124.
8) 鈴木榮太郎『都市社会学原理(著作集Ⅳ)』未来社,1969.
   矢崎武夫『日本都市の社会理論』学陽書房,1963.
9) 山本努「過疎地域と地方都市」『中國新聞』2003年10月5日.
   山本努・徳野貞雄・加来和典・高野和良『現代農山村の社会分析』学文社,1998.
10) 都市・農業共生空間研究会編『これからの国土・定住地域圏づくり―都市と農業の共生空間をめざして―』鹿島出版会,2002.
11) 辻正二「過疎と過密」内海洋一・伊江朝章・田代栄二・林雅孝編『教養としての社会病理学(改訂版)』学文社,1994,pp.208-220
12) 祖田修『都市と農村の結合』大明堂,1997.

第9章　環境保護と地域集団

　地域社会では，さまざまな集団が環境問題に取り組んでいる。しかし，環境問題を専門とする集団はそれほど多くない。むしろ，大半の集団は，本来の活動と並行して環境保護活動を行なっている。このような状態は，地域社会が「環境問題の普遍化期」[1] に入ったことを示すものである。

　本章では，地域集団で環境保護活動をする人びとが，環境問題をどのように捉え，また，どう行動しているのかを明らかにしていく。活動をする人としない人の違いは何か。飯島伸子らのいう「地域環境主義」に依拠して，分析する。

I　生活のなかの環境問題

(1)　ごみ問題の不在

　環境問題には多様な問題が含まれるが，ここではごみ問題に焦点を当てる。まず，現在のごみの排出・処理状況を概観しておこう。

　2000年度のわが国の一般廃棄物総排出量は5,236万トンであった（生活系65.6％，事業系34.4％）。これを1日1人当たりに換算すれば1,132gとなる。もし，新しい最終処分場が整備されないまま，この水準で排出が続けば，あと12.2年で最終処分場はいっぱいになる計算である（ちなみに産業廃棄物の最終処分場は3.9年分しかない）。市町村や一部事務組合がごみ処理事業に要した経費は2兆3,708億円で，年間1人当たりに換算すれば18,700円となる。自治体によるごみ処理の有料化は急速に進んでおり，生活系ごみについてみれば，全市区町村の78.0％が手数料を徴収している。一般廃棄物総排出量から自家処理量を除いたもの，すなわち収集ごみと直接搬入ごみの合計量を計画処理量といい，

このうち77.4%は直接焼却され，5.9%は直接埋立てられている。資源化されたのは9.8%にすぎない[2]。

このようなごみの増大もさることながら，ごみの処理過程でさまざまな有害物質が生じることも大きな問題となっている。一般に，このようなごみの量と質の問題をごみ問題とよぶ。全体状況はかなり深刻であり，近年，政府は次々と対応策を打ち出している。

ごみは，家庭の外へ，地域の外へと，われわれの視界から追い出されていく。家庭から出される1週間のごみの量は見当がつくが，1年間ではいったいどのくらいになるのか。たまに，テレビで「ごみ屋敷」などとよばれる家が紹介される。数カ月あるいは数年間にわたってごみ出しをしなかった家がごみに埋もれている様子が画面に映し出される。たしかに奇異な光景ではあるが，そこではごみが消失せずに可視化されている。おそらくは，われわれの家庭からも，同量かそれ以上のごみが排出されたはずである。家庭ごみは，処理の社会化により，不可視化されている。いい換えれば，家庭ではごみ問題は永く存在しなかったのである。最終処分場が次々と満杯になる一方で，家庭でのごみ問題といえば，保管の問題や，集積所までの運搬が面倒などという程度のことだったのではないか。

(2) **高度消費社会の外部**

2000年度の日本の物質収支をみると，総物質投入量は21.3億トンで，このうち自然界からの資源採取は18.4億トンである。投入資源の5割程度がそのまま消費，廃棄に向かい，廃棄物のうち資源として再利用されているのは2.2億トンにすぎない。また，地球温暖化の主要な原因物質である二酸化炭素排出量は12億3,700万トンで，90年度に比べ10.5％増加している[3]。

見田宗介によれば，現代の高度消費社会を特色づける〔大量生産→大量消費〕のシステムは無限幻想であり，事実は〔大量採取→大量生産→大量消費→大量廃棄〕という，限界づけられたシステムである[4]。そして，大量消費社会

は，この両端をその「外部」の諸社会，諸地域に転嫁することをとおして存立しており，大量消費社会内部の人びとの日常意識と無限幻想を支えたのは，この始点と末端の真実を遠方化／不可視化する間接化の構造である[5]。

〔大量消費→大量廃棄〕の過程を家庭・地域レベルでみると，われわれは身の回りのごみをみえないどこかへ追いやることに腐心し，遠方化／不可視化を制度化することに「成功」したのである。いくらでも捨てられるという前提によって，〔大量生産→大量消費〕の過程が連結されたのである。

(3) 構造化された消費

現代においては，消費に向かう欲望は自然からも文化からも自由であり，人びとの多くは，消費財の購入によってしか自己を充足できなくなっている[6]。見田は，現代の資本のシステムは，情報をとおしての需要の自己創出によって，恐慌を「解決」したとみる。彼によれば，この「解決」は，人間の欲望を自在に「開発」し更新し拡大するということ，モードやファッションという形で，財貨をつぎつぎと社会的／心理的な廃用に追い込んで廃棄させることを実質としているのである[7]。言葉を換えれば，現代社会は消費アノミーによってのみ「成立」する社会なのである。

この資本制システムが創出する消費行動は，消費者が欲しいものを買うというよりも，企業が売りたいものを買わせるというように構造化される。舩橋晴俊は，このような状況を，「構造化された選択肢」と表現するが，これが「環境への高負荷」を随伴する場合，「通常の個人」をも巻き込んだ形での社会的ジレンマを発生すると指摘している[8]。

このように，現代の資本システムは，生産→消費の過程を量的にまた質的にも規定しており，環境へ大きな影響を与えているのである。

Ⅱ 地域環境主義と集団活動

(1) 問題解決に関する議論

　環境問題が現代の消費社会の存立構造そのものに起因するのであれば,解決の具体的道筋を示すことは容易でない。しかし,その方向性についての議論は少なくない。

　たとえば,鳥越皓之は,地域住民によるリサイクル活動を例に,「『環境保全の意味付け』と『社会組織化』を行えば,市場原理を乗り越えた活動ができる」と述べる[9]。舩橋は,「環境問題の普遍化期」における「環境制御システム」について具体的な政策原則を提言している。それは,1)「環境負荷の外部転嫁」と絡み合った構造の是正,2)社会的ジレンマを克服するような社会的規範と環境負荷の少ない「構造化された選択肢」の設定,3)財とサービスを提供する行政組織や企業組織を,経営システムの側面において,環境負荷を軽減する方向へ変革することである[10]。谷口吉光は,リサイクル行動に対して「機会構造論的説明モデル」を提案する。その理由として,「個人のリサイクルへの意識や情報は重要であるが,それらはむしろリサイクル行動の潜在的な条件であり,実際の行動を発現させるためには効果的なリサイクル・システムの存在が不可欠」と主張する[11]。

　諸論において,個人に重点を置くか,社会に重点を置くかはそれぞれ異なっているが,「制度的変革(構造的解決)と意識の変革(個人的解決)」[12]の両方を視野に置いた議論が,社会学としては一般的ではないだろうか。

(2) 地域環境主義の視点

　上述した解決の方向性については具体的なイメージを得にくいものもある。また,解決の基礎となるべき現状分析には,どのような枠組みが有効だろうか。

　ここでは,飯島らが提起する地域環境主義を手がかりとする。

第9章　環境保護と地域集団

　飯島は，メドウズらの『成長の限界』『限界を超えて』を取り上げ，これらで展開される「大理論」に対する疑問を投げかけている。その疑問は，というよりむしろ批判は，要約すれば，メドウズらの結論は，資源や富の配分が世界的に極めて不均衡であることを無視した分析に基づき，開発先進国がもたらした問題の解決を開発途上国に押し付け，そこには，先住民社会を破壊してきた拝金主義・物質主義への反省がないというものである。飯島は，このような「大理論」の誤りは，細部の事実について検討がなされていないところに原因があるとし，中範囲理論による研究の必要性を訴えるとともに，地球環境問題を地域環境問題の累積としてとらえる考えを提起した[13]。

　このような姿勢をより端的に表したのが地域環境主義である。飯島によれば，地域環境主義とは，「『地球環境』の対極に位置づけることのできる個人環境をそのなかに含むリージョナル(regional)な地域社会という中間的な範域を，環境問題について論じ，考える際の基本的な単位にしようという立場である」[14]。

　地域環境主義は「地球環境」というグローバルな概念と対置されうるものとして意識的に造語された[15]のであるが，その点を寺田良一の説明によって少し詳しくみてみよう。「社会問題としての環境問題には，多くの場合，加害者，責任者，被害者などを作り出す経済的格差や政治的・社会的不平等の構造が伏在している。しかし『地球』という茫漠とした全体性を『環境問題』に冠することによって，かえって環境問題の社会的構造性や関係性がみえにくくなってしまう。地球と個人の乖離はあまりにも大きく，それらを架橋する媒介的構造を構想することは容易でないからである。その意味で，地球環境問題という問題設定は，社会科学的にみれば構造的・関係的な環境問題を『地球人総懺悔』的な問題設定にすり替える危険性をもつ」[16]。そして，地球と個人を媒介するのが，まず地域社会であり，国家や国際機関がそれに続くとする。環境社会学の課題は，「自治体，環境運動，住民や地域社会の階層構造，経済・権力構造などと環境問題との関係を明らかにしていくこと」[17]と具体的に設定される。

　環境問題研究を自然科学の独占に任せることの危険性は，水俣病をはじめ多

くの事例で証明済みである[18]。地域環境主義は，環境問題研究に社会科学の視点を取り戻そうという宣言である。

本章の後半では，地域環境主義の視点に立ちながら，地域集団における環境保護活動を分析していくが，その前に，既存研究のうち地域社会に関する考察を含んだものをいくつかみておきたい。

(3) 地域社会を視野に入れた研究

コモンズ論や鳥越の提唱する「生活環境主義」では，いうまでもなく，地域社会が分析の中心となる。井上真は，コモンズを「自然資源の共同管理制度，および共同管理の対象である資源そのもの」と定義し，これが「成立しやすいのは，顔の見える地域社会レベル」[19]であると述べている。生活環境主義とは，「居住者の『生活保全』が環境を保護するうえでもっとも大切であると判断する立場」であり，「とくに小さなコミュニティを戦略上もっともポイントを置くべき生活システムとみなしている」[20]。コモンズ論にせよ，生活環境主義にせよ，フィールドワークのなかから形成されてきたものであり，具体的な場＝地域社会をその中心に据えているのである。

つぎに，合理的選択理論や社会的ジレンマ論を枠組みとした実証研究のうち，ごみ問題，とりわけ家庭からの排出に焦点を当てた研究をみてみよう。

仙台市を対象とした継続研究からは，多くの成果が出ているが，このうちのいくつかは，近隣関係に着目している。以下，得られた知見の一部を簡単に紹介しよう。

自分の家がごみを出す時間は，近所の人のごみ出し時間と関係がある。また，近所づき合いが濃くなるほど規則通りに収集日に出す人の比率が高まる[21]（松山市でも同様の結果あり[22]）。近所づき合いの程度は分別行動に影響を与える[23]。排出時間に関して，近所づき合いと制裁可能性の間には交互作用がみられ，近所づき合いが親密な人は制裁可能性に左右されないが，疎遠な人は左右される傾向がある[24]。同居家族数はごみ減量行動の規範意識と関連し，単身世

帯では規範意識が弱い[25]。リサイクル行動と地域移動歴には関連があるが、この関係は土着者と移動者の学歴の違いによって部分的に説明できる[26]。

(4) 地域集団という視点

　環境問題の解決に関して、構造的解決と個人的解決の両方が必要であると、多くの論者は指摘する。また、これらは深く関連し合っているとも指摘されている。南北問題とライフスタイルの問題が、それぞれに、また、想像力をともなって関係づけられながら解決されなければならないのである。現実には、往々にして、集団がこれらを媒介する。集団へ参加することによって、個人の意識は明確化され、行動へと展開する。

　このような観点からまず思い浮かぶ地域集団は、環境問題を専門とするような地域集団である。地域清掃をする、廃品回収をする、環境問題の啓発・教育活動をする、ダムや原発の設置に反対する等々、さまざまな集団が存在する。これらはいわば環境問題の専門集団である。一方に、自治会や子ども会、PTAのように、本来の活動のほかに、環境保護活動に取り組んでいるものもある。

　家庭ごみの処理のように高度に制度化が進んだ分野についても、これらの地域集団が一定の役割を果たしている。家庭ごみの大半は行政によって収集されているが、古紙やびんなどのリサイクルは、これらの地域集団の活動に負うところが多い。地域集団による活動は、行政による資源ごみの回収に比べ、実効性が少ないと思われがちであるが、そうではない。先に述べたように、一般廃棄物の計画処理量(市区町村が収集・処理)のうち資源化されるものは1割弱で、2000年度では5,095千トンであった。これとは別に、自治会などの諸団体が地域で集めた古紙などの集団回収量は2,765千トンで[27]、市区町村が収集・処理した量と比べて、その量は決して少ないとはいえないのである。

　ここでは、環境問題を専門とする集団ではなく、自治会や子ども会などのどこにでもみられるような地域集団を中心にみていきたい。それは、これらの集

団の加入率の高さと活動の継続性に注目するからである。

近年，自治会への加入率が低下し，また，地域によっては子ども会が解散する所もある。しかしながら，面的な広がりという点では，依然，これらに並ぶものはない。また，これらの集団では，環境保護活動が活動計画のなかに組み入れられており，継続性が高い。たとえば，自治会や子ども会の廃品回収は年に2，3回，定期的に行なわれている(毎月行なう所もある)。また，PTAによる不用品バザーはすっかり定着している。これらの活動への参加者は必ずしも自発的ではないが，多くの人びとに気軽に参加できる機会を提供している点は重要である。

地域集団の活動は，地域社会の連携という点でも重要である。これらの集団のほとんどは地域住民をメンバーとする。そのため，たとえば，子ども会の廃品回収が盛んな地域では，多くの家庭でこの活動が認知されており，回収日に備えて，日頃から新聞紙やびんを家庭にストックしておくという行動につながっている。また，廃品回収の後には子ども達にお菓子が配られたり，おとな達も打ち上げを行なったりと，住民の親睦を深めるきっかけになっている。

Ⅲ 環境問題と地域における集団活動

(1) 調査の概要

ここでは，北九州市と下関市で，筆者らが2000年12月から2001年1月にかけて実施した調査データを使用する。調査対象は北九州市立の小学校9校と下関市立の小学校6校の6年生全員とその保護者(主に家事を担当する方)である。小学校選定にあたっては，地域や規模に偏りがないよう配慮し，任意に行なった。各小学校に調査票の配布と回収をお願いした。有効回収率は，児童数を基数にすると92.7%である[28]。

本章では，保護者データのうち回答者が女性であるものについて分析する。

(2) 分析しようとする事柄

(1) 品目によってリサイクル率には高低がみられるが、この背景にはどのような要因があるのか。行政も地域集団もそれぞれに回収を行なっているが、回収者の違いが影響しているのだろうか。

(2) 環境保護行動にはさまざまな活動があるが、それらは共通する動機（または規範）に由来するのか。それとも、異なった動機（または規範）が異なった行動に結びついているのか。環境問題解決には規範形成が必要であるとはよくいわれることである。どのような規範が必要なのかを考える手がかりを得たい。

(3) 環境問題解決にはいくつもの方策が考えられるが、それらの方向性はどのようにまとめられるのか。解決方向をどのように提示すれば人びとの同意を得やすいのかを考える手がかりを得たい。

(4) さまざまな地域集団が環境保護活動に取り組んでいるが、活動する集団によって、参加者の日常的な保護行動や環境問題解決の考え方に違いがあるのか。

(3) リサイクル行動の構造

13品目について、リサイクルを実行しているかを尋ねた。その回答に対して因子分析（主成分法）を行なった。生ゴミコンポストは共通性が極端に低かったため、これを除いて、再度分析を行なった。因子負荷行列を図表9-1に示す。第4因子については、寄与率が低いため、以下の分析では取り上げない。

図表9-1によれば、第1因子に負荷が高いのは、雑誌、新聞紙、段ボール、古布・衣類である。第2因子に負荷が高いのは、缶、ビン、ペットボトルである。第3因子に負荷が高いのは、トレー、牛乳パック、食品の容器である。3つの因子はいずれも回収者（回収ルート）と関連があると考えられる。したがって、第1因子を「集団リサイクル因子」、第2因子を「行政リサイクル因子」、第3因子を「小売りリサイクル因子」と名づける。

これらの因子は、仙台市で海野道郎らが行なった調査結果に近いものとなっ

図表9－1　リサイクル因子負荷行列

リサイクルの対象	因子1	因子2	因子3	因子4	共通性	実行率
雑誌	0.837	0.126	0.049	0.005	0.719	44.8
新聞紙	0.813	0.076	0.028	－0.072	0.673	58.5
段ボール	0.736	0.150	0.151	0.117	0.601	36.2
古布・衣類	0.561	－0.050	0.191	0.209	0.397	36.2
缶	0.103	0.872	0.045	0.018	0.773	85.5
ビン	0.098	0.869	0.012	0.046	0.767	84.1
ペットボトル	0.054	0.773	0.158	0.014	0.625	84.5
トレー	0.149	0.150	0.792	－0.018	0.672	37.5
牛乳パック	0.124	0.084	0.771	－0.085	0.624	43.7
食品の容器	0.056	－0.016	0.559	0.422	0.493	10.9
家電品	－0.031	0.126	－0.207	0.784	0.675	8.1
包装紙	0.265	－0.057	0.299	0.586	0.506	10.8
固有値	3.190	1.853	1.363	1.118		
寄与率（％）	26.6	15.4	11.4	9.3		
累積寄与率（％）	26.6	42.0	53.4	62.7		

因子抽出方法：主成分分析
回転法：Kaiser の正規化を伴う Varimax 法
実行率は「実行・協力」している人の比率，単位は％

ている。海野らは7品目のリサイクルについて因子分析を行ない，「制度的リサイクル因子」と「自主的リサイクル因子」を見いだしている[29]。負荷の高い品目でみると，海野らの制度的リサイクル因子は，ここでの集団リサイクル因子と行政リサイクル因子が重なったような構造をもち，自主的リサイクル因子は小売りリサイクル因子と重なるようである。単純な比較はできないが，本調査の対象地では，仙台市よりも，リサイクル品目と回収者(回収ルート)の結びつきがより明確であると考えられる。ここで，調査実施時の北九州市と下関市のごみ分別について述べておく必要があるだろう。北九州市は，資源ごみ(缶・ビン・ペットボトル)，それ以外のごみの2分別であった(粗大ごみは個別収集)。下関市は，燃えるごみ，資源ゴミ(缶・ビン・ペットボトル)，有害ゴミ(乾電池・蛍光灯)の3分別であった(不燃物と粗大ごみは個別収集)。つま

り，両市とも，資源ごみとして行政が回収していたのは缶・ビン・ペットボトルのみであった。古紙類の回収は，主に自治会や子ども会の廃品回収が中心であった。また，トレーや牛乳パックはスーパーなどの拠点回収または生協の共同購入品のリサイクルを中心としていた。

以上から推測すれば，リサイクルは回収ルートの整備によってパターン化され，排出者と回収者の関係によってリサイクル率が変化すると考えられる。

つぎに，リサイクル行動と地域集団における活動との関連をみておく。本調査では，14種の集団をあげ，対象者がその集団で環境問題に取り組んでいるかを尋ねた。なお，選択肢のなかには，地域集団でないものも含まれていた。回答者全体に対する比率を活動率とすると，活動率が10％を越えたのは，つぎの5つの集団だけであった。生協31.8％，子ども会50.9％，PTA49.4％，自治会22.6％，職場10.0％である（ちなみに，環境問題を専門とする団体では2.0％であった）。この結果は，調査対象が小学6年生の保護者で女性であるということを反映している。

これらの5つの集団それぞれについて，活動をしている人としていない人の2グループに分け，グループごとのリサイクル因子得点の平均を示したのが図表9-2である。集団リサイクル因子（因子1）の得点で，活動グループと非活動グループの差が大きいのは，子ども会と自治会である。生協でも若干の差がみられる。いずれも，活動グループにおいて得点が高い。行政リサイクル因子（因子2）で差が大きいのは，PTA，生協，子ども会である。自治会活動の有無では差がみられなかった。小売りリサイクル因子（因子3）の得点平均は生協（活動グループ）で高い。

集団リサイクル因子（因子1）は，その集団が行なう活動（例えば，廃品回収）と結びついていると思われる。同様の傾向は，小売りリサイクル因子（因子3）にもみられる（例えば，共同購入品のリサイクル）。一方，行政リサイクル因子（因子2）では，因子負荷量の高い品目（缶・ビン・ペットボトル）が，PTAの活動内容とは直接に結びつかない。PTAで活動することと，ごみ出し時にき

図表9－2　集団ごとのリサイクル因子得点平均

		因子1			因子2			因子3			回答者数
		得点平均	標準偏差	F値	得点平均	標準偏差	F値	得点平均	標準偏差	F値	
生協	あり	0.126	1.012	6.44*	0.144	0.835	8.42**	0.336	0.988	47.95**	274
	なし	－0.059	0.990		－0.067	1.062		－0.157	0.967		588
子ども会	あり	0.344	0.964	120.29**	0.079	0.844	5.58*	0.032	1.014	0.89	439
	なし	－0.357	0.908		－0.082	1.135		－0.033	0.986		423
PTA	あり	0.082	1.036	5.66*	0.124	0.876	13.09**	0.035	1.048	1.01	426
	なし	－0.080	0.958		－0.121	1.096		－0.034	0.950		436
自治会	あり	0.330	0.967	28.30**	－0.041	1.006	0.42	－0.033	1.009	0.28	195
	なし	－0.096	0.990		0.012	0.999		0.010	0.998		667
職場	あり	0.099	1.053	0.95	0.121	0.843	1.39	－0.214	0.956	4.38*	86
	なし	－0.011	0.994		－0.013	1.016		0.024	1.003		776

＊は5％水準で有意　　＊＊は1％水準で有意

ちんと分別をすることの背景には，行政への協力志向というような共通の要因があることが推測される。

(4) 環境保護行動の2層性

　消費に関して，6種類の環境保護行動を行なうか否かを質問した。その回答に対して因子分析（主成分法）を行なった。因子負荷行列を図表9－3に示す。
　第1因子は，「産直商品や手作り品を購入」「環境に配慮した商品を買う」「合成洗剤を使用しない」「リサイクル可能な商品を選んで買う」などで因子負荷量が高い。したがって，第1因子は，消費そのものを抑制する因子ではない。環境負荷に配慮したり，健康を気づかう態度と関連している。いわゆるエコロジー的ライフスタイルを示す因子であると考えられるので，「エコ指向因子」と名づける。第2因子は，「テレビや照明をこまめに消す」「長く使えそうなものを買う」「包装を簡素にしてもらう」で因子負荷量が高い。これらに共通するのは，消費そのものを節減しようという態度であり，習慣化している事柄も多い。したがって，第2因子は節約の習慣を示す因子であると考えられるので，

図表9－3 環境保護行動因子負荷行列

	因子1	因子2	共通性	実行率
産直商品購入	0.721	0.154	0.544	70.5
環境商品買う	0.718	0.197	0.554	54.2
合成洗剤使用しない	0.715	−0.079	0.518	44.5
リサイクル可能な物買う	0.582	0.401	0.500	67.8
買い物バッグ持参	0.573	0.304	0.421	30.5
テレビや照明消す	−0.112	0.781	0.622	92.1
長く使える物買う	0.275	0.596	0.431	92.4
包装を簡素に	0.333	0.592	0.462	79.5
固有値	2.985	1.066		
寄与率（％）	37.3	13.3		
累積寄与率（％）	37.3	50.6		

因子抽出方法：主成分分析
回転法：Kaiser の正規化を伴う Varimax 法
実行率は「たいてい実行」「ときどき実行」の合計で単位は％

「節約習慣因子」と名づける。

　これらの因子の特徴を，リサイクルとの関係から述べておこう（表は省略）。先にあげた12のリサイクル品目について，リサイクルをするグループとしないグループで，因子得点の平均に差があるか否かを調べた。節約習慣因子では，家電品を除き，すべての品目でリサイクル実行グループと非実行グループの間で有意な差がみられた。一方，エコ指向因子では，缶，ビン，ペットボトル，雑誌，家電品で差がみられなかった。このことから，節約習慣因子はまんべんなくリサイクルを促進するが，エコ指向因子は制度化が進んだ品目には作用しないことがわかる。すなわち，エコロジー意識は特定のリサイクル行動を強化し，日頃の節約意識はリサイクルの全般的な底上げにつながると推測される。

(5) **問題解決の３つの方向**

　環境問題解決について，６つの考え方に同意，非同意を尋ねた。その回答に対して，方向をそろえて因子分析（主成分法）を行なった。因子負荷行列を図表

図表9-4　環境問題解決方向因子負荷行列

	因子			共通性
	因子1	因子2	因子3	
結局解決できない	0.825	0.053	0.071	0.689
自分一人が何をしても無駄	0.781	−0.070	−0.167	0.643
心がけ次第	0.121	0.739	0.061	0.565
ゴミ出し監視やむをえず	−0.184	0.663	0.032	0.475
科学技術で解決	0.009	0.191	0.867	0.788
大量生産消費あらためる	0.175	0.462	−0.527	0.522
固有値	1.441	1.239	1.001	
寄与率（％）	24.0	20.7	16.7	
累積寄与率（％）	24.0	44.7	61.3	

因子抽出方法：主成分分析
回転法：Kaiser の正規化を伴う Varimax 法
「結局解決できない」「自分一人が何をしても無駄」は方向を逆にしている

9-4に示す。

　第1因子は，「環境問題は結局は人間には解決できない」「環境問題は複雑すぎるので，自分一人が何をしても無駄だ」という項目で因子負荷量が高い（他の項目とそろえるため，この2項目のデータは方向を逆にしている）。したがって，この因子は，環境問題への地道な努力がいつかは実を結ぶという感覚を表していると解釈できる。そこで，第1因子を「有効性因子」と名づける。第2因子は，「ひとりひとりがきちんと心がければ環境問題は起きない」「ルールを守らせるために，町内会の人がゴミ出し場所をみはったり，ゴミ袋を調べるのはしかたがない」という項目で因子負荷量が高い。これらは，問題解決にはなんらかの道徳的圧力が必要だという考え方を表しており，第2因子を「規範性因子」と名づける。第3因子は，「そのうち科学技術が発達すれば環境問題は解決できる」「解決するためには，大量生産，大量消費の現在の社会の仕組み全体をあらためなければならない」という項目で因子負荷量が高い（後者は符号がマイナスである）。これらは，社会の有り様に対して現状肯定的な態度を示す。したがって，第3因子を「楽観性因子」と名づける。3因子の寄与率か

らみると，状況認識を深めることによって危機意識を高めるように呼びかけるよりも，努力次第で環境問題は解決できるのだと訴える方が，人びとに受け入れられやすいと考えられる。

先にみた保護行動の2因子と解決方向の3因子との関連をみておこう。相関係数でみると，エコ指向因子は，規範性因子($r = .16$ $p < .00$)および有効性因子($r = .12$ $p < .01$)と関連がある。また，節約習慣因子は有効性因子($r = .14$ $p < .00$)と関連する。つまり，行動におけるエコ指向因子は社会圧力的な解決とともに，個々人の努力の積み重ねを重視するという2つの方向とつながっており，節約習慣因子は後者とのみつながっている。

以上で基礎的な作業は終了した。以下では，これらの因子を用いて，地域集団における活動を分析する。

Ⅳ 生協と子ども会

(1) 集団活動の関係

まず，先にあげた5つの集団活動の相関関係をみてみよう。図表9-5によれば，職場での活動は他の集団活動と無相関である。子ども会での活動は，PTA，自治会の両方と相関関係がある。これ以外は有意であってもごく弱い相関に過ぎなかった。ここには，子どもをもつことが，小学校，地域社会へと活動の場を広げるきっかけとなっていることが示唆されている。子ども会やPTAへの参加は，ライフサイクル上のある期間に限定されるものであるが，関係の拡がりをもたらす点で意義深い。

さて，ここでは，子ども会と生協に焦点をあてて分析を進めていく。その理由は，これらの間に相関関係がなく，しかもそれぞれ活動率が比較的高いことによる。生協は地域集団なのかという疑問があるかもしれない。確かに，生協は地域社会を超えて成立しており，また，その活動は消費活動を中心とするものであって，このような点からは地域集団とはいい難い。しかしながら，その

図表9－5　集団での取り組みの相関

	生協	子ども会	PTA	自治会
子ども会	.027			
PTA	.003	.140**		
自治会	－.083**	.109**	.098**	
職場	－.036	.017	.035	.014

＊＊は1％水準で有意

活動は，共同購入にみるように，近隣会員らによる班を単位として行なわれている。この点から，生協は居住地域に根差すものであるといえよう。また，その活動頻度は他の地域集団を上回ってもいるのである。したがって，ここでは，伝統的地域集団として子ども会，新しい地域集団として生協という2つの集団を取り上げてみたい。

以下では，子ども会と生協での活動の有無を組み合わせることで回答者を4グループに分類して，それらを比較対照していく。

(2) 環境保護行動と集団活動

図表9－6は，環境保護行動の2つの因子について因子得点の平均をグループごとに計算し，因子の系ごとに示したものである。

これによれば，環境保護行動の節約習慣因子はグループ間で差がみられない。この因子がリサイクル行動全般とまんべんなく関係することはすでに述べたが，そのことと考え合わせると，節約習慣因子は環境問題への認知や関心に左右されずに存在すると推定される。

エコ指向因子は，生協での活動により高められていることがわかる。ここからは2つの因果関係を想定し得る。すなわち，もともとエコ指向のある人が生協に入る，あるいは，生協に入ることでエコ指向が生じ，それが行動化するという2つである。

これらの環境保護行動因子は，いわば，保護行動の方向性＝質的性質を示すものと考えられる。それぞれのグループが，よりエコロジー的方向なのか，よ

第9章 環境保護と地域集団

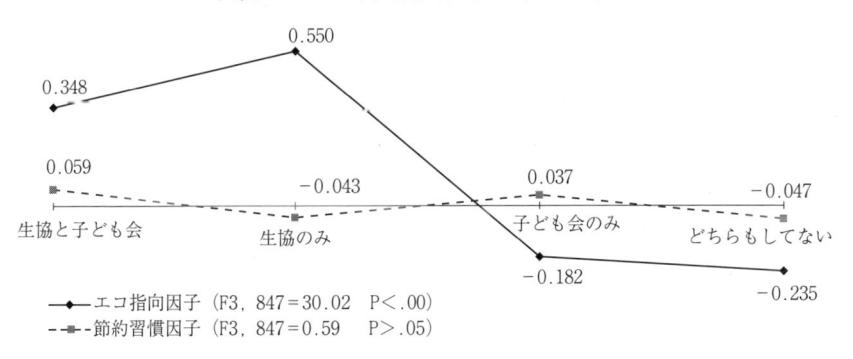

図表9－6　環境保護行動因子得点の平均

0.550
0.348
0.059　−0.043　0.037　−0.047
生協と子ども会　生協のみ　子ども会のみ　どちらもしてない
−0.182
−0.235

◆── エコ指向因子（F3, 847＝30.02　P＜.00）
■-- 節約習慣因子（F3, 847＝0.59　P＞.05）

図表9－6　環境保護行動・解決方向の量的指標

	リサイクルしているもの[1]		減らしたほうがいいもの[2]		回答者数
	平均品目数	標準偏差	平均項目数	標準偏差	
生協と子ども会	6.93	2.64	4.18	2.23	145
生協のみ	5.58	2.42	3.91	2.28	129
子ども会のみ	5.84	2.36	3.13	1.91	294
どちらもしてない	4.33	2.34	2.84	1.98	294

1）F3, 858＝42.23　1％水準で有意　2）F3, 858＝18.37　1％水準で有意

り節約的な方向なのかということである。それでは，行動の量的な違いはあるのだろうか。ここでは，現在リサイクルしている品目の合計数を，保護行動の量的性質を示す指標と考え，グループごとにその平均値を計算した。図表9－7によれば，活動していないグループに比べ，生協または子ども会のどちらかで活動するグループは，平均で1.25品目ないし1.51品目多いことがわかる。両方で活動するグループでは，これらよりもさらに1品目以上多くなる。品目数は，実際のリサイクル量を示す指標ではないので，活動量というよりは，活動の広さを示す指標と考えられる。以上から，活動の場が増えれば，活動対象範囲も拡大するといえる。ただし，エコ指向因子の動きとリサイクル対象範囲の拡大傾向は部分的にしか一致しないことにも留意しておきたい。すなわち，子ども会のみのグループでは生協のみのグループほどにはエコ指向因子得点が高

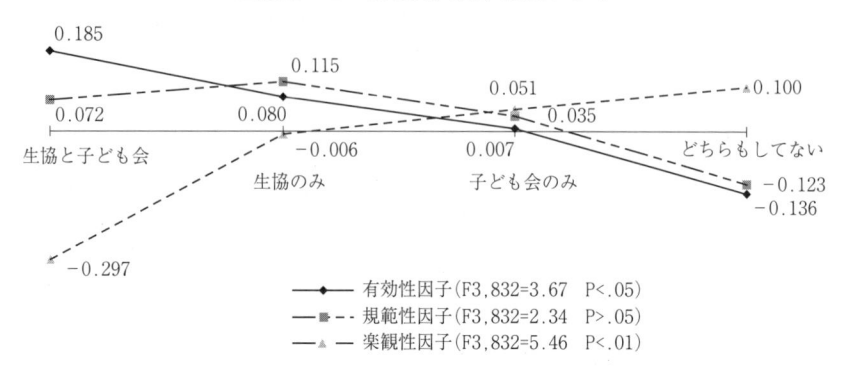

図表9−8　解決方向因子得点の平均

```
0.185
         0.115
                          0.051
0.072    0.080                    0.035        0.100
                         0.007
         −0.006
生協と子ども会  生協のみ    子ども会のみ         どちらもしてない
                                              −0.123
                                              −0.136
−0.297
```

　　　　──◆──　有効性因子（F3,832=3.67　P<.05）
　　　　──■──　規範性因子（F3,832=2.34　P>.05）
　　　　──▲──　楽観性因子（F3,832=5.46　P<.01）

くないが，リサイクル対象範囲は生協よりもわずかではあるが広いのである。

(3) 解決方向と集団活動

　図表9−8は環境問題解決方向の3つの因子について因子得点の平均をグループごとに計算し，因子の系ごとに示したものである。

　これによれば，グループ間で差がみられるのは，有効性因子と楽観性因子である。規範性因子にははっきりとした差がみられない。有効性因子は，生協と子ども会の両方で活動しているグループでもっとも高く，生協のみ，子ども会のみ，活動せずという順に低くなっていく。活動していないグループでは，得点平均がマイナスであり，環境問題解決に対する無力感が強いことを示す。楽観性因子は，活動しないグループでプラス，両方で活動するグループで大きくマイナスとなっている。つまり，活動しないグループは「どうにかなるだろう」と感じ，両方で活動するグループは「このままでは大変だ」と感じているとみることができる。

　解決方向の量的側面はどうだろうか。本調査では，環境保護のために減らしたほうがいいと思うものを13の選択肢のなかから複数回答で答えてもらっている（エアコン，自家用車，コンビニエンスストアなど）。ここでは，この合計数を使う。図表9−7に示すように，項目数がもっとも多いのは両方で活動する

グループで，生協のみ，子ども会のみ，活動しないの順に減少する。ちなみに，この項目数と各因子得点の相関は，有効性因子（$r = .11\ p < .01$），規範性因子（$r = .13\ p < .00$），楽観性因子（$r = -.20\ p < .00$）となっている。楽観性因子との逆相関があることからみれば，解決方向の量的側面は危機意識によってとくに強められているといえよう。

　解決方向で注目されるのは，活動量と有効性，楽観性の関係である。活動量が多いグループでは，有効性の高さと楽観性の低さ（＝危機感）が結びついている。一方，活動をしないグループでは，有効性の低さ（＝無力感）と楽観性が結びついている。これらの因果関係は循環的であると推測される。たとえば，生協や子ども会で活動することが，個人個人が環境問題に取り組むことの必要性を感じさせ，そこで得られる情報を通じて，環境問題への知識を深め，危機感も増す，それがまた活動へとつながるという循環である。ちなみに土場学によれば，環境問題に対する啓蒙という点では，生協活動への積極的参加が大きな効果を与えているという[30]。もう一方は，環境問題への関心が低く，そのため危機感も弱く，自分には関係のないことだと感じ，そのことがまた環境問題への関心を高める機会を失わせている。結局，このような人びとは地域集団へ関わるきっかけをもたない。

V　おわりに

　地域集団は人びとにさまざまな環境行動の機会を提供している。リサイクルについてみれば，その活動は大きな成果をあげている。一方，今以上にリサイクル効率を上げることを考えれば，行政への一元化が望ましいという意見もある。しかしながら，地域集団の環境保護活動にはさまざまな波及効果があり，それも捨てがたい。効果のなかでもっとも重要なものは，環境問題の可視化である。さらに，活動を通じて，人びとが環境問題解決への有効性感覚を得ることも重要であると考える。

また，環境問題という普遍的な課題に取り組むことは，集団活性化に手がかりを与える。子ども会を例にとれば，廃品回収では子どもが主役であり，環境教育の効果，親を地域とつなげる効果，地域集団同士の連携をもたらす効果など，多くの利点があるのである。このような点も忘れてはならないだろう。

［謝辞］
　本章で使用した調査データは，1999，2000年度の関門地域共同研究の成果の一部である。調査は，北九州市立大学三宅博之氏，下関市立大学田中裕美子氏と共同で実施した。実査にあたり，北九州市・下関市の小学校児童と保護者のみなさん，両市の教育委員会，北九州市環境科学研究所のみなさんに大変お世話になった。記して，感謝申し上げたい。

注）
1）舩橋晴俊「環境問題の社会学的研究」飯島伸子他編『講座環境社会学第1巻　環境社会学の視点』有斐閣，2001，pp.29-62.
2）環境省大臣官房廃棄物・リサイクル対策部廃棄物対策課『日本の廃棄物処理平成12年度版』2003.
3）環境省『環境白書(平成15年版)』2003，p.21.
4）見田宗介「環境の社会学の扉に」井上俊他編『岩波講座　現代社会学第25巻　環境と生態系の社会学』岩波書店，1996，p.8.
5）見田宗介『現代社会の理論』岩波書店，1996，pp.74-75.
6）見田宗介　同上書　pp.28-31.
7）見田宗介，「環境の社会学の扉に」井上俊他編『岩波講座　現代社会学第25巻　環境と生態系の社会学』岩波書店，1996，pp.3-4.
8）舩橋晴俊「環境問題への社会学的視座―『社会的ジレンマ論』と『社会制御システム論』―」『環境社会学研究』1，1995，p.9.
9）鳥越皓之「生活環境とライフスタイル」舩橋晴俊・飯島伸子編『講座社会学12　環境』東京大学出版会，1998，p.91.
10）舩橋晴俊「環境問題の社会学的研究」飯島伸子他編『講座環境社会学第1巻　環境社会学の視点』有斐閣，2001，p.52.
11）谷口吉光「日常生活と環境問題―リサイクルの日米比較」舩橋晴俊編『講座環境社会学第2巻　加害・被害と解決過程』有斐閣，2001，p.216.

12) 海野道郎「環境破壊の社会的メカニズム」飯島伸子編『環境社会学』有斐閣,1993, p.52.
13) 飯島伸子『環境社会学のすすめ』丸善, 1995.
14) 飯島伸子「地球規模の環境問題と社会学的研究」飯島伸子編『講座環境社会学第5巻 アジアと世界―地域社会からの視点』有斐閣, 2001, p.24.
15) 飯島伸子 前掲書 p.24.
16) 寺田良一「地球環境意識と環境運動―地域環境主義と地球環境主義」飯島伸子編『講座環境社会学第5巻 アジアと世界―地域社会からの視点』有斐閣, 2001, p.251.
17) 寺田良一 同上書 p.251.
18) 飯島伸子『環境問題の社会史』有斐閣, 2000.
19) 井上真「自然資源の共同管理制度としてのコモンズ」井上真・宮内泰介編『コモンズの社会学』新曜社, 2001, pp.11-12.
20) 鳥越皓之「生活環境主義の基本論理」鳥越皓之『環境社会学の理論と実践』有斐閣, 1997, p.19.
21) 海野道郎・松野隆則「地域社会における共有物の管理―ごみ集積所をめぐる仙台市民の意識と行動―」『日本文化研究所研究報告』別巻第27集, 1990, pp.41-57.
22) 小松洋「ごみ処理と渇水問題に関する市民意識―生活と環境に関する松山市民意識調査結果概要―」『環境社会学研究』1, 1995, pp.194-201.
23) 海野道郎・松野隆則・小松洋・土場学「地域社会における共有物の管理(2)―ゴミの分別をめぐる仙台市民の意識と行動」『日本文化研究所研究報告』別巻第28集, 1991, pp.35-53.
24) 小松洋・阿部晃士・村瀬洋一・中原洪二郎・海野道郎「地域的コミュニケーションが環境保全行動におよぼす影響―家庭ごみ排出行動と近所づきあいとの関連について―」『社会学研究』60, 1993, pp.115-135.
25) 中野康人・阿部晃士・村瀬洋一・海野道郎「環境問題の社会的ジレンマ―ごみ減量問題を事例として―」『社会学研究』63, 1996, pp.109-134.
26) 海野道郎・篠木幹子・荒井貴子「リサイクル行動を促すもの―地域移動歴との関連から促進メカニズムを探求する―」『社会学研究』72, 2002, pp.21-41。
27) 環境省大臣官房廃棄物・リサイクル対策部廃棄物対策課 前掲書 p.6.
28) 三宅博之・加来和典・田中裕美子「北九州市と下関市の小学校6年生・保護者にみる環境意識と環境保全行動に関する実態調査」『関門地域研究』10, 2001, pp.63-103.
29) 海野道郎・篠木幹子・荒井貴子 前掲論文 pp.28-29.
30) 土場学「『環境破壊防止行動』をめぐるジレンマ構造の制御可能性―コミュニケーション・メディアの効果と機能を手がかりにして―」『社会学年報』20,

1991, p.122.

参考文献

阿部晃士・小松洋・村瀬洋一・中原洪二郎・海野道郎「公平な費用負担原理と公平感―ごみ収集・処理の費用負担をめぐって―」『社会学年報』22, 1993, pp.103-119.

阿部晃士・村瀬洋一・中野康人・海野道郎「ごみ処理有料化の合意条件―仙台市における意識調査の計量分析―」『環境社会学研究』1, 1995, pp.117-129.

舩橋晴俊「社会制御としての環境政策」飯島伸子編『環境社会学』有斐閣, 1993, pp.55-79.

舩橋晴俊「環境問題の未来と社会変動　社会の自己破壊性と自己組織性」舩橋晴俊・飯島伸子編『講座社会学12環境』東京大学出版会, 1998, pp.191-224.

飯島伸子「総論　環境問題の歴史と環境社会学」舩橋晴俊・飯島伸子編『講座社会学12環境』東京大学出版会, 1998, pp.1-42.

森下研『ごみ問題をどうするか―廃棄・処理・リサイクル―』岩波書店, 1997.

中野康人・阿部晃士・村瀬洋一・海野道郎「社会的ジレンマとしてのごみ問題―ごみ減量行動協力意志に影響する要因の構造―」『環境社会学研究』2, 1996, pp.123-139.

篠木幹子・荒井貴子・海野道郎「リサイクル行動に影響を与える要因の関係」『社会学研究』71, 2002, pp.169-190.

谷口吉光「住民のリサイクル行動に関する機会構造論的分析―日米比較調査をもとに―」『環境社会学研究』2, 1996, pp.109-122.

第3部

社会的差別と格差の病理

第10章 マイノリティに対する差別
―日常生活における差別をめぐって―

I 差別をめぐる言説

　アルベール・メンミによれば、「人種差別とは、現実の、あるいは架空の差異に、一般的、決定的な価値づけをすることであり、この価値づけは告発者が自分の攻撃を正当化するために、被害者を犠牲にして、自分の利益のために行なうものである」という（メンミ，1996, p.4）。マイノリティと差別を論ずるにあたって、差別の本質をとらえる出発点としてこの定義を措定しておこう。すなわち、差別とは差異を価値づけることによって、生ずるものだということである。そして、その差異とは現実のものである場合もあれば、架空のものである場合もある。

　この議論をさらに進めて、小坂井敏晶は人種差別の背景をつぎのように指摘する。「境界が曖昧になればなるほど、境界を保つための差異化のベクトルがより強く働く。人種差別は異質性の問題ではない。その反対に同質性の問題である。差異という与件を原因とするのではなく、同質を差異化する運動のことなのである」（小坂井，2002, p.22）。差別問題は差異の有無ではなく、差異を作り出そうとする認識の問題である。

　小坂井によれば、民族そのものも成立の契機については従来の議論が逆転しているのだという。すなわち、「複数の国民や民族がいるために国境や民族境界ができるのではない。その逆に人びとを対立的に差異化させる運動が境界を成立させ、その後に境界内に閉じこめられた雑多な人びとがひとつの国民あるいは民族として表象され、政治や経済の領域における活動に共同参加することを通して、次第に文化的均一化が進行するのである」（小坂井，2002, p.14）。

つまり，民族にせよ，人種にせよ，そこに一定の同質性や同一性を前提とする議論は虚構であって，民族間の対立や差別の前提となるのはその異質性ではなく，同質性を異なるものとしてとらえようとする人びとの認識である。そして，虚構は現実を支えるものとして存在し，虚構によって初めて現実が生成していくと考えられている。

　このことを前提として，マイノリティと差別については最初に確認しておくべきことがある。本稿で取り上げるマイノリティについて，いくらかの限定をつけて議論を始めたい。マイノリティは他の成員によって社会からはじき出されている人びとの集団で，自らも集団差別の対象になっていると考えられている。そこでは身体的あるいは文化的特徴を口実として差別的で不平等な待遇を与えられている（青柳，1993）。この定義によれば，マイノリティには少数者集団としてアイヌや沖縄人が含まれるであろう。しかし，本稿ではこれを在日外国人に限定して考えてみたい。

　数量的な大きさは，必ずしもマジョリティとマイノリティを規定するものでないことはいうまでもない。マイノリティを規定するものは，マジョリティとの権力関係である。ここでの権力関係は非対称であって，垂直に構成されている。ただし，在日外国人はその移動によって生じたマイノリティとしての社会的立場を転換可能な位置にいる。在日韓国・朝鮮人の場合，こうした構図は二重の権力構造のもとで，母国においてさえ開かれたものではない。だが，その選択の幅は限られているものの，在外朝鮮人という視点からみたときには，新しいパースペクティブが開かれつつあることが指摘されている（姜，2002）。すなわち，マイノリティといっても，まなざしは必ずしも一方向とは限らず，権力関係は「場」を移動することによって，転換可能な構造をもっている。ここでのマイノリティは「場所」や，「場面」が異なる場合，たとえば母国においてはマジョリティとなる場合もある。

　前述の通り，いまや人種や民族が社会的に構築されたものであり，虚構として作り上げられたものであることはこれまでの研究により明らかにされている

(ゲルナー，2000，小坂井，2002)。また，国籍による差別は国民国家の存在がもたらしたものであり，外国人に対する日常生活における差別も同様に，国家が深く関わっている。在日韓国・朝鮮人問題は国家により作り出された側面が色濃い。

このような国民国家の存在を前提とした近代化が差別を抑止しえない理由を栗原はつぎのように指摘する。「第一に政治権力にとって，差別はすぐれて政治的機能をもつが故に，権力のエコノミーとしての差別は保全される」。「第二に，近代化の啓蒙に伴ない，『差別は悪い』という言説が一般化したこと」，すなわちタテマエとなったことによって，人びとは差別の前を素通りする(まなざしは遮断されてしまう)という(栗原，1995，p.26)。以下では，在日外国人をめぐる生活場面における差別事例を通して，マイノリティと差別の問題を検証していきたい。

Ⅱ ニューカマーズに対する日常生活レベルの差別

ニューカマーズとは「永住外国人」としての在日韓国・朝鮮人，台湾人と区別する意味で，1980年代以降来日した外国人を指す。1980年代後半以降，日本社会はアジアからさまざまな目的で来日する外国人居住者をうけ入れ始めた。そのことが地域社会レベルにおいて，地域住民にとって，日常生活の場面，場面で外国人居住者との接触頻度を高めたことは間違いない。現状では，外国人登録者総数178万人の64％を占める。

東京におけるニューカマーズとしてのアジア系移住者の生活と意識については，別稿にてすでに詳しく触れている(奥田・田嶋，1991，1993，1995，田嶋，1998)。そこで注目されることは，移住の初期段階にあっては，生活の各場面で一人ひとりの在日外国人がさまざまな差別を経験している点である。外国人居住者はさまざまな生活場面で外国人であることを理由に排除されていく一方，それぞれのエスニックなつながりを利用して自らのネットワークを形成して

いった。ここに掲げる図表10－1は，東京・豊島区池袋地区におけるアジアからの来住者156名による調査結果である。

　来日半年から1年を中心とする対象者だが，ここで外国人は被差別体験を通じて，自らがこの社会の外部の人間であることを刻印される。もちろん，不愉快な体験をもたない人が23％を占めており，すべての外国人居住者が被差別体験をもつわけではない。また，不愉快な体験という質問には被差別体験以外の項目も含まれており，人によりうけ止め方に違いがある。ここでの「外国人ということで差別されたこと」の回答は全体の17.9％である。しかし，本調査を通じて，欧米系にせよ，アジア系にせよ，いずれの場合にも住居差別の深刻さが指摘されており，人びとは日本での生活拠点を確保するためにさまざまな人的資源を活用し，やっとの思いで住居を探し出している。

　こうした状況は移住時期が長くなるにしたがい，改善されてはいるが，外国人排除の傾向は依然として根強い。アルバイトを探す場合も同様である。池袋地区においても，1980年代後半の一時期，一部の不動産店の軒先に「外国人お断り」の張り紙や札が下げられているといった状況がみられたが，その直後に行政から不動産業協会を通じて指導が行なわれ，表だった差別的対応は改善された。しかし，実質的な外国人排除についての問題は根本的な解決をみていない[1]。

　また，図表10－1における調査対象者はほとんどがアジアからの来住者であり，欧米系とアジア系に対する日本社会からの「まなざし」の違いについて，回答例にも言及がある。ただし，外国人として差別をうける点では欧米系であれ，アジア系であれ，同様であり，いずれの側からも日本社会の問題が指摘されている。この間，外国人に対するあからさまな排除に対し，人種差別撤廃条約を根拠とする民事訴訟が行なわれている。たとえば，小樽市における温泉施設での入浴拒否をめぐる裁判での原告3人は，いずれも欧米系の居住者であった。2002年11月の判決において，入浴拒否は「不合理な人種差別」であることが認定され，被告である業者に対し，賠償が命じられている。原告側は「合理

第10章　マイノリティに対する差別

図表10-1　不愉快だと思うこと（複数回答/移住の初期段階）

回　答　項　目	回答者数（％）
A．外国人ということで差別されたこと	28（17.9）
B．日本語ができないために，理解してもらえなかったり，トラブルになったこと	20（12.8）
C．日本人は心が冷たく，閉鎖的	17（10.9）
D．物価が高い	11（ 7.1）
E．入国管理局の審査が厳しい	9（ 5.8）
F．生活が苦しい，仕事が疲れる	9（ 5.8）
G．寂しい	6（ 3.8）
H．日本人の酔っ払い	6（ 3.8）
I．保証人探しがむずかしい	4（ 2.6）
J．政府のうけ入れ体制が不十分	2（ 1.3）
K．その他	18（11.5）
L．別になし	36（23.1）
M．D.K/N.A.	13（ 8.4）
回答者総数	156（100.0）

出所：奥田・田嶋編，1991，pp.120-123　ただし，回答例は差別事例のみを抜粋している。

［回答例］
A-1．「一番はじめに寿司屋で皿洗いの仕事をしたとき，店長が外国人だということで差別した。家探しの時，外国人であることを理由に断られたこと。外国人には部屋を貸さないといわれた。仕事も外国人ということでだめ，日本語ができても，できなくてもただ外国人だからというだけで，だめというのはおかしい。学費と生活費さえ稼げればよいのだから，もう少しうけ入れてほしい。少しでも多く稼ごうと思えば，本を読む時間もなくなるので無理はしない」（上海・女・26歳）
　2．「仕事を探していて，多少日本語ができるにもかかわらず，ただ外国人だというだけで『いらない』と断られること。そのため，結局は肉体的にきつい仕事をしなければならなくなる」（上海・男・30歳）
　3．「日本人でないことがわかると蔑視される。たとえば，タクシーに乗ったとき，態度がかわったり，不動産屋で紹介してもらえなくなる」（韓国・男・28歳）
　4．「何か勝手に優越感にひたっている人がいる」（上海・男・24歳）
　5．「日本人に偏見の目でみられること。アメリカばかり良くみられ，アジア人は軽蔑される。日本はもっとアジアに対して目を向けて欲しい」（台湾・女・29歳）
　6．「日本人のなかに（いろいろな人がいるが）中国人を軽視する人がいる。職場の同

僚も失礼なことをいう」(福建・男・22歳)
7．「悲しいことは日本人にいじめられ,軽視されること」(台湾・男・26歳)
8．「日本人はアジアの外人を馬鹿にしている。たとえば,日本で美容の学校へ行くと向こうにはないのか,という。向こうにはタバコはないだろう,といってタバコをすすめる。日本人は10人中7人はアジア人を馬鹿にしている。とくに中年以上(50歳以上の人はひどい。若い人はそれほどでもない)。日本で学校を卒業したことを後悔している。もう日本へは絶対に来ない。日本の学校を出た以上,日本で技術を覚えなければ向こうでばかにされるので,仕方なく日本へ来た」(韓国・男・30歳)

C－1．「日本人の外人に対する態度。冷たい,みてみぬふりをする。外国人全般をさけようとする。40代以上の男性」(コートジボワール・男・36歳)
  2．「友達に頼まれて,一緒に不動産屋に通訳でついていった。自分だったら,そこまでいわれて入りたくない,と思ったことがある。たとえば,友人を入れない,夜遅くならない,という条件。どうやって友人と付き合えばいいのか。人が住んでいるなら,当たり前の事だ。韓国だったら,絶対こういうことはいわれない」(韓国・男・27歳)
  3．「日本人の考え方で,外国人をうけ入れない閉鎖性がいやだ。家を探すのも,仕事を探すのも,それゆえに大変である」(台湾・女・24歳)
  4．パチンコ店で働き始めた時,意地悪をされた。何も間違えていないのに,お金が足りないなどと,故意にいじめられた。外国人は存在を認めたくないかのようだった。日本にくる前は日本のことをテレビでしか知らなかったので,とても良い国だと思っていた。でも,実際は思っていたような国ではなかった。欧米系の外国人と東南アジア系では日本人の接し方が違うようだ。(香港・女・22歳)

F－1．「仕事がとても疲れる。物価が高い。良い人と悪い人と,人の関係はいろいろだが,中国人を軽視している人が多い」(福建・男・21歳)
H－1．「酔っ払い。ほんとに悪いイメージ。マレーシアでは酔っ払いはいない。日本人は怒ったとき本当にこわい。ディスコで日本人のグループのなかに自分たちのグループがはいっていった時 alien の感覚。ディスコだけではなくどこでも」(マレーシア・男・26歳)
J－1．「アジア人に対する日本人の偏見。外国人をうけ入れるための仕事,住宅などの受け皿がまだまだ小さいので改善してほしい。アジア人に対する偏見をなくし,アジアの国々と協力し,発展していくこと」(台湾・女・24歳)
K－1．「テレビに対して,視聴者が日本人だけではないことを意識した放送をしてほしい」(マレーシア・男・24歳)

的な差別」があるのかと判決文の問題点を指摘しているが,何よりもここでの問題は1995年の人種差別撤廃条約批准に際し,日本政府が差別を禁ずる具体的な国内法の整備を行なわなかったことにある(朝日新聞,2002年11月11日付およびhttp://www.debito.org/nihongo.html,有道,2003を参照)。

図表10-1に示されたさまざまな差別事例は居住，就業に関する身近なものであり，筆者らによるその後の継続調査においても，公共の場所における差別体験が指摘されている。たとえば，バングラデシュ人男性は電車のなかで外国人が座ると，隣の席に座らないことがよくあると指摘する。こうした個別の私的領域で公然と行なわれる差別に対して，日本社会における法的規制あるいは教育は残念ながら行なわれていない。

　これらの差別事例について，日常生活における「外国人性」はその人に貼り付けられるスティグマであって，「日本人」とは日常生活において提示されるイメージにすぎないことをトンプソンは指摘する（トンプソン，1996，p.265）。イメージはすなわち小坂井のいう虚構ともいい換えることが可能である。そして，人びとは「○○人」という虚構のなかに身をおき，自らを支えているが，その実支えられている虚構を区分する明確な基準は存在しない。筆者はかつて，杉本良夫の議論をふまえ，あいまいな日本人カテゴリーについて指摘したが，杉本による結論も日本人とは誰のことかという基準は設定できないというものであった（杉本，1996年，田嶋，1997年）。自他を差異化するイメージや虚構が問題の本質にあることは間違いない。

III　移住プロセスのなかでの差別関係の変容

　移住初期に示された被差別体験は，その後のニューカマーズの生活世界にいかなる影響を与えていくのか。ニューカマーズにとって，日本におけるマジョリティとマイノリティとの権力関係は母国において，逆転可能な状況にある。このことはニューカマーズと差別の問題を考える時に，重要な視点を提示する。彼らにとって，日本社会は移住先の選択肢のひとつであって，最終的な定着・定住を日本社会に措定しているわけではない。もちろん，永住権や日本国籍を取得し，日本社会の一員として定着を選択する人びとも存在するし，あくまでも一時的な滞在，自らのステップ・アップをはかる目的での滞在地として日本

を位置づける場合もある。そして，彼らは差別構造を転換していくことが可能な潜在力を備えている。移住第1世代である彼ら自身は自らの周囲にさまざまなネットワークを張り巡らせ，あらゆる資源を活用しながら，自らがその能力と資源を展開可能な社会空間を築き始めている。都市地域社会レベルにおいても，「みる」「みられる」という一方向の関係だけが成立しているわけではない。日本社会において，マイノリティであることは彼らの力の弱さを示しているわけではない。むしろ，彼らの背後に広がる世界大のネットワークとそれを手がかりとして展開する社会空間の広がりをどうとらえていくかが，新しいマイノリティと差別の問題をみていく上で重要である。

　何よりも，彼らをうけ入れた地域社会そのものが大きく変化している。移住の初期段階において，被差別体験を重ねていったニューカマーズはその後，新しい自分たちの世界を切り開くべく，下位文化世界を作り上げていった。住宅，就業においてはすでに一定の市場規模をもち始めている。そのなかから仲介あるいは媒介者としての起業家層が形成されていったのである。もちろん，母国との間には引き続き新たな流入を促す一定の回路が開かれている。

　日本社会はマジョリティ／マイノリティ関係において，東アジアの諸地域との間に新しい繋がりをもち始めている。そして，そのことがマイノリティであるニューカマーズと日本社会との関係をも変え始めている。たとえば，1990年代の10年間を日本は「失われた10年」とよぶが，東アジアの後発国であった中国においては，むしろ「躍進の10年」であった。母国の高度経済成長を背景として，日本に居住する在日中国人たちの展望は，母国とさらなる移住先としての移民国家との間で新たな展開が試み始められている（田嶋，2003）。こうしたなかで，マイノリティと差別の問題は新しい構図のもとに，新たな展望を開かれるものとしてとらえられる可能性を示す。

　では，その一方で，従来日本社会におけるマイノリティとして長年にわたり被差別状況におかれてきた在日韓国・朝鮮人はいかなる変容を遂げているのだろうか。

Ⅳ 「永住外国人」に対する差別の諸問題

「永住外国人」としての在日韓国・朝鮮人についていえば、その中心は日本生まれ、日本育ちの2世、3世である。この点が1世を中心とするニューカマーズの場合とは基本的に異なる。この20年来、在日韓国・朝鮮人に対する制度面での対応は、大きく改善されてきている。とりわけ、1979年の国際人権規約の批准ならびに1981年の難民条約への加入以後、国籍を理由とするさまざまな制約が取り払われた。ただし、ここでは障害者年金制度と無年金高齢者について、制度のはざまで取り残された問題があり、その一部は現在も裁判による見直しへの取り組みが続いている[2]。

こうした制度面での対応はニューカマーズにも一定の範囲で援用、準用され、新しい対応を可能にした。しかし、日常生活における差別的な対応については、ニューカマーズ以上に解決へ向けた取り組みを必要とする問題が山積している。

筆者が、1994年に荒川区日暮里・荒川地区で在日韓国・朝鮮人を対象に行なった地域調査によれば、被差別体験は世代間で若干の差があり、教育歴においても違いがみられた。外国籍であるがための差別、就職、結婚に際しての差別など、韓国・朝鮮人であることを理由に差別された人が調査対象者104名のなかで3分の1に上った。図表10-2の「差別・いじめ」や「進学・結婚・就職差別」等、被差別体験の項目では1世あるいは3世よりも2世においてより高い割合を示す（図表10-2参照）。

調査対象地域が長年にわたり在日コミュニティとして形成されてきた集住地域であることもあり、在日韓国・朝鮮人1世についていえば、彼らの生活世界は韓国・朝鮮人の閉じられた社会のなかにある。また、この調査は高齢女性が対象者に含まれたこともあって、夫を亡くした後、独居生活の人びとにとっては被差別体験そのものよりも生活苦が「つらかったこと」として語られている。

2世の場合には、後述するように民族名ではなく、通称名である日本名を使

図表10－2 在日として日本で暮らすなかで、とくにつらいと思ったこと、あるいは耐えたこと（複数回答）

回　答　項　目	1世（％）	2世（％）	3世（％）	計（％）
1．差別・いじめ	1（ 2.4）	12（26.1）	3（17.6）	16（15.4）
2．進学・結婚・就職差別	5（12.2）	4（ 8.7）	3（17.6）	12（11.5）
3．お金がない苦労	12（29.3）	－	－	12（11.5）
4．苦労ばかり、つらかった	7（17.1）	2（ 4.3）	－	9（ 8.7）
5．外国籍であるための差別	－	4（ 8.7）	3（17.6）	7（ 6.7）
6．韓国人・朝鮮人であることをいえない	－	5（10.9）	1（ 5.9）	6（ 5.8）
7．居住差別（家が借りられない）	2（ 4.9）	1（ 2.2）	1（ 5.9）	4（ 3.9）
8．民族学校が差別されていること	－	3（ 6.5）	1（ 5.9）	4（ 3.9）
9．銀行が貸してくれない	1（ 2.4）	2（ 4.3）	－	3（ 2.9）
10．言葉がわからない	3（ 7.3）	－	－	3（ 2.9）
11．習慣・祭日が違う	－	1（ 2.2）	1（ 5.9）	2（ 1.9）
12．つき合いがむずかしい	2（ 4.9）	－	－	2（ 1.9）
13．その他	3（ 7.3）	3（ 6.5）	1（ 5.9）	7（ 6.7）
14．とくになし、自分は体験していない	6（14.6）	11（23.9）	6（35.3）	23（22.1）
15．回答なし	－	4（ 8.7）	－	4（ 3.8）
計	41（100.0）	46（100.0）	17（100.0）	104（100.0）

中央大学奥田ゼミナール・淑徳大学田嶋ゼミナール『在日韓国・朝鮮人の生きかた』1994年3月、未刊行。ただし、回答例は2世、3世のみを掲載している。

［回答例］
〈2世の場合〉
1－a．「学生時代、朝鮮人とバカにされた。好きできたわけじゃないのに。先生もかまってくれなかった。子どもには味わってほしくない」（女・57歳）
　　b．「小さい時、露骨に差別された。つらいっていうか、『くそー』という感じで、心のなかで日本人に負けるものかと思っていた。反骨精神があった。今でも目にみえない制約があることを知ってほしい」（女・31歳）
　　c．「子どもの学校問題、入学の際『本名でいいんですか』としつこく聞かれた。子どもが小3の頃、先生にいじめられた」（女・47歳）

第10章　マイノリティに対する差別

- d.「小さいころは父に小金があり，顔も広かったのでいじめられるといった経験はなかった。でも通りがかりで，小さな声でにんにくくさいといわれたことがある」（女・55歳）
- e.「こどもたちが地元の朝鮮学校に通っているが，たまに地元の荒川でさえも年輩のおじさんが子どもをつかまえて，意地悪な言葉を浴びせたり，唾をかけたり，蹴飛ばしたりしたことがある。そういうことを子どもに聞くと本当に頭にきてしまう」（女・36歳）

2-a.「娘の結婚のとき（夫が日本人）」（女・55歳）
5-a.「自分が大人になったとき，働いて外国旅行をしようとしたら，朝鮮籍なので，できなかった。また，朝鮮人という目でみる日本人がいるとき嫌な気分になった」（女・36歳）
- b.「いっても仕方がない。昔，運転免許証だけをもって大阪から和歌山へ出かけた時，検問にぶつかって，外登証不携帯で留置場に入れられた。大阪市内ならば電話で確認して住む程度のことなのにまったくだめだった」（男・58歳）
- c.「外国人であるために，買えないものがあったこと（ゴルフの会員権）。姉が就職の時に証券会社に電話をしたが，すぐ断られた」（男・25歳）
- d.「一番下の子だけ日本籍で，戸籍上は自分の名前を名乗っている。通名は使えないので，韓国籍にするために国籍変更の手続きをしようとしたが，あまりに小さいうちからかえる必要はないと窓口でいわれ，法務省の手続きも面倒なので，結局途中で諦めた。現在本名，通名，戸籍上の名前の3つある」（2世の妻・40歳）

6-a.「みた目にはわからないが，分かったときに意外だという対応をされること」（女・39歳）
- b.「昔学校を出て働くようになった頃，人にいいづらかった。今でもそういう気持ちはないわけではない」（女・56歳）
- c.「自分のことを在日と知らない人とサウナに行った時，その人が『昼間のサウナは韓国人が多いから嫌だ』といったのはつらかった」（女・50歳）
- d.「なぜ自分（あるいは他の朝鮮人，韓国人）が日本にいるのかということを周囲の日本人がまったく知らないので，その状況を説明するのが非常に困難だった」（女・30歳代）

7-a.「結婚して家をさがすとき，何十軒も不動産屋を回ったかわからない。最初のマンションは日本人の名前で借りたが，2度目は子どもも生まれ，今後の事もいろいろあるから本名で探したが，まったくみつからなかった」（女・36歳）

8-a.「今現在は朝鮮学校に通う子どもは教育補助がまったくもらえないことが，つらいことのひとつ」（女・36歳）
- b.「朝鮮学校のとき，日本人の学校の人たちにいじめられて，よく喧嘩をした」（女・49歳）
- c.「昔学生の頃は，日本の学校と仲が悪かったので，そのことがつらかった」（男・38歳）
- d.「スポーツ交流等で選手権に出られないのはかわいそう。定期が通学定期扱いにならない。今署名運動が行なわれている」（女・33歳）

9－a．「銀行関係で貸しだし等の区別があったこと」（女・62歳）
11－a．「祭日に学校に行かなければならなかった。（チョゴリ姿が目立つので）じろじろみられる」（女・36歳）
13－a．「その日，その日をくらすのが精一杯。同じように日本人でもつらいと思うときがあるし」（女・57歳）
　　b．「考えたくない。日本で死ぬまで生きて行くだろうから。優遇されない部分は多いけれど，考えたくない。納得しているわけではない。あきらめてしまっている部分が多い。根本的にはかわらない」（女・36歳）
14－a．「日本人とそれほどつき合いがなかったので，とくにない」（男・47歳）
　　b．「しいていえば小学校の時にほんとに少しあった程度で，耐えるようなことはほとんどなかった」（女・42歳）

〈3世の場合〉

1－a．「たくさんある。学生時代(小，中)のいじめとか。そのため日本人で通す人もいる。でも私は平気でいうけれど」（女・27歳）
　　b．「小学校のころ，ちょっかいだすという感じでからかわれたけれど，他にはなし」（女・15歳）
　　c．「小学生の(地元の朝鮮学校に通っていた)頃，近所の子どもに『にんにく臭い』といわれた。朝鮮人イコールにんにくというイメージでいじめられた。（私の場合，母親が日本人だったからにんにくなど全然たべていなかったのに）。いじめた側は実は帰化した子どもだったりして親の教育がなっていないと母が向こうの親に文句をいいに行ったのを覚えている。結局勉強ができても『朝鮮人だからね』といわれるし，勉強ができなくても『朝鮮人だから』といわれるのだと思う」（女・31歳）
2－a．「高校の時の就職。1度 OKがでたのにダメになった。手に職をつけようと思ったのに夢がどんどん崩れていった。住民票」（女・27歳）
5－a．「指紋を押したこと。選挙権がないこと。公務員になりずらい。就職する時に日本の友達と違う」（男・22歳）
　　b．「ビザを取るときに不便なだけ」（女・27歳）
6－a．「自分の本名が韓国名だったから，友人関係などで，友人は気にしなくても自分は少し気になった」（男・22歳）
8－a．「高校を卒業しても文部省が認めてくれないので，専門学校へ行くのに1年間ブランクがあった」（男・22歳）
11－a．「とくにないが，正月に法事をやるので，元日の初日の出や初詣に誘われても日本人の友人と出かけられなかった。家にいなければいけない。子どもたちも一人ひとり先祖の礼をする」（男・27歳）
13－a．「日本史の授業で韓国との関係を学ぶ時。オリンピックなど国家レベルの行事がある時」（女・16歳）
14－a．「同胞が多いためにあまりない。同胞の少ない地方の在日は孤立してしまうのでたいへんなのではないか」（男・24歳）

第10章　マイノリティに対する差別

うケースが多いこともあり，「みた目にはわからないが，分かったときに意外だという対応をされること」（女・39歳），「昔学校を出て働くようになった頃，人にいいづらかった。今でもそういう気持ちはないわけではない」（女・56歳）「自分のことを在日と知らない人とサウナに行った時，その人が『昼間のサウナは韓国人が多いから嫌だ』といったのはつらかった」（女・50歳），「なぜ自分（あるいは他の朝鮮人，韓国人）が日本にいるのかということを周囲の日本人がまったく知らないので，その状況を説明するのが非常に困難だった」（女・30歳代）というように，日常生活の「場面」「場面」で民族を意識し，差別を実感していることがわかる。民族名と日本名を使い分けているという2世のなかには「日本人には通名，仲間うちでは本名，目立たないようにしているから」（2世・男・58歳）という。また，「子どもが学校で自分が韓国人であることをいいそびれたりするのが嫌。韓国語がはなせないし，自分が韓国人だということを意識してほしい（病院では健康保険が通名なので通名，子どもは幼稚園で本名）」（2世・女・36歳）のように使い分けをしている実態がある。

　また，学歴別では朝鮮学校出身者の場合には，高校あるいは大学卒業後の就職時点で閉じられた社会から外にでる必要が生じ，そこで改めて外部世界を体験することになる。公立学校出身者の場合には，小学校，中学校と年齢が上がるにつれ，世界が広がり，集住地域から外部世界との接触が広がるにしたがって，名前を日本名とするか，あるいは民族名とするかという問題で自分自身のアイデンティティに関わる葛藤を体験することになる。

　ただし，民族名を名乗っている場合には，「永住外国人」であるにもかかわらず，ニューカマーズと同じような対応をされることに違和感を抱く青年もいる。日本生まれ，日本育ちである在日3世の女性に対して，民族名であることから「日本語が話せますか」といった質問が日常的に繰り出される周囲の無理解がある。また，日本名を名乗っている人びとにとって，出自を明らかにしていないことによる内面の葛藤は大きい。

　若い世代が就職やアルバイトを探す際に，直面する差別は深刻である。また，

図表10-3 民族名・通称名の使用状況

使用状況＼世代	1世（％）	2世（％）	3世（％）	合計（％）
ずっと本名だった	19（46.3）	13（28.3）	5（29.4）	37（35.6）
通名から本名にかえた	1（2.4）	2（4.3）	4（23.5）	7（6.7）
本名から通名にかえた	2（4.9）	－	2（11.7）	4（3.8）
ずっと通名だった	7（17.1）	14（30.4）	3（17.7）	24（23.1）
その他（使い分けている等）	10（24.4）	16（34.8）	3（17.7）	29（27.9）
回答なし	2（4.9）	1（2.2）	－	3（2.9）
合　　計	41（100.0）	46（100.0）	17（100.0）	104（100.0）

出所）図表10-2と同じ。

学校内においても，民族名を名乗れず，日本名を使用していることが問題の深刻さを示している。

　同じ調査から名前の使用状況についてみると，1世では民族名を名乗っている人が46.3％であり，使い分けや日本名はあわせて46.4％で，民族名と同程度である。しかし，2世では民族名が28.3％であり，日本名および使い分けが65.2％と民族名使用を上回る。また，3世においては通学状況との関係があり，民族学校へ通う子どもたちが多い地域ということもあって，民族名が29.4％および民族名にかえたが23％で，合わせて52％と過半数を占めている（図表10-3参照）。

　平成8年から5年間にわたり，大阪府教育委員会が在日外国人生徒に対して行なった卒業後4年目の進路調査によれば，現在日本名を使っている在日外国人の卒業生は2014名中85.8％を占め，民族名使用者はわずかに12.5％であった。生まれてこの方，ずっと日本名を使い続けてきた生徒は1728名中90.9％であり，日本社会における民族名使用のむずかしさを浮き彫りにする結果となっている（大阪府教育委員会編，2002，p.40）。なお，就職時には企業から日本名を名乗ることを求められるケースもある。同化強制といってもよい状況が依然として根強く残っている。

　栗原は差別とまなざしの関係について，「まなざしは反復されることによっ

て構造化される。まなざしの構造化は、差別化するまなざしを投げかける側におこるだけではない。まなざしを注がれる者においても、そのまなざしはしばしば内面化され、双方向的に構造化される」と指摘する（栗原，1996，p.14）。このことは、日本名を使用する在日外国人生徒の割合の大きさと同時に、民族名から日本名へとかえたり、使い分けたりする状況を説明する。

V エスニック状況の複層化

　在日韓国・朝鮮人をめぐるこうした状況にもわずかずつ変化の兆しが示され始めている。それは、とくにアジアからの新たな流入者を多く迎え入れた1980年代以降において顕著である。在日韓国・朝鮮人は日本社会の状況を深く理解すると同時に、1世についていえばニューカマーズ側の状況も移住者という立場から理解可能な位置に立っている。その意味で、彼らはニューカマーズと日本社会とを仲立ちする存在であるともいえる。新宿における調査の過程では、在日韓国・朝鮮人はニューカマーズの雇用主として、あるいは家主として、密接な関係を保っており、その面から地域社会の側に立ってニューカマーズに対応する意見が聞かれた。

　ニューカマーズ自身の日本社会とのスタンスの取り方は、従来の移住パターンとは異なる。日本への定着、定住を視野に入れながらも、その潜在的な力の発揮場所を必ずしも日本社会に限定しない生き方をとっている人びともいる。在日韓国・朝鮮人ら「永住外国人」の新しい役割は、ニューカマーズとの関係を軸に従来とは異なる形で展開する点が注目される。ただし、2世、3世にとっては、ニューカマーズの存在によって、それまで希薄化してきた彼らの「外国人性」を、マジョリティから改めてつきつけられる契機となる状況も再び現れている。

　一方、在日コミュニティそのものも日本籍、韓国籍、朝鮮籍の人びとがひとつの家族を織りなし、複雑な様相を示す。ニューカマーズについても日本人、

永住外国人との結婚を契機として文化的多様性をもった家族を形成する。そこでの関係は，単なる「日本人」対「外国人」図式を超えたエスニック状況を作り出している。現状は大きく転換し始めているにもかかわらず，マジョリティ側の認識が一部にせよ，繰り返し差別事例として示されているのである。

多重なアイデンティティの存在があるように，日本社会そのものを境界から揺さぶり，新しい局面を開いていく動きがアジアとの繋がりのなかでみえ始めている。差別の実態がこうしたアジアのパワーによって塗り替えられる可能性も否定しえない。

Ⅵ　差別論を超えて

金明秀らの研究によれば，「在日韓国人青年の生育過程における民族的劣等感は被差別体験によって強く内面化される一方，民族教育によってある程度除去され，両親の民族意識によってわずかながら解消されるもの」であるという（福岡・金，1997，p.51）民族教育を通じた民族的アイデンティティの確立が被差別意識を乗り越える有効な方法であることはいうまでもない。そのためには民族教育の場の拡充が求められている。これは在日韓国・朝鮮人の場合，20歳以下で9割が公立学校に通う現状を考えるならば，公立学校における多文化教育への取り組みの必要性を示唆するものである。

日本社会における外国人居住の現状は，移住プロセスの開始時期におけるマジョリティからの選別的なまなざしと投げかけられる差別的な言辞によって，マイノリティとしての在日外国人に下位文化世界の生成へと向かうネットワーク形成の要因を作り出している。日本社会が開かれた回路を多様にもつ社会構造をなしていくことによって，外国人世界が成立する契機は失われる。その兆しである多文化共生へ向けた制度的な取り組みや仕掛けが，ボランティア組織のさまざまな試みとして各地で進んでいる。

たとえば，円滑な「共住」環境を作りあげるための相互理解の窓口として取

り組まれるボランティア組織の活動，非登録あるいはオーバーステイ状態におかれた人びとの権利回復への取り組み，日本籍を取得したり，「永住外国人」という立場からの発言およびNPO活動への積極的な取り組みを通じて，社会の一員であることをアピールするさまざまな活動，などが繰り広げられている。こうした試みは一つひとつが単独で，切り離されたものとして存在するのではなく，相互にネットワークが結ばれ，情報が共有されるなかで，活動の広がりをもち始めている。

本稿でマイノリティと差別の問題を在日外国人に限定して考察したことの背景には，差別を作り出す社会構造そのものがこの20年来，大きく転換しているという点への着目がある。在日の現状について，姜は「帰化や同化をするにしても何かエスニックなものをもち，さらには帰化や同化から距離を置きながら民族の過剰に対しても非常に違和感をもち，しかしどこかでなにかしらコリアンといっていいのか，そういうかすかな意識を自らのアイデンティティの，ワン・オブ・ゼムとして生きようとする世代が現れているというのも事実」と指摘する(姜，2002，p.61)。この指摘にみられるように，複層化するエスニック状況のなかで，在日韓国・朝鮮人のアイデンティティにも新たな多重化傾向が示され始めている。

アジアとの関係において，日本社会はグローバル化の進展と不可分に結び合いながら，新たな社会空間が形成されている。そのなかで，マジョリティ／マイノリティ関係も変容していく。そこから，「日本人」「外国人」の二項対立図式を突き崩し，差別論を超えた新たな関係性が生み出されていくものといえよう。

注)
1) 東京都が行なった貸家・貸間業者と不動産代理・仲介業者に対する調査によれば，入居条件を定めている場合「外国人は不可」を条件とする者が貸家・貸間業で25.3％，不動産代理・仲介業で41.9％であった(東京都生活文化局，1996，197ページ)。

2）在日外国人障害者無年金訴訟は2000年3月15日の提訴以来，すでに2年あまりにわたり，継続されている．本訴訟に関する詳細は以下を参照されたい（http://munenkin.hp.infoseek.co.jp/index.html）．

参考文献
青柳清孝「少数者集団」森岡清美他編『社会学大辞典』有斐閣，1993，p.733.
有道出人『ジャパニーズ・オンリー──小樽温泉入浴拒否問題と人種差別─』明石書店，2003.
アーネスト・ゲルナー，加藤節監訳『民族とナショナリズム』岩波書店，2000.
福岡安則・金明秀『在日韓国人青年の生活と意識』東京大学出版会，1997.
姜尚中「コリアン・ネットワークにおける『在日』」〈座談会「歴史のなかの在日〉『環』2002年11月号，2002，pp.56-62.
小坂井敏晶『民族という虚構』東京大学出版会，2002.
栗原彬「差別とまなざし」栗原彬編『講座差別の社会学2　日本社会の差別構造』弘文堂，1996，pp.13～27.
アルベール・メンミ，菊池昌実／白井成雄訳『人種偏見』法政大学出版局，1996.
奥田道大・田嶋淳子『池袋のアジア系外国人──社会学的実態報告』めこん，1991.
奥田道大・田嶋淳子『新宿のアジア系外国人──社会学的実態報告』めこん，1993.
奥田道大・田嶋淳子『新版・池袋のアジア系外国人』明石書店，1995.
大阪府教育委員会『在日外国人生徒進路追跡調査報告書』2002.
杉本良夫『日本人をやめられますか』朝日文庫，1996.
田嶋淳子「あいまいな日本人カテゴリーをめぐって」奥田道大編『都市エスニシティの社会学』ミネルヴァ書房，1997，pp.165～176.
田嶋淳子『世界都市・東京のアジア系移住者』学文社，1998.
田嶋淳子「トランスナショナル・ソーシャル・スペースの思想」渡戸一郎・広田康生・田嶋淳子編『都市的世界・コミュニティ・エスニシティ』明石書店，2003，pp.47-79.
東京都生活文化局『高齢期の住まいと費用』1996.
リー・トンプソン「日常生活における『日本人』の提示とスティグマとしての外国人」栗原彬編『講座差別の社会学1　差別の社会理論』弘文堂，1996，pp.259-275.

第11章　貧困と不平等化

　従来,社会病理学,社会問題論,社会福祉論等の分野において貧困および不平等が論じられる際,所得格差や財の不平等配分が議論の中心に据えられることが多かった。その際,議論の内容は大枠で大雑把なものになりがちであった。たとえば,労働者階級の家族は生産手段をもたず搾取されているので資本家階級や管理的地位にある労働者の家族等と比較して不平等であり,貧困と常に隣り合わせである,といった認識下で「生活の中身」が論じられてきた。本稿では,人間個々人の多様性に注目した概念であるアマルティア・セン(Sen, Amartya K.)の「潜在能力」(capabilities)概念を取り上げ,それを上記斯学の貧困概念や不平等概念に導入すべきであるという視点に立って論を進めたい。そのことによって,これらの学問が社会システムのマクロレベルから個々人の主体的な行為といったミクロレベルまで連関をもたせて視野に入れる必要性が出てくるため,従来とは異なる遙かに実りある学問になりうると考える。

I　貧困と不平等

　ここではセンの説に依拠し,貧困と不平等とは相互に密接な関連はあるが,異なる問題であるとみなす立場から論を進めていく。まず,センも指摘するように,ミラー(Miller, S.M.)とロビー(Roby, P.)のように貧困問題を階層論の視点からとらえ,貧困を不平等問題とみなす立場[1]がある。彼らは,貧困を所得階層化して考え,下位20もしくは10％の人びとと他の人びととの間にある格差と大きさをみて,底辺の人びとより恵まれた人びととの間の格差を不平等とみなしそれを縮めることに関心を払っている。また,ウォーラーステイン(Wallerstein, I.)の世界システム論に代表されるように,「中核」,「半周辺」,「周辺」の

三層の不均等構造を前提とした立場[2]がある。この場合,資源の不等価交換によって「中核」に富が偏在しているので,富の配分の不平等が存在するし,「周辺」の貧困が著しいという構図が浮かび上がってくる。これも貧困を不平等問題とみなす立場に繋がっていく。しかし,貧困と不平等双方の概念は,互いにもう一方の概念を包含しうるものになってはいない[3]ので,これらの説に依拠するには難点がともなう。階層化の観点からのみこの問題をみることは貧困を不平等とみなし,他の要素を考慮に入れて議論を実りあるものに展開させていく視点を欠落させる。センは貧困を不平等の問題としてとらえることに反対し,つぎのように主張する。

　　　不平等と貧困とは根本的に異なる問題である……他の条件を一定として,所得最上位層に属する人から所得中間層に属する人への所得移転は,不平等を減少させるはずである。しかし,この所得移転は,貧困の現状認識に全く影響を与えないかもしれない。同様に,何らかの不平等指標を変化させずに所得が全般的に減少したならば,現実には飢餓,栄養不良,そして明白な生活苦が急激に蔓延することになるかもしれない。そのような場合に,貧困はかわっていないと主張することは現実離れしたものであろう[4]。

彼は,今日のヨーロッパで蔓延している失業を取り上げてつぎのように論じる。西ヨーロッパで実施されているように,失業が原因で失われる所得はかなりの程度,所得補助(失業手当を含む)で補償することができる。しかし,失業は所得の喪失だけでなく他の種類の欠乏ももたらす。精神的な傷,働く意欲の喪失,社会的疎外の強まり,人的緊張,男女間の不平等の高まり等を招く畏れがあるという。彼は,人間がさまざまな面で互いに異なった存在であることを考慮に入れようとする。異なった外的な特徴や環境という点,異なった資産や負債を相続して人生をスタートする点,異なった自然環境のなかに住む点,属している社会やコミュニティは人びとができることできないことに関して非常

に異なった機会をもたらす点，住んでいる地域の疫学的環境は人びとの健康や福祉に大きな影響を与える点，以上のような自然的・社会的環境や外的特徴の差に加えて，個人的な特徴(年齢，性別，身体的・知的能力等)の面でも互いに異なっている点を指摘する。このような不平等を評価する場合，これらの点は重要な意味をもってくるという。たとえば，所得は平等であっても，行なう価値があると認めることを実行する能力の面では不平等はまだ残るという。体の不自由な人は，たとえ健康な人とまったく同じ所得を得ているとしても健康な人と同じように活動することはできない場合がある。このように，あるひとつの変数(たとえば，所得)に関する不平等は，他の変数(たとえば，機能を達成する能力や福祉)に関する不平等とはまったく異なったものになりかねないという。人間の多様性から生じるひとつの帰結は，ある変数に関する平等は他の変数に関する不平等をともないがちだと指摘する。このような視点は，貧困や不平等の問題が単に所得の不平等という点だけでは押さえきれずに「潜在能力」の欠乏の問題と複雑に絡んでくることを示唆している[5]。センは，貧困を所得の高低だけでなく「潜在能力」の絶対的剥奪の問題として理解し，貧困を基本的に絶対的概念としてとらえている。飢餓や飢饉の場合には，その絶対性はより顕著になるであろうし，それらを相対的な不平等の問題に還元することは不可能である。これに対して不平等は基本的に相対的概念である。センは不平等に関しては周知のように数多くの指標があり，単に所得水準の分布の問題だけでみていくことには難があるという。マルクス(Marx, K.)のように生産関係の観点からアプローチする場合もあり，多くの異なる視点から社会の異なる集団間の対比を分析する問題でもあるという[6]。

センのいう「潜在能力」とは，人が選択しうる財のなかで達成できる機能の集合であって，ある人にとって達成可能な諸機能の代替的組み合わせを意味する。この場合，「機能」とは人が財を用いて成就しうることである。たとえば，ある人が病気にかからずに健康を維持できたり，十分な栄養を摂取できたり，医療サービスをうけることができること(衣食住のニーズを満たすこと)，自由

に行きたいところに移動できること,地域社会の暮らしや催事に参加できたり,友人と会えたりすること(社会生活に張り合いをもって参加できること)等々,おのおのの条件にあった能力を行使できる自由のことである。換言すれば,さまざまなライフスタイルを生み出し得る能力であり,個人の自由を反映した機能のベクトルの集合としてあらわすことができるもので,今までのものと変換可能な機能の組み合わせを達成する真の自由でもある。このように,センは人が選択しうる財のなかで達成可能な機能の集合を「潜在能力」といっているのである。ただし,彼は人が所有する財とその特性を用いて何をなしうるかにまで考察を及ぼさねばならないという。たとえば,同じ財の組み合わせが与えられても,健康な人ならばそれを用いてなしうる多くのことを障害者はなしえないかもしれないという事実に対して,われわれは注意を払うべきだという。また,財と機能とは区別されなければならないともいう。それは自転車を所有することと自転車を乗り回すこととは別であることを考えれば明らかであるという。そして最後にもうひとつ,機能はそれが生み出す幸福とも区別されなくてはならないという。たとえば,実際に自転車をあちこち乗り回すことを,その行為から得られる喜びと同一視すべきではないからだという。つまり,機能は人がおのおのの置かれた条件のもとで財を用いてなしうることであるので,財(およびその特性)をもつこととも,(機能から結果する幸福のような)効用をもつこととも別物であるという[7]。

　以上のように,センは貧困と不平等を同じ問題とみなす立場を退け,双方を「潜在能力」の欠乏や絶対的剥奪という観点から論じる必要性を説くのである。

II 貧困概念と貧困への対応の変遷

　貧困問題がいち早く浮上したイギリスにおいては,1531年に救貧法が制定され,1948年に全廃されるまで,救貧法の改廃が幾度となく行なわれた。当初は

第11章　貧困と不平等化

「浮浪者」や「乞食」の処罰に重点を置いたものであったが、しだいに貧民救済に重点を置いたものにかわっていった。しかし、1834年の新救貧法においてさえも、まだ貧民救済をうける者を労役場に隔離収容して劣等処遇原則といわれる厳しい処遇を行なったり、一定の被救済権を労働者に認めた場合でも、貧民を勤勉な者と怠惰な者に区別して処遇し、怠惰な者には勤勉さを強要し矯正するという抑圧的なものであった。処罰から抑圧的な処遇までを含んだイギリス救貧法の変遷にみられるように、この頃までの貧困概念は状態をあらわすものであった。

　その後、19世紀の終わりにブース(Booth, C.)やロウントリー(Rowntree, B.S.)らによる貧困調査が行なわれるようになると、貧困概念は科学的な測定の道具となり、統計調査の対象となる。ブースは1886年から10年間にわたって、ロンドン全市の貧困の実態を統計的に明らかにしようとした。彼は職業階層と貧困の関連性に目をつけ、スラムの住民を8つの階層に区分し、「社会的体裁を保てず、他に頼らなければ自力で生活を営めない」貧困層が30.7%を占める事実を明らかにした。この原因が自助努力の欠如ではなく、社会的なものであることを指摘した[8]。

　ロウントリーは、1889年にイギリスのヨーク市で労働者世帯の全数調査を行なった。「第1次貧困線」以下の状態、すなわち世帯の総収入がいかに賢明にかつ注意深く消費されても、家族のたんなる肉体的能率を保持するための最低限度にも足りない状態にあるものが、労働者階級人口の15.5%を占めることをみいだし、ヨーク市全人口の27.8%が貧困の状態にあることを指摘した[9]。

　第2次世界大戦後、「福祉国家」の成立によって貧困概念は次第に社会保障制度の効果測定のための概念として用いられるようになる。タウンゼント(Townsend, P.)は、当該社会の標準的な生活様式との関連で定義を行ない、「相対的剥奪としての貧困」という概念を提唱する。それは、「個人、家族、諸集団は、その所属する社会で慣習になっている、あるいは少なくとも広く奨励または是認されている種類の食事をとったり、社会的諸活動に参加したり、ある

いは生活に必要な諸条件アメニティをもったりするために必要な生活資源を欠いている」状態を指している。この基準を用いた測定によると，1979年のイギリス国民の22.9％が貧困に該当すると指摘した[10]。

　この相対的剥奪の概念が提起されて以来，社会学における貧困研究は相対主義の立場がとられることが多くなった。このタウンゼントの相対的剥奪の考え方に対して，潜在能力の概念を用いて説明するセンは異なる見解を呈示している。彼は，貧困は確かに剥奪の問題であり，とくに社会学においては，近年その焦点は「絶対的剥奪」から「相対的剥奪」へ移ったという。しかし，財や所得で測った貧困の相対性に焦点を据えるアプローチは本質的に不完全であり，それは絶対的窮乏アプローチを補完するものでしかないという[11]。タウンゼントの徹底した相対主義アプローチを退け，潜在能力における絶対的貧困に焦点を当てる。すべての人に潜在能力発揮のための条件を保障するというのは，絶対的基準をとるということである。

　　絶対・相対の間のやりとりは，同じ機能を満たすために必要になる財が多様であることに関連している（たとえば，「コミュニティーの暮らしに参加する」とか，アダム・スミス（Smith, Adam）の「恥をかくことなく人前に出られる」といった機能を達成するにも，豊かな国ではより多くの財が必要になる）。最低限必要とされる機能を満たすための潜在能力の定義も社会に応じて多様であるが，貧困を潜在能力の欠如としてみる限り，同じ潜在能力を満たすのに必要になる財が異なること自体は，貧困に対して「相対主義」アプローチを意味するものではない[12]。

　センは，ニューヨーク市のハーレム地区の人が40歳以上まで生きる可能性は，バングラディシュの男性よりも低い点を指摘し，これは，ハーレムの住人の方がバングラディシュ人の平均的な所得よりも低いからではないという。この現象は，保健サービスに関する諸問題，行き届かない医療，都市犯罪の蔓延など，

ハーレムに住む人びとの基礎的な潜在能力に影響を与えているその他の要因と深く関連しており，所得の低さは，アメリカの貧困に影響を与えている多くの要因のひとつに過ぎないという。豊かな社会のなかで貧しいことは，それ自体が潜在能力の障害となるし，所得で測った相対的な貧困は，潜在能力における絶対的な貧困をもたらすことがあるという[13]。センにあっては，貧困は単に所得が低いということではなく，基本的な潜在能力の欠如として把握されている。

　これは，早死，ひどい栄養失調（とくに子どもの），いつまでも続く病弱，広範にわたる非識字やその他の欠陥に反映されうる。たとえば，「消えた女性たち」（とくに南アジア，西アジア，北アフリカ，中国などの社会で，特定の年齢の女性に認められる異常に高い死亡率の結果）は，低所得という観点よりも人口学的，医学的，社会的な情報に基づいて分析されなければならない。性による不平等については低所得ではほとんど説明できないことがあるのである[14]。

　このような見方は発展途上国だけでなく，もっと豊かな社会における貧困についても当てはまるという。その例として，ヨーロッパの主要国における大量失業が単に所得の不足ということだけではなく，個人の自由，自主性，技能を広範囲にわたり不安定化させ，特定グループの社会的疎外をもたらすという。それは自立性，自信，心理的・肉体的健康を失わせるという。つまり，潜在的能力の欠損として把握されているのである。現在，ヨーロッパでは「自助」を重視する政策によって失業を減らそうとしているが，この試みはまったくの間違いであると指摘する。このように，センは実際に達成された潜在能力だけではなく，発展可能な潜在能力にも着目している。
　センは，貧困をみていく際，所得格差の視点を根底に据えた生活様式に関する相対主義を否定し，「潜在能力」の欠乏という絶対的基準においてとらえるべきと主張する。

III 不平等への種々のアプローチ

　平等・不平等について論じる場合，何についての平等・不平等なのかを知らねば擁護も批判もできない。所得，富，機会，結果，自由，権利，資源，効用，基本財の分配，生活の質などさまざまなものが考えられる。平等・不平等を論じる異なる立場の理論があるが，いずれの理論においても，その理論で中心的な機能を果たす項目が変数としてとりあげられている。社会学においては従来，機会の平等，結果の平等という2つの区分において議論がなされることが多かった。たとえば，現代社会においては教育をうける機会の平等がある程度実現されたが，教育の結果の平等がなかなか実現されないといった議論，あるいは，現代社会においては所得配分の不平等があって，子どもの教育投資における差が教育をうける機会の差を生じさせており，結果としても教育結果の不平等や就職機会の不平等，所得配分の不平等をもたらしているといった議論等があった。すべての人に平等に門戸が開かれているという意味での機会の平等もすべての人に同一の結果が保証されるという意味での結果の平等も現実的には実現可能性の大変薄い事態である。したがって，人間の多様性に注意を払った観点を構築する必要がある。筆者は，センの「潜在能力の平等」という視点を導入することによって，かなりの問題点を克服しうると考える。

　彼は，功利主義を3つの要素に分けてみている。① 帰結主義：行為・ルール・制度などの決定変数は，その結果として生じた状態の善さのみによって判断されるべきとするする立場，② 厚生主義：個々の状態は，その状態における個人の効用情報のみによって判断されるべきであるとする立場，③ 総和によるランク付け：単に個人の効用を集計することのみによって判断されるべきであるとする立場[15]，である。彼は，伝統的な厚生経済学の主流派のアプローチであった功利主義は不平等の判定に対する指針とはなりえないという。その欠陥としてつぎの3点を指摘する。① 分配に関する無関心：功利主義の計算

は，全体だけを問題にするために，幸福の分配における不平等を無視する傾向がある。② 権利，自由，その他の非功利的な関心事の無視：功利主義的なアプローチは権利や自由などの主張に本来的な重要性を認めない。③ 適応と精神的な条件付け：功利主義アプローチが個人の福利安寧についてとる見解は，非常に強固なものとはいえず，精神的な条件付けや適応態度によって簡単に揺らぎうるからである[16]。功利主義が効用の分配に対して無頓着になるのは，個人効用の集計値のみに頼る方法をとるからだという。つまり，個人的効用に関する変数を重要視し，各人の境遇の良さを示す効用の総和にのみ関心を払い，効用の分配についての考慮が欠けているからであるという。異なる人びとがさまざまな効用関数をもつとき，功利主義的順序は分配上の不平等を扱うのにあまりにも歪みをもったものとなるおそれがあるために，個人的効用の集合に関する分配を含む価値判断に基づいて社会的厚生を評価する可能性を追求すべきだという。

限界効用は，周知のように，ある財がある人に与える満足度（幸福度）＝効用に関して，その財の消費量を一単位追加配分したとき，これにともなって増加する満足度をいう。たとえば，この一単位の財を既に多くの財を有している人に与えても，その満足度＝効用はあまり増加しない。それよりは財をもたざる貧しい人に与えた方が満足度＝効用はずっと高まることになる。限界効用の高い人に財を付与することが社会全体の効用を高めるし，平等の実現にも繋がることになる。このようにして，限界効用の高い人びとに優先的に財の配分を続行し，最終的にすべての人びとの限界効用が同じ水準に達したとき，社会の効用の総和が最大化し，平等も達成されるというのが功利主義の基本的な考え方である[17]。しかし，センはこの考え方を明らかに平等主義ではないと批判する。功利主義が求める平等とは，効用の増減に関して人びとを平等に扱うということであり，功利主義的目的関数上で各人の効用の増分に対して等しいウェイトを与えるということである。そこで彼は，人の「機能(に関する事柄)」(functionings)にまで考察を及ぼさなければならないという。たとえば，同じ財の組

合せが与えられても，健康な人ならばそれを用いてなしうる多くのことを障害者はなしえないかもしれないという事実に対して，われわれは注意を払うべきであるという。財の特性を数量的に把握する立場は，たとえば自転車を所有する人が健康体の持ち主であれ障害者であれ，等しく「輸送性」という特性をもつ財として処理してしまい，自転車を所有することと乗り回すこととを区別しない[18]。これは，すべての人の効用関数の同一性を前提にして限界効用の平等を論ずることに繋がるのだという。彼は，現代の経済理論が人間を「合理的な愚か者」[19]として取り扱う傾向があるという。つまり，「自らの幸福，自らの欲望，自らの厚生に関する自己の見解，自分の動機，選択行動における自分の最大化対象など，本来なら完全に区別できるはずのものを識別する能力を欠いた存在として取り扱う傾向がある」[20]という。効用に基礎を置くアプローチは，① 人の精神的な態度に全面的に基礎を置いている（物理的条件の無視），② その人自らの評価作業――ある種の生き方を他の生き方と比較して評価しようとする知的活動――への直接的な言及を避けている（評価の無視）という二重の性格を有しているという理由で貧困な理論であるという[21]。

　われわれが実際に獲得するもの，また入手することを無理なく期待できるものに対して示す心理的な反応は，往々にして厳しい現実への妥協を含んでいるものである。極貧から施しを求める境遇に落ちたもの，かろうじて生き延びてはいるものの身を守るすべのない土地なし労働者，昼夜暇なく働き詰めで過労の召使い，抑圧と隷従に馴れその役割と運命に妥協している妻，こういった人びとはすべてそれぞれの苦境を甘受するようになりがちである。彼らの窮状は平穏無事に生き延びるために必要な忍耐力によって抑制され覆い隠されて，（欲望充足と幸福に反映される）効用のものさしには，その姿を現さないのである[22]。

　センの立場からみるならば，上記のような状況（適応的・内生的な選好形成）

における人びとの「状態」(being)は，いかにして「よい」(well)もの，すなわち「善き生」(well-being)たり得るかが問われなければならないことになる。彼あるいは彼女がわずかな幸福を感じる施しを得たとしても，それは善き生とはいえない。絶対的な「潜在能力」の豊かさの平等が達成されていないからである。機能を達成する機会の平等が欠落しているのである。彼または彼女は財を選択しうる状態にないし，潜在能力の自由度が損なわれているのである。

　こうした厚生主義の効用尺度の歪みを是正する理論的工夫をすることが福祉(well-being)の経済学の責務であるという。

　センは，アロー(Arrow, K. J.)の社会的選択理論[23]における個人的・社会的選好の考え方およびロールズ(Rawls, J.)の正義論における社会的基本財の考え方も批判している。

　アローの社会的選択の理論は，個々人が表明する選好順序を集計して社会的選好順序を決定するという方法をとっているが，個人があらわす選好順序は何に対する選好であるかは不明で，抽象的な普遍集合でしかない。分析枠組みも抽象的で，選好の対象，性質，根拠等は分析がなされていないと批判する[24]。

　ロールズの正義の理論[25]は，社会的基本財(市民的・政治的自由，機会，経済財，自尊心の社会的基礎)の分配方法に関する基本的原理とその導出手続きを分析したものである。アローの抽象的な枠組みとは異なり，社会的選択の対象が正義の基本原理の選択に絞られている。そして，個々人が表明しうる選好判断も規範的・公共的な性質のものに限定されている。しかし，センは，ロールズが市民的・政治的自由への権利，社会的機会への権利，経済財・資源への権利の間に優先性をつけることには反対する。人間の多様性にほとんど目配りをしていないし，健康状態，年齢，風土の状態，地域差，労働条件，体格等の差異にも注意を払っていないからというのである。社会的基本財の平等という観点からは，健康な人にとっても障害のある人にとっても同じ量の財しか配分されない。財から得られる利益は，人と財の関係性によって決まるものであるから，基本財の平等配分によっては人びとの平等性は保証されないからである

26)。

　センは、「異なる問題の個別的・本質的な特徴を反映する複数の社会的選択メカニズムのあり方を全体として考察すること、また複数の社会的選択メカニズムの特質を相互に比較して位置づけうるような包括的な理論の構成を志向すること」[27]によってアローやロールズの理論とは異なる見方をしている。つまり、センは「潜在能力の平等」と「機能」概念を駆使して説明しようとする[28]。「機能」は「財」と「効用」を媒介する概念として用いられている。「機能」は人がさまざまな条件のもとで、自ら評価する生き方・在り方を、一定の「財」を用いて選択していくことであり、そこからうける「効用」によって主観的な満足感や幸福感をえることになる。「潜在能力」は人がそのなかから選択しうる十分に備わった機能の集合であり、人が善き生を実現できる自由度のことである。センは、潜在能力の平等という観点によって効用偏重の厚生主義と人間の多様性を軽視した財配分を指向したロールズの視点を共に克服した。センの主張[29]を橋本健二はうまく整理してつぎのように述べている。

　　潜在能力はあくまでも可能であることの集合に過ぎないから、結果的に人びとが同じ機能を選択する必然性はない。人びとは平等な潜在能力を保証されたうえで、それぞれの選好にしたがって機能を選びとる。結果的には人びとの間に福祉の格差が生じることになるが、それは本人の選択の結果だから正当化される。つまり、「潜在能力の平等」とは機能を達成する機会の平等のことであり、特定の機能や福祉の水準を押しつけるものではない。この意味でセンの主張は、「機会の平等」か「結果の平等」かというよく知られた問題設定を最終的に克服するものといえる……私たちは、制度的に障壁がないとか、形式的にすべての人に門戸が開かれているといった意味での「機会の平等」に満足することはできないが、かといってすべての人に同一の結果が保証されるという意味での「結果の平等」もうけ容れることはできない。求められるのは、生育環境や身体的条件などの

さまざまな差異にもかかわらず，等価の人生を選択できるという意味での平等であり，それは潜在能力に注目すれば「結果の平等」，効用や福祉の水準に注目すれば「機会の平等」なのである。そして潜在能力の平等は，すべての人びとに広い人生の選択肢が保証されるという意味で，真の意味で自由な社会の条件なのである[30]。

すべての人が「潜在能力」を充分に発揮しうる条件を整えることが平等を実現することに繋がる。この基準は相対的なものではなく，絶対的な基準である。したがって，センは政治的には民主主義の必要性を説く。民主主義の不在自体が不平等ということになる，と主張する[31]。

IV 世界システム論と潜在能力

ウォーラーステインは，フランク(Frank, A.G.)の従属理論，すなわち先進資本主義国(中枢)の豊かさがラテンアメリカやアフリカ諸国の発展途上国(衛星)からの余剰の流出による貧しさによって支えられている[32]という枠組をうけ継ぎ，資本主義的な世界システムは「中核」，「半周辺」，「周辺」の三層からなる不均等構造を成していると指摘した。これは政治的統合を欠いてはいるものの，世界システムの緩やかな政治的上部構造としてのインター・ステイトシステムによって画された世界経済の分業体制を指しており，社会主義圏も資本主義的世界システムの一部分としてとらえられている。そしてこの世界システム論は，従属理論とは異なり，ある国が三層間を移動することが可能であり，周辺に位置する国でも上層の位置に移動が可能であるとした[33]。近年の変動においては，アジアNIEsやラテンアメリカNIEsの台頭や停滞もこの枠組によって説明しうることになる。世界システム論は，全世界を資本主義的システムとして把握するが，これは資本主義を市場のシステムとして把握するものである。ウォーラーステインは，「自由な賃労働」は世界の労働力のほんの一部しか構成して

おらず，世界システムの「中核」においてしか存在せず，「半周辺」，「周辺」においてはいまだに前(非)資本主義的な労働形式である強制的な労働形態が存続していると指摘する。そして，近代世界システムが標榜した「自由・平等」，「合理主義」，「普遍主義」，「能力主義」，「真理の探究」といったイデオロギーは，「中核」の利害が表現されたものに過ぎず，世界人口の一部の上層部にしか改善をもたらさなかったと強調し，発展のピークを迎えたこのシステムは，今日，危機的状況にあるという点を示唆している[34]。

　以上のように，世界システム論は生産関係に重きを置いた視点であり，低賃金や財の不等価交換から生じる三層構造の矛盾(富の偏在，不平等，貧困)に焦点をあてている。しかし，たとえば財の不平等配分が即貧困とはかぎらない。分析枠組が大枠で大雑把すぎる。「半周辺」や「周辺」における低賃金や強制的な労働や搾取は，単に所得が低いということではなく，センが主張するように基本的な潜在能力の欠如をも意味するものであると思われる。基本的な潜在能力の欠如は，若死，栄養不良，長期にわたる病弱，非識字やその他の欠陥に反映されるからである。たとえば，失業は個人の自由，自主性，技能を広範囲にわたり不安定化させる影響力の原因であるし，なかでも特定グループの「社会的疎外」をもたらすという。そしてそれは自立性，自信，心理的・肉体的健康を失わせるという。また，2節でもふれたが，世界システム論からみれば，南アジア，西アジア，北アフリカ，中国等の社会は「半周辺」，「周辺」に位置すると考えられるが，センはそこでの女性の異常に高い死亡率が示す例にみられるように，「低所得」だけでは説明が不可能でその観点よりも潜在能力の欠乏という視点から人口学的，医学的，社会的な見地に基づいた分析もなされなければならないという。さらに，大飢饉の原因は，「半周辺」や「周辺」の食料供給能力不足にあるのではなく，人びとが十分な食料を手に入れ消費する能力や資格，すなわち，一種の「権原」[35]である財に対する支配権が損なわれた結果であると考えるべきであるという。低所得と低潜在能力の間の媒介的関係は異なる地域社会，家族，個人の間ですら不確定であり，状況に左右され，可

変的であるからだという[36]。さらに，前出のニューヨーク市のハーレムの住人の潜在能力の欠如にみられるような豊かな社会における貧困は，世界システムにおける「中核」の内部にも問題があることを示唆するものである。

世界システム論は，それの有する生産関係に基づく低賃金，低所得という視点だけでなく，「中核」，「半周辺」，「周辺」に属する人びとが享受する潜在能力の豊かさの改善という視点を導入すべきであろう。センの「潜在能力」概念の内容はきわめて社会学的なものであり，人間の生活様式の問題と密接な関係をもって立ちあらわれてくるものである。この概念を導入することによって旧態依然とした資源配分のメカニズムを打破し，行為主体的自由に基づく新たな資源配分メカニズムの設計・実現へと向かうことが可能となるであろう。

最後に，「潜在能力」概念の導入は，貧困・不平等研究だけでなく，社会病理学，社会問題論，社会福祉論等のかなり広い分野において有効な使用概念となるものと思われる。社会病理学の分野のみを考えても種々の理論的側面の補強になりうる。また，さまざまな集団レベルにおいて「潜在能力」の絶対的欠乏の解消努力の要請がなされていくことが，各領域での問題解決に効力ある寄与をなすものと考える。

注)

　本稿は，福岡大学人文論叢第34巻第4号(2003年3月発行)に掲載された拙論『貧困・不平等研究における「潜在能力」概念の必要性』を一部修正したものであることをお断りしておく。

1) Miller, S.M. and Roby, P., Poverty: Changing Social Stratification, in Townsend, Peter (ed.), 1971, *The Concept of Poverty*, Heinemann.(三浦文夫監訳『貧困の概念』国際社会福祉協議会，1974，所収)
2) Wallerstein, I., 1974, *The Mordern World System*, Academic Press.(川北稔訳『近代世界システム』Ⅰ・Ⅱ，岩波書店，1974)
3) Sen, Amartya K., 1981, *Poverty and Famines: An Essay on Entitlement and Deprivation*, ILO.(黒崎卓・山崎幸治訳『貧困と飢饉』岩波書店，2000，pp. 20-22)。
4) セン，同上訳書，p.21，また，以下の叙述ではつぎの文献とセンの著作とを照

らし合わせて参考にした。鈴村興太郎・後藤玲子『アマルティア・セン：経済学と倫理学』実教出版，2001.

5) Sen, A.K., 1999, *Development as Freedom*.（石塚雅彦訳『自由と経済開発』日本経済新聞社，2000，pp.107-108，および，Sen, A.K., 1992, *Inequality Reexamined*.（池本幸生・野上裕生・佐藤仁訳『不平等の再検討：潜在能力と自由』岩波書店，1999, pp.25-27.

6) セン，前掲訳書，『貧困と飢饉』p.33.

7) Sen, A.K., 1985, *Commodities and Capabilities*.（鈴村興太郎訳『福祉の経済学：財と潜在能力』岩波書店，1988，pp.21-30），前掲訳書『不平等の再検討：潜在能力と自由』pp.163-187，『自由と経済開発』pp.83-85.）また，橋本健二『階級社会日本』青木書店，2001，pp.244-263も参考にした。

8) Booth, Charles, 1892-1897, *Life and Labour of the People in London*, 9vols. 柴田謙治「貧困」，庄司洋子・木下康仁・武川正吾・藤村正之編『福祉社会事典』弘文堂，1999，pp.839-840.

9) Rowntree, Benjamin Seebohm, 1901, *Poverty: A Study of Town Life*.（長沼弘毅訳『最低生活研究』高山書院，1943，同訳『貧乏研究』1959）。

10) Townsend, Peter, 1979, *Poverty in the United Kingdom,* Pelican., 柴田謙治「貧困」，同上書，p.839.

11) セン，前掲訳書『貧困と飢饉』p.31.

12) セン，『不平等の再検討：潜在能力と自由』p.186.

13) セン，同上訳書，pp.178-179.

14) セン，前掲訳書『自由と経済開発』pp.19-20.

15) セン，前掲訳書『不平等の再検討：潜在能力と自由』p.81. Sen, A.K., 1973, On Economic Inequality, Oxford University Press., セン，A.K.（鈴村興太郎・須賀晃一訳）『不平等の経済学』東洋経済新報社，2000，p.125.

16) セン，前掲訳書『自由と経済開発』pp.68-69.

17) 橋本健二，前掲書 p.253より引用。Sen, A.K. 1982, *Rational Fools; Choice, Welfare and Measurement,* Basil Blackwell Publisher.（大庭健・川本隆史訳『合理的な愚か者』勁草書房，1989，pp.227-235参照）。

18) セン，前掲訳書『福祉の経済学：財と潜在能力』pp.21-22. および，セン，前掲訳書『不平等の再検討：潜在能力と自由』pp.17-22.

19) セン，前掲訳書『合理的な愚か者』pp.120-167および p.146.

20) セン，前掲訳書『福祉の経済学：財と潜在能力』p.14. セン，前掲訳書『合理的な愚か者』pp.145-146参照。

21) セン，前掲訳書『福祉の経済学：財と潜在能力』p.34.

22) セン，同上訳書，pp.35-36.

23) Arrow, K.J., 1951, *Social Choice and Individual Values,* New York, Wiley.（長

名寛明訳『社会的選択と個人的評価』日本経済新聞社，1977）
24) セン，前掲訳書『福祉の経済学：財と潜在能力』pp.74-78.
25) Rawls, J., 1971, *A Theory of Justice, Cambridge, Mass.*, Harvard University Press,(矢島鈞次訳『正義論』紀伊國屋書店，1979）
26) セン，前掲訳書『自由と経済開発』pp.70-71およびpp.80-87およびpp.105-107．橋本健二，前掲書，p.256.
27) 鈴村興太郎・後藤玲子，前掲書，p.144．橋本健二，前掲書，pp.245-257.
28) 本論第1節参照．
29) セン，前掲訳書『合理的な愚か者』pp.225-262.
30) 橋本健二，前掲書，2001，pp.256-257.
31) セン，前掲訳書『自由と経済開発』pp.211-212.
32) Frank, Andre Gunder., 1978, *Dependent Development and Underdevelopment*, Macmillan.(吾郷健二訳『従属的蓄積と低開発』岩波書店，1980）
33) ウォーラーステン，前掲訳書『近代世界システム』Ⅰ・Ⅱ．
34) Wallerstein, I., 1995, *Historical Capitalism with Capitalist Civilization*, Verso Editions.(川北稔訳『新版・史的システムとしての資本主義』岩波書店，1997）
35) センのいう「権原」とは，人が支配しうる財ベクトルの集合であり，人の経済活動のさまざまな局面で発生する種々の所有形態を合法的なルールによって相互に関連づけるものである．私的所有制度のもとでは，①交換（交易）に基づく権原，②生産に基づく権原，③労働所有に基づく権原，④継承と移転に基づく権原，の4つの権原が認められている．これらの権原は相互に関連づけられながら，ある人が正当に取得可能な財バンドルの集合を規定することになる．鈴村興太郎・後藤玲子，前掲書，pp.205-206.
36) セン，前掲訳書，『自由と経済開発』pp.19-20およびpp.99-102.

なお，ここでは詳しく触れないが，西川潤『飢えの構造』（ダイヤモンド社，1974）に著された内容，すなわち，1970年代初めに東南アジアやアフリカで起こった飢餓，旱魃は，人口増加や異常気象によるものではなく，世界経済システムの周辺部における低開発状態や貧困の増大という構造的要因によるものであるとした内容についても「潜在能力」の絶対的欠乏の視点を導入して説明する必要性があると考える．

参考文献
Rowntree, B.S., 1901, *Poverty: A Study of Town Life.*
Booth, C., 1902-3, *Life and Labour of the People in London*, 17vols.
Townsend, P., 1979, *Poverty in the United Kingdom.*
タウンゼント，P.編『貧困の概念』国際社会福祉協議会，1974.
庄司洋子・杉村宏・藤村正之編『貧困・不平等と社会福祉』有斐閣，1997.

佐藤俊樹『不平等社会日本』（中公新書　1537）中央公論社，2000年．
橋本健二『階級社会日本』青木書店，2001．
セン，A,K.(鈴木興太郎訳)『福祉の経済学』岩波書店，1988．
セン，A,K.(大庭健・川本隆史訳)『合理的な愚か者』勁草書房，1989．
セン，A,K.(池本幸生ほか訳)『不平等の再検討』岩波書店，1999．
セン，A,K.(黒崎卓・山崎幸治訳)『貧困と飢饉』岩波書店，2000．
セン，A,K.(石塚雅彦訳)『自由と経済開発』日本経済新聞社，2000．
セン，A,K.(細見和志訳)『アイデンティティに先行する理性』関西学院大学出版会，2003．

第12章　エイジズムと差別

I　問題提起

　平成12（2000）年のゴールデンウイークに愛知県豊川市で17歳のA少年が派出所に主婦を殺害したとして自首をしてきた。このA少年は主婦を殺害した理由のなかで、「人を殺す経験をしてみたかった」と驚くべき自供をした。この事件は、事件数日前、佐賀市の17歳の少年がバスジャック事件を起こした後だっただけに、この事件を聞いた人に「またか」という衝撃を与えたばかりか、その後の「17歳の少年」、「凶悪な少年犯罪」、「甘い少年法」などという論議を巻き起こす原因になったものである。ところがこの事件には、もうひとつ看過できない点があった。それは、老人差別を赤裸々に示した事件であったのである。この事件の犯人A少年は私立の有名中学校の生徒で、学校では成績が上位で、周囲の人たちからは普段「よい子」で通っていた。この「よい子」であるはずの少年が殺害の対象を探す過程で「若い未来のある人は殺してはいけない」と考え、「老人ならいらない存在」ということで高齢の女性を選んだというのである。「よい子」が、「未来のある人」ではなく「いらない存在」として「老人」、しかも「老女」を選んだことがこの事件の顛末である。つまり、この事件には、若い少年や青年たちがもちやすい「高齢者は必要ない」という偏見、差別意識が働いていたのである。

　この殺人事件は、結果として老人女性をターゲットにした意味では、「老人差別と女性差別」の両面から問題にしてよかったわけであるが、マスコミが報じたのは「17歳の少年の殺人」事件であった。結局、この報道では老人差別や老人への偏見という角度からの詳しい取材も報道も行なわれずに終わった。こ

れまでも「ゲーム感覚」でホームレスの高齢者たちを襲撃する少年たちの事件が幾度となく報じられたとはいえ，世間やマスコミによる関心は老人差別という視点をもちだすまでには至らなかった。

わが国では，これまで儒教倫理観の影響などにより，高齢者を大切にするという敬老精神が謳われてきた。実際，国が祝日として「敬老の日」を設け，老人を敬ってきた歴史をもつ。そして，高齢者個人や高齢者団体も，老人差別（エイジズム）の存在を問題にして，それを積極的になくしていこうとする取り組みをすることはほとんどなかった。

アメリカにおいて，エイジズムは，「究極の偏見」，「最終の差別」，「過酷な拒絶」とされて四半世紀の研究の歴史をもつが，我が国は残念ながらまだ始まったばかりといってよい状態である[1]。この章では，アメリカの研究動向に沿いながら，エイジズムの意味，そしてその目指すものは何か，わが国での今後の可能性やエイジズム研究の視点などについて考察したい。

II　エイジズムの意味と概念的な問題点

最初に聞き慣れないエイジズムの意味と研究の現状を述べておこう。エイジズムという言葉をはじめて使ったのは，ロバート・バトラー（Butler, R.）である。彼は，1969年に『エイジーイズム：もう一つの頑固な形態』という論文で，「われわれは，これまで見過ごしがちで，いまだに頑固にかわろうとしない一形態である年齢差別ないしエイジズム，つまり他の年齢集団によるある年齢集団に対する偏見を，いまや大いに関心をもって考察しなければならない」[2] といって，人種差別，性差別の問題と同様にエイジズム（老人差別）の問題を提起した。

彼がこの問題に関心を示すようになったのは，ワシントン特別区のチェビー・チェイズ地区での高齢者用の住宅建設計画に地域住民が反対する事件がきっかけである。このとき首都住宅局が計画したのは，9階建ての高齢低所得

者用の高層住宅の建設計画で、屋上には高齢者のスポーツ施設としてスイミング・プールを作る計画であった。ところが、これに対して白人の中年層を中心とした住民団体がこうした施設は、「贅沢だ」、「老人には必要ない」という形で反対運動を展開したのである。この反対運動には、明らかに黒人差別も介在していたが、それ以上に高齢者には必要ないという老人に対する偏見や差別が存在したのである。

　バトラーによると、「エイジズムとは、人種差別や女性差別が皮膚の色や性にともなうように、年寄りという理由で人びとが組織立ったステレオタイプや差別をうける過程として規定される[3]」ものである。高齢者は、老いぼれ、頑固、旧式などとしてカテゴライズされてきたが、これらは実際の高齢者を知らないためや高齢者との接触が不十分なためにもたらされてきた偏見や神話であって、老人に対して中年の抱く偏見や、若者に対して中年の抱く偏見のように、世代間のギャップとして定着している。しかも、エイジズムは、若い人たちや中年の人たちにとって、病気になること、無能力になることなどへの不安感というものによって増幅されている。この不安感が社会の文化的態度を補強し、高齢者を職業から強制的に退職させたり、高齢者を生活の中心から切り離す原因となっている。ここにエイジズム（老人差別）が存在すると彼はみる。後にピューリッツアー賞を受賞した『老後はなぜ悲劇なのか』[4]のなかでは、エイジズムの具体的な例として、アメリカの老人たちの生活が貧しく、雇用の場で年齢差別をうけ、退職制度があり、失業しても職が得られない、一律に固定資産税が掛けられ、貧しくて公共住宅に入れない、家賃や持ち家の維持管理に年金の多くが費やされている、といった点をあげている。

(1) **エイジズム概念はどのように考えるべきか？**

　1960年代の後半にバトラーがいったエイジズムの意味は、老人がアメリカの制度のなかでいろいろと蔑視されたり、差別をうけていることをさすものであった。しかし、1980代頃からエイジズムの概念を巡って異論が出てくる。それは、バトラーなどが規定したエイジズムの概念が無能性、貧困、病気など高

齢者のもつ否定的側面だけに焦点を向け，逆にメディケイドや高齢者専用住宅など高齢者が優遇されている側面を看過しているという批判にみられるものである。つまり，エイジズム問題を否定的エイジズムだけにとどめるべきか，それとも肯定的エイジズムの概念まで拡大してとらえるべきであるか，という対立した見解が生じた。

　この代表的な研究者が社会老年学者のパルマー(Palmore, E.B.)である。パルマーは，けっして肯定的エイジズムのみを主張する論者ではない。ただ彼はバトラーと違い，エイジズムを否定的エイジズムとしてだけとらえるのではなく，肯定的エイジズムという側面も考慮に入れるべきだと考える。その考えは，彼のエイジズムに関しての体系的な書物『エイジズム』[5] (1990年，1995年) において呈示されている。彼はエイジズムを否定的エイジズムと肯定的エイジズムの2種類に分ける。まず，否定的エイジズムにおいては，高齢者に対する偏見は，否定的ステレオタイプと否定的態度に分類する。否定的ステレオタイプは，他の学者たちが「神話」といって表現するものにあたる。パルマーは，これには「病気」，「性的不能」，「醜さ」，「知能の衰え」，「精神病」，「役立たず」，「孤独」，「貧困」，「鬱病」の9つの形態があるという。他方，否定的態度は，若いということに高い評価をするような態度にみられる。

　否定的差別に関してパルマーがあげるものは，雇用，政府機関，家族，住宅，ヘルスケアという制度であって，彼自身は「アメリカ社会では高齢者の差別が5つの制度にみられる」という。以上の否定的なステレオタイプや態度とは反対に，高齢者に対する肯定的ステレオタイプがあり，これには「親切」，「知恵」，「頼りになること」，「裕福」，「政治力」，「自由」，「永遠の若さ」，「幸せ」があるという。また，肯定的態度はアメリカでは例をみないが，日本の社会にみられるという。つまり，「日本のような伝統的な社会には高齢者には肯定的態度がみられる。高齢者の年齢を聞くのは親切なことで，高齢は誇りと称賛の源である。それに対して，合衆国では高齢は恥辱と拒絶の源とみなされるので，高齢者に年齢を聞くのは失礼にあたる」[6] と。他方，肯定的差別というのは，

高齢者への優遇差別であって，経済，政治，家族，居住，健康の5つの領域にみられるという。つまり，税金の控除政策，高齢者を優遇する政策，老人の町，メディケアなどにみることができるという。

これに対してバトラーは，1989年の『エイジズムを追放する』という論文では，エイジズムをはっきりと否定的局面でのみ定義している。バトラーは，「私が〈エイジズム〉とよぶ病気，すなわち高齢者に対する差別を導く否定的態度ないし行為を扱うことができる」[7]といい，エイジズムがステレオタイプや神話として制度や個人のレベルで幅広い現象としてみられるという。いまのところ両者の決着はついていない。確かにアメリカの高齢者団体は，強力な圧力団体となって自分たちの生活防衛のために高齢者施策を勝ち取ってきた。しかも高齢者の一部には豊かな高齢者が存在することも事実である。だが，はたして一部の豊かな高齢者の存在でもって肯定的エイジズムが力説できるのであろうか。その前にわが国のエイジズム研究の状況をみておきたい。

(2) **わが国におけるエイジズム研究**

アメリカにおいては，1960年代後半頃から老人に対する偏見や差別の研究が本格的に開始されたが，わが国ではどうであろうか。わが国においてはエイジズムの視点を多少とも考慮に入れた研究は，ようやく1980年代に入ってからである。このうち東京都老人総合研究所の柴田博・芳賀博・古谷野亘・長田久男等が著した『間違いだらけの老人像』[8] (1985年)や金子善彦の『老人虐待』[9] (1987年)などの研究がその一例である。これらの研究は，精神科医や老人医療，老人心理学などを専攻している人たちの手によるものである。また朝日新聞記者，大熊一夫が書いた『ルポ老人病棟』(1988年)は非常な反響をよんだが，この書物は，大熊自身が神奈川県にある親愛病院にアル中患者として潜入して書いたルポルタージュ作品であった。大熊は，「オムツ」を外したり，着物やシーツを汚さないために，病院側が「抑制」と称して手足を紐で縛っていることやナースコールさえ設置せず，金儲け主義になっている実態を報告した。そして潜入した親愛病院がまさに姥捨て化している実情を暴露したのである。

これに対して，老人差別を社会学的に研究した書物はほとんど存在しない[10]。老人差別を社会学的に一番鋭く考察している代表は，栗原彬の研究にみることができる。栗原は，柳田国男の『遠野物語拾遺』に記されている棄老地，デンデラ野が「文明社会に共通にみられる老人排除の仕組みを原型的に現している」[11]という。デンデラ野に老人を棄老したのは，老人を単に「穀潰し」として経済の論理から排除しただけでなく，共同体が生き残るために共同体のひとつの制度としてなされていたのである。

栗原は，「社会は，老人を〈老人〉として仕立てた上で，排除する。しかも，老人は，自らも老いもする。個々の老人のなかには現象としての表層の老いと，生成としての深層の〈老いる〉が交錯している。深い層からあふれ出る自律的な〈老いる〉が，表層で，他律的な老いの硬い表皮に倒立している。ひとつの老いが，制度としてのイデオロギー装置である「老い」と，できごととしての〈老いる〉とに分割されている」[12]。栗原の研究は，エイジズムへの社会史的，ドラマトゥルギー的なアプローチに留まり，具体的なエイジズムの実証分析や対策にまで関係するものではなかった。

2000年になって辻正二の『高齢者ラベリングの社会学』[13]や安川悦子・竹島伸生編の『「高齢者神話」の打破』[14]などの研究書が発刊され，エイジズム研究は端緒についた段階といえる。このうち辻の研究は，ラベリング差別論からみたエイジズムの実証的研究で，対人的レベルにおけるラベリングを問題にするとともに烙印者側の差別意識，文化構造，自己ラベリングのメカニズムを解き明かしている。安川らの研究は，欧米のジェンダーとエイジングとの結びつきを思想史的に研究したものである。この他に我が国で老人差別研究として確認できるのは，1990年代前半頃から開始され，次第に研究が増大している老人虐待の研究がある。

Ⅲ 差別の視点とラベリング差別研究

(1) エイジズム研究の視点

　ところで，先にあげたパルマーのエイジズム研究は，アメリカにおいて代表的なエイジズム研究書となっており，体系的な理論枠組をもって書かれているので，ここで簡単に紹介しておこう。彼の構造機能主義的研究は，エイジズムを形態のレベルと原因と結果のレベル，そして制度的パターン，解消策の4部に別けて分析している。まず，エイジズム形態の分析にあたり，彼が使う枠組は，通常使う態度と行動を，態度次元に限ってステレオタイプと態度に分け，ステレオタイプ，態度，差別という3種類の次元でとらえ，それを否定的エイジズムと肯定的エイジズムの双方でとらえるというものである。それから彼は，エイジズム形態には個人的エイジズムと制度的エイジズムの2種類があるいう。個人的エイジズムは，個人の次元で生じる差別や偏見であって，制度的エイジズムは，定年退職など高齢者を差別する行政機関による政策もしくは社会構造から生じるものである。制度的差別は，その際，経済，政府，家族，住宅とヘルスケアの4領域に限って分析される。

　ついで，エイジズムの原因と結果の分析においては，差別をする側の理由として個人的原因，社会構造上の原因，文化的原因の3つの側面から考察している。個人的原因には，差別者の権威主義的性格，欲求不満が原因で差別をするもの，選択的知覚によって起こる差別，合理化や無知や老人嫌悪と死ぬことへの不安により起こる差別が該当する。社会構造上の理由として彼があげるものは，近代化，人口統計，競争，旧式化，価値観の対立，隔離，自己実現的予言，二重の危険である。最後の文化的原因には，被害者への非難，価値観，言語，ユーモア，歌，芸術，文学，テレビ番組，文化的ずれなどが差別を引き起こすという。エイジズムの結果についての考察では，具体的に否定的エイジズムと肯定的エイジズムの双方から利益，損失，が指摘される。

制度的パターンでは，経済，政府，家族，住宅とヘルスケアの領域で生じる否定的，肯定的の両面からのエイジズムの姿が紹介される。そして，最後のエイジズムの解消策の箇所では，エイジズムに対する高齢者の適応類型が指摘され，そのなかの「改革」型のタイプに期待が込められる。パルマーは，マートンの差別類型論をそのままエイジズムに当てはめた形で，差別に対する高齢者の適応類型として「受容」，「拒絶」，「回避」，「改革」の4つのタイプに類型化している。「受容」とは，いやいやながらうけ入れる場合と，偏見と差別を完全に自分のものとしてうけ入れる場合の2つがある。「拒絶」とは，自分の年齢を拒否するとか，年齢を偽って対応するものが該当する。「回避」は，年齢に基づく隔離，孤立，アルコール，薬の乱用，さらに自殺によってエイジズムを避けようとするタイプで，「改革」は，エイジズムのもつ偏見と差別を認識し，それをなくそうとしたり，改革運動へ参加するタイプである。

　パルマーのエイジズムの理論枠組は，適応類型がR.K.マートンの差別研究の理論枠組に負っているし，制度の研究の経済，政府，家族，住宅とヘルスケアについてもパーソンズのAGIL図式を予想することからすれば，構造機能主義の理論枠組といってよい。

　ところで，わが国でエイジズムの研究を進めていく場合，どのような角度から研究をしたらよいのであろうか。当然，従来から差別一般に適用されてきた差別理論は前提事項として考えなければならない。たとえば，代表的な理論としてあげれば，性・民族・人種・学歴・階級・出身などの地位属性に注目する階層・階級論的な差別理論，マジョリティとの対比からマイノリテイの勢力的な側面をとらえ差別を見い出すマイノリティ理論，差別の心理的メカニズムを説明するのにスケープゴートやフラストレーション・アグレッション理論などの心理的側面に注目する理論などがあるであろう。これらの理論は，エイジズムをとらえる際にけっして無視できないし，むしろ重要な視点を提供すると考えた方がよいであろう。しかし，ここでは，相互作用過程におけるラベリングの影響力に注目する理論も強調しておきたい。

(2) ラベリング差別論の視点

　エイジズムへのラベリング論的接近は，相互作用過程において他者が特定の個人ないし集団(組織)にラベリング(レッテルを貼る)行為に，差別の契機があるという見方に特徴がある。そこからラベリングをする個人や集団(組織)の分析(烙印者分析)，ラベリングされる個人や集団の分析(被烙印者分析)，ラベリングに使われる言葉やシンボルの内容分析，ラベリングの効果分析などが提起される[15]。しかも，この理論が特徴的なのは，ミクロ理論に基盤をもつといっても組織や制度といったレベルまで扱うことができ，しかも他者の放つラベリングをうけた被烙印者が，自己ラベリングする過程の分析も視野においているということである。そして，ラベリング差別論の長所は，差別が人権を蹂躙する行為であるということばかりでなく，「老人」ではないと思っていた高齢者にとってラベリングによって「老人」になっていくというメカニズムを分析する点である。

　ラベリング差別論からエイジズムをとらえると，烙印者のパーソナリティの分析やそれを支えるイデオロギーや観念，被烙印者のパーソナリティ分析，老婆や爺や老人などの差別語・蔑視語の分析，ラベリングとして大きな影響力をもつマスコミの分析などが研究の対象とされることになるであろう。最初にあげたA少年の事件を報じたマスコミの視点は，17歳の少年の大事件に向かったが，老人差別として何故向かうことができなかったのか。これもエイジズムに対する視点を欠いたわが国のマスコミの現状が反映しているのである。

① 定年制度によるラベリング

　いま，ラベリング差別論によってなされなければならないひとつの領域を紹介してみよう。

　定年制は，現在では60歳定年制として定着しているが，昭和50年までは55歳定年制が一般的であった。この定年制は，わが国では，明治20年に海軍火薬製造所の職工規程で初めて導入され，その後民間企業に普及して昭和初期にほぼ制度として確立をみたが，実際にほとんどの企業が導入したのは戦後のことで

ある。定年制は，企業や役所や軍隊に勤務する人たちに，ある年限で退職することを義務づけた制度で，わが国だけでなく，どんな国家においてもなにがしか定年退職制度は存在する[16]。

　しかし，この定年制度は，企業の組織の維持や発展に寄与したことは事実であるが，ラベリング差別論から別の問題を生む制度であることがわかる。それは，定年制が個人の能力を度外視して一律にある年限で退職を義務づけた制度だからである。定年制は長期勤続熟練者の確保や年金制度の維持や日本的な経営家族主義に都合のよい制度といっても，働く従業員，労働者にとっては別のことを意味づけるものであった。つまり，長年仕事をしてきた人にとっては「あなたの職業能力は低下した」，「あなたは能力がない」というラベリングを付与する重要な儀式だからである。定年の数年前から職場のなかで定年退職を迎える人として特別視され，特別に用意されたポストにつく。なかには窓際に置かれたり，仕事が大幅に軽減されて，しだいに退職者自身が自分は「役立たない」と思うようになるのである。55歳と60歳の定年制には5年間の差があるが，退職した人の元気さはそれほど変化がみられない。定年退職制度が問題なのは，個人の能力とは別に一律の55歳や60歳で退職を義務づけている点である。最近，公務員になるのに年齢差別があることが指摘されているが，定年制は，就職をする際の差別（女性や部落などを理由にした）と違って，本人が仕事を継続する意欲があり，能力があっても退職を強要する職業差別である点は見落とされてきた。本人の能力を客観的に診断することなく，年齢という固定的な社会属性で判断するところにこの差別の特徴がみられる。

　②「汚い」から開始される老人差別

　いまひとつラベリング差別論からするエイジズム研究の長所を紹介してみたい。それは，若者が抱く高齢者像を分析した烙印者分析である。ラベリング過程には，ラベリングをする人（団体，組織も含む）の解釈過程，規定過程，処遇過程が存在する。そこで，ラベリング過程を解き明かすために，つぎのような文章題の設問を使って大学生に調査を行なった。「百貨店街のある都心を老人

の団体が20～30人大挙して歩いていました。老人たちのなかには腰の曲がった人もいます。着ている服も地味で，周りの美しい建物やナウイ若者のファッションとは大部違います。このような光景をみた場合，あなたは，この老人たちをどのように思いますか。」そして，この文章題の設問に対して6つの問を聞いた。それは，以下のようなものである。

(1) 『いやだな』と思う。
(2) 『汚らしい』と思う。
(3) 『場違い』であると思う。
(4) 老人も結構『元気だな』と思う。
(5) 老人は，都心のような便利なところで住むべきだと思う。
(6) 老人は，できれば静かな所で生活すべきで，このようなごみごみしたところはふさわしくない。

この設問に対し回答者に「そう思う」，「どちらかといえばそう思う」，「どちらかといえばそうは思わない」，「そうは思わない」のいずれかで回答するように求めた。調査対象者は，山口大学の学生である。

まず，調査項目のうち(1)，(2)，(3)は，いずれもが老人を否定的に評価した項目で，感性的な評価となっている。(1)は，自己との一体性についての関係で拒絶を意味しており，(2)は審美的な面からの貶価的評価であって，(3)は都心という場所に対しての不適合性・非符合性を指している設問である。3つとも多少に排斥的な評価を含んでいる。これに対して(4)の設問の方は，これとは違って肯定的な評価である。ただし，「元気だな」という言葉には，権威への依存や尊重，場合によっては憧憬を現すこともあるが，ここでの場合は，むしろいまの若者がしばしば言葉にする，老人が「可愛い」といった「対等な位置に立った肯定的評価」とみる方がよいであろう。この(4)に対しては，(5)と(6)とは距離化を図る目安を与えるものであり，空間的な処遇観を現している。(5)は，都心という地域とそこの利便性を強調している。反対に(6)の方は，従来からの素朴な老人処遇観である。

図表12－1　差別感の相関図

	いやだな	汚らしい	場違い	元気だな	便利な所に	静かな所
いやだな	1.00000					
汚らなしい	0.59161*	1.00000				
場違い	0.45951*	0.34967*	1.00000			
元気だな	−0.12859*	−0.11265*	−0.06100	1.00000		
便利な所に	−0.05963	−0.02714	−0.12998*	0.15724*	1.00000	
静かな所に	0.22647*	0.15605*	0.31908*	0.04912	−0.28491*	1.00000

備考）＊印は5％で有意である。

　図表12－1は，これらの6項目について相関係数を求めたものである。6つの要因間のなかから強い結びつきを示す項目をみてみると，(1)の「いやだな」と(2)の「汚らしい」，(1)の「いやだな」と(3)の「場違いだ」，(3)の「場違いだ」と(2)の「汚らしい」，(3)の「場違いだ」と(6)の「静かな所に」の間に0.3以上の相関係数が確認できる。これに対して「元気だな」や「便利だな」という項目は，そこまで相関が認められず，別の性質の項目ということがわかる。相関係数からみて，「汚らしい」，「いやだな」，「場違いだ」，「静かな所に」の項目は相互に連関していることがわかる。ラベリング論的には，烙印者は，まず事象を知覚して，解釈過程，規定過程，処遇過程といったラベリング過程を経過する。つまり，これら4項目を知覚，評価，場所の距離化に位置づけるなら若者は，「汚らしい」→「いやだな」→「場違いだ」→「静かな所に」という連関でラベリングすることがわかるのである。この連鎖で一番興味深い事実は，「静かな所に」という価値的には中立的な言説がはっきり否定的なエイジズムと結びついている事実がみいだせたことである。それといまひとつ注目すべきことは，「汚らしい」という審美的価値評価がここでのエイジズムの始動要因になっているということである。若者が高齢者に対して偏見もち，差別をするのは，既存のステレオタイプや高齢者神話だけでなく，「汚らしい」という審美的価値も考慮に入れる必要があることを示唆しているのである。

　昨年，ある県の小学校の校長が朝礼で老人差別の発言をした。この校長は全

児童の前で「私たちの学校は赤ちゃん，幼稚園児，小，中，高生，大学生，大人，老人のなかのだれに当たると思いますか。答えは老人です」，「（校舎は）ごみが落ちていたり草が生えていたりと汚いからです」と全児童に話したという[17]。この校長の意図は校舎の老朽化を指摘するつもりであったのであろうが，校長は校舎を「汚い」とし，その校舎を「老人」に喩えることにより，結果的に校長自身のエイジズムの体質を露見させたのである。この場合も「汚い」という言葉が差別の発火点となっているのである。

IV エイジズムと老人虐待

(1) 老人虐待

アメリカで老人虐待が研究されるようになるのは1970年後半頃からで，老人虐待が本格的に研究されるようになったのは1980年代からである。オマリー（O'Malley）の定義によると，老人虐待とは「故意に与える身体的苦痛，精神的にひどい苦痛，あるいは，精神的，身体的健康を維持するために必要なサービスを，ケアする人が与えないこと」とされる[18]。

老人虐待は，「虐待」という固有な領域を形成している感があるが，実際には差別の一形態とみるべきものである。差別の形態に照らすと，老人虐待は，「集団的暴行・身体的攻撃」，「侮辱・誹謗・中傷などの言語的攻撃」，「回避や無視」といったものが該当する。実際，老人虐待の研究で虐待の種類としてあげられるものには，① 身体的虐待（physical abuse），② 心理的虐待（phychological abuse），③ 放置（neglect），④ 性的虐待（sexual exploitation），⑤ 金銭的搾取（finantial exploitation），⑥ 脅迫（threat）の6つがある。差別が関係性のなかで「優位・劣位」，「利益・不利益」にウエイトを置くのに対して，老人虐待は，直接に身体的・精神的被害や金銭的被害をうけている点が特徴である。虐待と放置は，以下のように分類される。身体的虐待とは，身体の損害や苦痛を与えることを意味し，それには身体的強制，性的苦痛，身体的拘束が入る。それに対して心

図表12−2　いままでの調査からみた老人虐待の種類

	調査数	身体的虐待	ネグレクト	心理的虐待	金銭的搾取	性的虐待	その他
1993年（田中荘司他）	209	26.8	39.2	22.0	10.5	1.4	−
1995年，1996年（高崎絹子他）	171	40.9	59.1	50.3	18.7	0.6	4.7

理的虐待の場合は，激しい精神的苦痛を与えることである。物質的虐待とは，資金や資源の違法的な利用，または不当な搾取が該当する。放置には積極的放置と消極的放置の２種類がある。積極的放置とは，介護する義務の拒否，あるいは不履行，つまり意識的，意図的に身体的あるいは心理的苦痛を高齢者に与えることを意味し，他方の消極的放置の方は，介護する義務の拒否，あるいは不履行をさしている。

　老人虐待はどのような所で，誰が，なぜするのであろうか。まず，老人虐待が行なわれる場所は，老人の生活拠点である高齢者の住んでいる家庭もしくは施設である。老人虐待は，発生する場所でみると家庭内虐待と施設内虐待の２つであって，前者の方が発見や告知されやすいということで実態研究は詳しくされてきた。

　わが国では金子善彦が老人虐待について最初に研究成果を世に出したが，虐待調査が本格化するのは，田中荘司らが1993年に研究した以降である[19]。田中らの調査では，老人虐待のなかで一番多かったのはネグレクト（つまり放置）であって，４割近くがこれに当たっていた。次いで多かったのが身体的虐待で，調査ケースの４分の１強がこれに当たった。それから３番目に多かったのが心理的虐待で，これは２割強であった。この他では金銭的搾取が１割みられた。性的虐待はほとんどみられなかった。その２年後になされた高崎絹子らの調査は，虐待事例を該当事実をすべて記入する方式を採っているために数値が上昇するが，多さの順は「ネグレクト」，「心理的虐待」，「身体的虐待」となっていて，ほぼ傾向として同じ結果を得ている[20]。同じ虐待である児童虐待の場合，性的虐待がかなり多いが，老人虐待では性的虐待は少ない。

では，虐待者は誰であろうか。家族内虐待でみると，虐待者の多くが，子の配偶者や子どもや配偶者などであって，虐待は身近な家族の構成員が行なっているのが実態である。その年齢も50歳代をトップに，60歳代，40歳代の順に多くなっている。傾向としてみると，身体的虐待をしているのは，女性より男性に多く，ネグレクトは男性より女性に多い。そして，被虐待者の年齢をみると，60歳代より70歳代の方が，70歳代より80歳代の年齢に被虐待者の比率が高く，一般に老人虐待は，高年齢者になるほど被虐待者数が上昇する傾向がみられる。

こうした家庭内老人虐待がおこる理由は，ケア提供者のストレス，高齢者の障害の状況，暴力の循環，虐待者の個人的問題（アルコール中毒，精神的障害など），金銭的困難などがある。わが国の特徴は，嫁による老人虐待が多く，これは欧米などではあまりない。日本的な特徴といえる。

さらに，家庭内だけでなく高齢者施設においても老人虐待は引き起こされる。具体的には，老人専門の施設において施設職員が，身体的，精神的な虐待を加えたり，施設の管理者などにより，行動制限や当然しなければならない適切な医療やケアを手抜きする形で行なわれる。先にあげた大熊一夫『ルポ老人病棟』によって報告された事例などはその代表的なケースといえるであろう。

V　エイジズムの課題

最後に，エイジズムの課題を述べておきたい。エイジズムが抱えている課題には，「究極の偏見」，「最終の差別」とされるエイジズムをいかになくしていくかということ，年齢に対する差別と考えながら実際には高齢者差別に限ってとらえていること，高齢者が福祉や年金制度で優遇された側面をもち，肯定エイジズムの問題をもっていることなどいろいろある。エイジズムを否定的エイジズムに限るべきか，それとも肯定的エイジズムまで含んで理解するべきかは，アメリカにおいても議論が分かれてきたが，ここではこの問題を中心に考えてみた。

図表12－3　差別解放運動の形成と対立

```
                差別解放運動の主体
                 積極的関心層
                     │
         不満→差別    │    満足
            Ⅱ       │     Ⅰ
                     │
  過少 ─────────────┼───────────── 過多      資源配分の相対的評価
  過多                │              過少
                     │
           満足      │   不満→逆差別
            Ⅲ       │     Ⅳ
                     │
                消極的無関心層
```

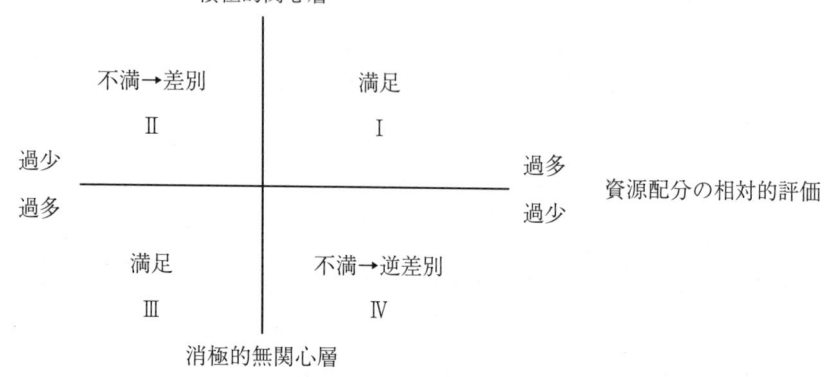

　図表12－3は，差別解放運動の形成と対立を図示したもので，縦軸は，差別解放運動に対するコミットメントの程度をあらわしている。積極的関心層は，積極的にコミットメントする層で，差別の不当性に気づき差別をなくそうと努力している人たちからなる。このなかには直接差別されて被差別状況にある人たちが中心となる。他方の「消極的無関心層」は，消極的なコミットメントしかしていない人で，差別に気づかない人から差別に気づいていても無関心を装う人まで，多種多様な人たちによって構成されている。このなかには差別が存在しているという事実や現場に遭遇したことがなかった人も含まれる。差別の現実を知れば差別の撤廃の運動に参加するかもしれない人も含まれる。この層は，当該の社会のなかの多数者側が構成しており，当然，公然とした差別主義者も含まれる。

　横軸は，社会がもつ経済財や社会的地位などに関する資源配分の相対評価である。富や職業や権力などの資源は，評価の対象となり，「過多」ないし「過少」と評価される。ただ，「過多」か「過少」かは判断する人たちの主観に基づく。「過少」と判断する場合は「不満」を助長し，逆に「過多」と判断する場合には「満足」を助長する。「不満」な状態は不当な差別をうけていると感

じさせ，逆に「満足」な状態では差別は感じさせない。つまり，ここでの差別の主観的な理解からすると，差別が存在していても人が「差別が存する」と認識していないときは，差別は潜在化したままで，そこには差別は存在しないことになる。つまり，被差別状態にある人たちが権利を奪われているという形で差別を認識し，何らかの住民運動を引き起こすならば差別が生じ，社会問題となる。

　現代社会では，国家や政府は個人の自由と平等を保障する機関と考えられ，基本的には国民から集めた税金などの資源分配は国家や行政が係わり，その際公平性の基準でもって資源配分を行なうことを原則とする。しかし，他方では運動団体も個人もその資源配分の仕方や結果を評価する。結果的には，「過少」，「過多」という評価を生み出す。もちろん，「適当」とか「妥当」と判断する人や団体もいる。しかし，差別撤廃運動のような性格の活動では，「適当」，「妥当」などという評価は，活動自体の消滅につながることを意味するので，強固な意思でもって異議申し立てをする団体が勢力を獲得して，目に付くことになる。つまり，否定的エイジズムや肯定的エイジズムの解決を目指す人や団体が勢力をもつのである。

　ところで，この図表12-3を参考にするとパルマーがいった否定的エイジズムは，Ⅱの象限を指し，肯定的エイジズムはⅣの象限を指すことになる。差別運動ではしばしば運動の目標や支援層の考えで対立する。たとえば，否定的エイジズムの運動が目指すのは，年齢に付随した能力や偏見に対し，不当な差別を訴え，エイジズムの結果うける経済的支援を獲得することである。これに対して現代の政府や行政は差別の本質よりも経済的支援でもって代替しようとする。結果的には，この支援を大きくすることが戦略的目標となって，しだいにそのことが自己目的化していくことになる。こうなるとⅢがⅣになるという逆転化が起こり，逆差別だという議論が出てくる。実は，エイジズムのなかで否定的エイジズムは，差別運動のなかで「過少」をとらえ，「不満」をよりどころにしているのに対して，肯定的エイジズムを主張する人びとは，まったく別

の位相から否定的エイジズムを批判していることがわかる。つまり，彼らは，否定的エイジズムの目標のための手段のレベルを批判しているのである。したがって肯定的エイジズムの論点は，否定的エイジズムの論者の資源配分の「過多」を「過少」にすることが目標となる。この論点は，否定的エイジズムの立場からみればエイジズム自体の問題を解決しようとする姿勢が存在しないと映ることになる。

　いまわが国のエイジズムを考えると，わが国では儒教倫理や祖先崇拝などの影響によって，敬老精神が欧米に比べると強く，それが資源配分に影響して高齢者自身が「不満」をもたない理由といえるかもしれない。その意味ではⅢ象限に位置しているのが現状である。わが国の場合，こうした高齢者を敬う文化的風土が残存しながら，しかも，急激な近代化を経験してきたので，若者など青壮年の年代と比べて高齢者の抱く生活満足度や生きがい感などは，かなり高い。政治行動においても実質的に保守政治の支持基盤を形成してきた。ただし，今後，新たに加わる高齢世代がエイジズムの認識をもつか，それとも反対に若い年代から「不満」(Ⅳ)が出てくれば，それが3象限のⅢを2象限のⅡに引き上げる余地を残している。

　差別問題の解消という課題は，差別の結果生じる派生的差別を便宜的な解決策の目標とすることが多いが，これが本来の差別問題の目標を看過させ，結果的に差別解消の運動を停滞させてきた。法の制定や経済状態の改善だけが目標ではないのである。おそらくエイジズムを主張したバトラーの誤算はこうだ。つまり彼がもともと狙ったはずのエイジズムの概念は，人種差別や性差別のつぎにくる「最終の差別」のはずであったが，彼自身がアメリカ退職者協会などの政治化した高齢者団体とともに個人的エイジズムよりも制度的エイジズムにウエイトを置いてしまったことである。そこに後に逆差別論(つまり，肯定的エイジズム)が出てくる落とし穴があったように思う。確かにエイジズムのような社会的差別を解決していくためには差別解放運動の形成が不可欠で，それには地道な差別撤廃運動が組織されなければならないし，運動自体にある程度

政治運動をともなわざるをえない。ただ,そのとき差別をなくすという目標を差別解消の手段とはき違えて「手段の神聖化」をしないことが肝心なのである。パルマーは,最近の研究で「エイジズム・サーヴェイ」という,20項目の調査項目を使ってエイジズムの測定の方法を提案しているが[21],こうした地道な努力が必要と思われる。

注)
1) Butler, R.N., 1969, *Ageism: Another form of bigotry*, Gerontologist, vol.9, pp. 243-246.
2) Ibid., p.243.
3) Butler, R.N., 1996, Ageism., in G.L. Maddox et. al, *The Encyclopedia of Aging*, 2nd Edition, Springer Pub. Co., p.35.
4) Butler, R.N., 1975, *Why Survive?: Being Old in America*, Harpper & Row.(内園耕二監訳,グレッグ・中村文子訳『老後はなぜ悲劇か?』メディカルフレンド社,1991)
5) Palmore, Erdman B., 1999, *Ageism: Negative and Positive.*, 2nd Edition, 1999.(鈴木研一訳『エイジズム』明石書店,2002)
6) Ibid., p.41, 75.
7) Butler, R.N., 1989, *Dispelling Ageism: The Cross-Cutting Intervention.*, The Annals of American Academy of Political and Social Science.
8) 柴田博・芳賀博・古谷野亘・長田久男編『間違いだらけの老人像』川島書店,1985.
9) 金子善彦『老人虐待』星和書店,1987.
10) 栗原彬が編集した全4巻からなる『講座差別の社会学』1996年には,部落差別,障害者差別,女性差別,エイズ差別,人種・外国人差別などは考察されているが,エイジズムは収められていない。
11) 栗原彬「『老い』と〈老いる〉のドラマトゥルギー」『老いの人類史』(老いの発見1)岩波書店,1986.
12) 同上 p.22
13) 辻 正二『高齢者ラベリングの社会学:老人差別の実証的研究』恒星社厚生閣,2000.
14) 安川悦子・竹原伸生編『「高齢者神話」の打破』お茶の水書房,2000.
15) 辻 正二 前掲書第2章「ラベリング差別論の展開」参照,pp.34-58.
16) 荻原勝『定年制の歴史』日本労働協会,1984.

17) 佐賀新聞，2002年3月11日掲載記事
18) P. Decalmer & F. Glendenning, ed., 1993, *The Mistreatment of Elderly People*, Sage Publications.（田端光美・杉岡直人監訳『高齢者虐待』ミネルヴァ書房，1998，p.10）
19) 田中荘司「日本の高齢者虐待の実態〜初の試みを終えて」『月刊福祉』1994，10月号，pp.102-105.
20) 髙崎絹子『"老人虐待"の予防と支援』日本看護協会出版，1998.
21) Palmore Erdman, 2001, *The Ageism Survey: First Findings*, Gerontology., vol. 41, No.5, pp.572-575.

参考文献

Atchley Robert C., 1976, *The Sociology of Retirement*.（牧野拓司訳『退職の社会学』東洋経済新報社，1979）
Becker, H.S., 1963, *Outsiders*.（村上直之訳『アウトサイダーズ』新泉社，1978）
Friedam Betty, 1993, *The Fountain of Age*.（山本博子・寺澤恵美子訳『老いの泉』（上・下）西村書店，1995）
George, Linda K., 1980, *Role Transitions in Later Life*.（西下彰俊・山本孝史訳『老後：その時あなたは』思索社，1986）
多々良紀夫『高齢者虐待』星和書店，2001.
正高信男『老いはこうしてつくられる』中公新書，2000.

◆ 索　引 ◆

あ　行

IT(情報技術)　61
アウトプレースメント　86
アカウンタビリティ　46, 50
アベグレン, J.C.　76
アルベール・メンミ　179
アロー, K.J.　207
行き過ぎた個人主義　100
育児の負担感　130
異質性の排除　82
医師による医療の支配　46
e-Japan 戦略　61
一億総中流意識　94
1.57ショック　123
一般廃棄物総排出量　155
移動率　142
イドの背後にひそむ分身　102
癒し　106
因子分析　163
インター・ステイトシステム　209
インフォームド・コンセント　46
ウェーバー, M.　4
ウォード, L.F.　2
裏献金　25
AHCPR(健康政策研究所(アメリカ))　45
影響力　4
エイジズム・サーヴェイ　233
永住外国人　181
エコロジー的ライフスタイル　166
NGO　67
エンゲルス, F.　1
エンゼルプラン　136
OTA(アメリカ技術評価局)　45
オーバーステイ　194
オマリー　227
親殺し　104

オルターナティブ・メディア活動　66

か　行

介護問題　134
会社人間化　81
階層論　197
確立された専門職　47
学歴　113, 115
学歴化　111, 112
学歴社会から資格社会へ　110
学歴社会観　120
学歴社会言説　121
学歴主義　112
学歴序列化主義　120
学歴の身分化　113, 114
学歴否定主義　120
学歴偏重主義　117
家族計画　125
家族のライフサイクル　133
過疎地域からの若者流出・人口流出　151
過疎・農山村問題　149
家庭内虐待と施設内虐待　228
株主持株代表訴訟　31
過密・都市問題　149
過労死　81
環境制御システム　158
環境負荷の外部転嫁　158
環境保護活動　155
完結出生児数　128
完全失業率　84
官僚制組織　75
消えた女性たち　203
機会構造論的説明モデル　158
機械的連帯　36
機会の平等，結果の平等　204
帰化　195
企業意識　80

235

企業行動憲章　32
企業社会　80
疑似イベント　56
帰属的地位　18
キツセ, J.I.　11
機能　199
逆差別　231
キャリア　86
救貧法　200
教育の学校化　111
教育費問題　129
強制力　4
業績的地位　18
棄老　220
均分相続　134
クーリー, C.H.　8
グローバリゼーション　17
グローバルな情報社会に関するオキナワ憲章　61
グローバルビレッジ　56
軽薄短小　94
敬老精神　232
結節機関　148
権威主義的性格　221
限界効用　205
権原　210
高学歴化　112
合計特殊出生率　123
公職選挙法　19
厚生経済学　204
構造化された選択肢　157
交通混雑　152
公的年金制度　134
高度な職業的自律性　47
幸福　200
功利主義　204
合理的選択理論　160
合理的な愚か者　206
高齢化現象　132
高齢者施策　219

国民国家　181
国立社会保障・人口問題研究所　129
個人化　13
個人的エイジズム　221
個人的トラブル　13
古典的学歴主義　120
子ども会　162
「子どもを産まない」という選択　137
コミュニケートする権利　58
コミュニティ・ラジオ　68
ごみ問題　155
コモンズ　160
雇用者　73

さ　行

差異化　179
在日外国人　180
在日コミュニティ　187
差異への欲求　9
酒鬼薔薇聖斗　102
差別　179
差別解放運動　230
差別語・蔑視語　223
サムナー, W.C.　2
サンボ法　128
三割自治　24
資格　116
資格インフレーション　117
資格化　114
資格志向　110
資格志向における個別性の空洞化　118
資格社会観　110
資格主義　115
資格偏重主義　117
自己実現　130
自己破産　87
自殺　87
事実婚　127
自主的リサイクル因子　164
自治会　162

市民オンブズマン　30
地元指向型　20
社会解体　8
社会構造的イッシュー　13
社会構築主義　11
社会的基本財　207
社会的ジレンマ　160
社会的奉仕の理念　47
ジャムロジック, A.　12
終身雇用　77
従属理論　209
重罰化　30
周辺　197
出生率の低下　125
障害者年金制度　187
情報化社会論　57
情報公開　30
情報社会におけるコミュニケーションの権利
　　　キャンペーン　66
情報社会に関する世界会議　66
職業差別　224
職能資格制度　78
シングル化　88
人口規模の縮小　132
人口構造のアンバランス化　131
人口集中地区　140
人口ピラミッド　131
人口抑制策　124
人種差別　179
人種差別撤廃条約　184
審美的価値評価　226
スケープゴート　222
ステレオタイプ　217
ズナニエッキ, F.　8
生活環境主義　160
生活の質 (QOL)　149
生協　165
生―権力　6
生産年齢人口　126
政治資金規制法　19

成長の限界　140
制度的エイジズム　221
制度的リサイクル因子　164
性による不平等　203
性別分業　130
世界システム論　197
セクシュアル・ハラスメント　83
絶対的剥奪　199
セラピー　100
セン, A.　197
選挙地盤　18
全国総合開発計画　140
潜在能力　199
専門職化の進行　39
総会屋　27
相関係数　226
贈収賄　30
相対的剥奪　201
族議員　25
損失補填　28

た　行

第1次医療技術革新　44
第1次貧困線　203
第1次ベビーブーム　124
大都市のリノベーション　140
第2次医療技術革新　44
大量失業　203
ダウンサイジング　85
他人志向型　97
多品種少量生産方式　101
多文化教生　194
地域環境主義　158
地域空間編成　147
地域集団　161
地球温暖化　156
地球環境　159
知の権力　5
中核　197
忠誠心　77

通勤ラッシュ　152
通称名　187
デアーバニゼーション　139
定義論的アプローチ　10
定住化・再土着化　143
定年制度　223
できちゃった婚　127
デジタル・オポチュニティ　63
デジタル・デバイド　55
デュルケム, E.　9
田園的機能　149
同化強制　192
統合機関　148
同輩集団からの承認　98
同僚による規制　42
都市化　139
都市化の激動期　143
都市勢力圏　144
都市的機能　149
都市の人口統合圏・人口編成圏　148
トフラー, A.　56
トマス, W.I.　8
トランスペアレンシー　49

な 行

内部告発　28
内部志向型　97
ナルシシズム　99
南北問題　161
難民条約　187
NIEs　209
21世紀の国土のグランドデザイン　149
日常生活上の負担　149
日本型経営　73
日本型労使関係　82
日本列島改造論　25
ニューカマーズ　181
ニューメディア　57
ネットワーク　186
根回し　21

能力主義人事　78
ノセラ, L.　12

は 行

廃品回収　162
バトラー, R.　216
派閥　22
パブリック・アクセス・テレビ　68
パラサイト化　88
パルマー, E.B.　218
パワー・ハラスメント　83
晩婚化　88
晩婚化傾向　128
犯罪化　30
半周辺　197
PTA　165
ヒエラルキー的地域勢力圏構造　148
非専門職化の過程　46
非嫡出子　126
被烙印者分析　223
プーアスティン, J.　55
フーコー, M.　5
ブース, C.　1
夫婦家族制　134
フォーディズム　74
福祉国家　201
福祉の経済学　207
ブラウ, P.M.　4
フラストレーション・アグレッション理論　222
フリーター　88
プリズム的スペクトル性　103
不良債権問題　29
ベラー, R.N.　100
偏見　215
暴力装置　23
ボードリヤール, J.　9
ホリスティク　47
ホワイト, W.F.　8

ま行

マートン, R.K.　8
マイノリティ　179
マクドナリゼーション　17
マクルーハン, M.　55
マスターマン, L.　60
マズロー, A.H.　97
まなざし　192
マルクス, K.　26
マルクス, K.H.　199
マルチメディア　57
ミッション　49
水俣病　159
ミルズ, C.W.　3
民族　179
民族学校　192
民族教育　194
民族名　191
「無限」という病　96
無党派層　20
無年金高齢者　187
メディア・リテラシー　60
メディアのグローバル化　59
メディアをもたない者　58
メディアを握る者　58
メディカル・テクノロジー・アセスメント　45
メディケイド　217

や行

有機的連帯　36
優遇差別　218
優生保護法　125
有名大学主義　120
豊かな社会　97
ユビキタスネットワーク社会　63
緩い結合　49
欲望段階論　97

ら行

烙印者分析　223
ラッシュ, C.　99
ラベリング理論　11
リースマン, D.　97
リサイクル行動の構造　163
リストラクチャリング　85
ルーマン, N.　23
老人虐待　227
老人差別　215
ロウントリー, B.S.　201
ロールズ, J.　207

| 社会病理学講座 2　欲望社会 —— マクロ社会の病理 |

2003年10月10日　第1版第1刷発行

編著者　井上眞理子 他

発行所　株式会社 学文社

発行者　田中　千津子

〒153-0064　東京都目黒区下目黒3-6-1
Tel.03-3715-1501　Fax.03-3715-2012

ISBN 4-7620-1270-X

©2003 Inoue Mariko　Printed in Japan
乱丁・落丁本は，本社にてお取替致します。　http://www.gakubunsha.com
定価は，カバー，売上カードに表示してあります。〈検印省略〉　印刷／新灯印刷㈱